ÉLYSÉE CIRCUS

Des mêmes auteurs

Jean Garrigues

Images de la Révolution française, Du May, 1989.

Le Général Boulanger, Olivier Orban, 1991 ; rééd. Perrin, 1999.

Banania. Histoire d'une passion française, Du May, 1992.

Le Boulangisme, Seuil, 1992.

La République des hommes d'affaires. 1870-1900, Aubier, 1997.

Les Patrons et la Politique. 150 ans de liaisons dangereuses, Perrin, 2002 ; rééd. 2011.

Les Grands Discours parlementaires de la Troisième République, Armand Colin, 2 vol., 2004.

Les Grands Discours parlementaires de la Cinquième République, Armand Colin, 2006.

Les Scandales de la République. De Panama à Clearstream, Robert Laffont, 2004 ; rééd. Nouveau Monde Éditions, 2010 ; rééd. *Les Scandales de la République. De Panama à l'affaire Cahuzac*, 2013.

Centre et centrisme en Europe aux XIXe et XXe siècles, Peter Lang, 2006.

Histoire du Parlement en France, de 1789 à nos jours, Armand Colin, 2007.

(dir.), *La France de la Ve République. 1958-2008*, Armand Colin, 2008.

La France au XIXe siècle, Armand Colin, 2010.

Les Hommes providentiels. Histoire d'une fascination française, Seuil, 2012.

Le Monde selon Clemenceau, Tallandier, 2014.

(dir. avec Yvonnick Denoël), *Histoire secrète de la corruption sous la Ve République*, Nouveau Monde Éditions, 2014 ; rééd. 2016.

Chaban-Delmas. L'Ardent, La Documentation française, 2015.

(dir.), *Paroles d'en haut*, Garnier, « Classiques », 2015.

(dir.), *Les Présidents de l'Assemblée nationale*, Garnier, « Classiques », 2016.

Jean Ruhlmann

Histoire de l'Europe de 1900 à 1914, Bruxelles, Complexe, 1994.

Ni bourgeois ni prolétaires. La défense des classes moyennes au XXe siècle, Seuil, « Univers historique », 2001.

JEAN GARRIGUES JEAN RUHLMANN

ÉLYSÉE CIRCUS

Une histoire drôle et cruelle des présidentielles

TALLANDIER

2, rue Rotrou – 75006 Paris
www.tallandier.com

À Maryline, ma « première dame ».

Jean Garrigues

To the one and only,
Nathalie.

Jean Ruhlmann

Introduction

Bienvenue à l'*Élysée Circus* ! Le grand spectacle itinérant a repris ses droits, comme c'est le cas à intervalles réguliers depuis ces élections de 1965 où l'un des candidats* eut l'idée d'affréter une caravane électorale, vite surnommée « cirque Tixier », pour sillonner le pays et mieux se faire connaître. Mais à cette idée d'un grand barnum en folie, on peut préférer le mot *circus* au sens latin du terme. On se souviendra alors de la formule du président du Conseil constitutionnel Yves Guéna, ouvrant la campagne officielle en 2002 : **« Les fauves sont lâchés ! »** Et l'on se représentera la compétition électorale comme un combat à mort (politique) entre gladiateurs (les candidats) sous les yeux du public (le peuple souverain) dans les arènes (médiatiques). Des gladiateurs ayant pour armes des mots, mais pas n'importe lesquels : des mots qui font mouche – et, bien souvent, qui font mal…

De fait, pour la dixième fois en un peu plus d'un demi-siècle, les mots se mettent en ordre de marche pour les élections présidentielles. Ce sont eux qui permettront à l'un ou l'autre des candidats de l'emporter le 7 mai prochain…

Pour vaincre dans cette compétition électorale, il faut savoir aussi bien toucher l'adversaire pour l'abattre que l'électeur pour

* Il s'agissait de l'avocat d'extrême droite Jean-Louis Tixier-Vignancour.

le conquérir, et c'est pourquoi les mots comptent tout autant que l'argent, le programme, le soutien du parti. D'ailleurs, ne sont-ils pas mobilisés et utilisés bien avant que les salles de meeting n'aient été réservées, les fausses factures imprimées, les militants alignés et les programmes finalisés ?

Il y a bien des façons de raconter les campagnes présidentielles de la Ve République, et c'est pourquoi nombre d'historiens, de politologues, de journalistes, voire de romanciers s'y sont frottés. Nous avons choisi les « mots » pour revisiter ces moments politiques majeurs, ce grand « Élysée Circus ». C'est une approche originale, ludique, et en même temps profondément ancrée dans la tradition politique de notre pays.

En effet, la campagne présidentielle à la française, c'est d'abord et avant tout une « guerre des mots » pour conquérir l'Élysée. C'est une réserve inépuisable de boutades, de piques, d'attaques, de vacheries, de jeux de mots sanglants ou grinçants, parfois féroces, grossiers ou subtils, superficiels ou profonds, et qui tous ont pour but de provoquer le rire ou le sourire, l'émotion ou l'enthousiasme, mais aussi et surtout de gagner la compétition.

De l'utilité du « mot » en politique

Comment définir ces « bons mots » que nous avons sélectionnés pour vous les présenter ? Ils relèvent moins de *L'Almanach Vermot* que d'une catégorie assez élastique, où se mêlent toutes sortes de traits spirituels.

Ils sont souvent comiques, mais pas seulement pour l'agrément ou le divertissement. Tous possèdent, à des doses variables, une agressivité qui leur confère une grande utilité pour le discours politique en général, électoral en particulier. Car celui-ci est tenu, notamment lors des débats, par des femmes et des hommes qui, à l'instar du candidat qu'était l'actuel Président, peuvent tous affirmer : **« Moi, je suis un combattant[1]. »** C'est d'autant plus vrai dans la configuration du débat d'entre-deux-tours, sorte de duel sans merci arbitré par le tribunal de l'opinion. Il suffit de lire le portrait comparé du *debater* Mitterrand par son principal adversaire de 1974 et 1981 pour s'en convaincre : **« Ce n'est pas un stratège comme de Gaulle ni un pugiliste comme Pompidou. C'est un escrimeur, un bretteur... Il se tient sur la défensive, et guette l'occasion. Quand une brèche s'ouvre, il attaque, et son coup de fleuret peut être fulgurant[2]. »**

Dans ces conditions, les mots cinglants mettent non seulement en valeur la supériorité de celui qui les délivre, mais entendent aussi fédérer derrière lui la « communauté des rieurs »... qui sont souvent des électeurs ! Ils ont donc toute leur place dans la panoplie offensive d'un candidat. C'est pourquoi Aquilino Morelle, plume de François Hollande, compare son champion à d'autres candidats en ces termes : **« Mélenchon et les autres font dans l'attaque frontale, l'uppercut, le direct. Mais François, c'est peut-être l'unique qui pratique ça : le crochet. Ça commence comme une petite blague, on croit qu'il va s'égarer et "bam !", prends ça[3] ! »**

Le mot qui touche sera donc souvent offensif, même s'il revêt les atours du comique : quand il vise à disqualifier l'adversaire et ses propositions, quel meilleur terrain qu'une campagne présidentielle centrée sur un candidat et son programme ? Et puis, pourquoi se passer d'un bon mot s'il permet d'éviter ou, mieux, de camoufler l'insulte ou l'invective, ces agressions qui disqualifient leur auteur ?

Mais le bon mot, c'est aussi une affaire et une stratégie de la conviction, car il y a une dimension pédagogique et expressive du comique, qui non seulement capte l'attention mais facilite la compréhension des enjeux : « Toute pédagogie est permise par ce moyen[4] », écrivait Alfred Sauvy dans un ouvrage précurseur. Il partage avec le pamphlet la capacité à contracter une pensée en délivrant un discours qui procède par allusions, double sens, multiples degrés*... Guillaume Bachelay, *sniper* verbal d'élite et grand pourvoyeur de munitions pour divers candidats socialistes (successivement Laurent Fabius, Martine Aubry et François Hollande), ne dit pas autre chose : **« Une bonne vanne doit ramasser un contenu, sinon c'est une blague[5]. »**

Fort de cette capacité, le bon mot appuie une démarche de persuasion et de conviction lors des débats de premier et surtout d'entre-deux-tours. En effet, dans le sprint final, il ne s'agit pas simplement de rassembler son camp – acquis à sa cause et moins regardant sur le programme – que de convaincre bien au-delà, et donc de redoubler d'efforts en matière de pédagogie. On renvoie par exemple à cette pique de François Mitterrand à Jacques Chirac lors du débat du 28 avril 1988 : **« En somme, je propose un revenu minimum pour les plus pauvres, et vous proposez un revenu maximum pour les plus riches**... »**

On comprend mieux que dans cette sorte de « long entretien d'embauche » qu'est l'élection présidentielle, les mots offrent une ressource stratégique de premier ordre, et les « bons mots » plus encore, tant ils cherchent à conforter les soutiens, convaincre les indécis, paralyser le (ou les) adversaire(s).

Autre aspect de ce cheminement électoral ponctué de mots qui font mouche : leur capacité à restituer assez fidèlement le déroulement des campagnes. En effet, ils s'accordent parfaitement à l'une des caractéristiques majeures des présidentielles

---

* Voir Marc Angenot, *La Parole pamphlétaire. Contribution à la typologie des discours modernes*, Paris, Payot, 1982. Ce discours est qualifié d'« agonique » car il n'intègre pas explicitement tous ses présupposés, à la différence d'autres discours (administratifs, scientifiques, philosophiques, etc.), d'où leur lourdeur. À l'inverse, on cite souvent le trait retentissant décoché par le polémiste Henri Rochefort contre Napoléon III, dans le premier éditorial du journal *La Lanterne*, en date du 31 mai 1868 : « La France contient 36 millions de sujets, sans compter les sujets de mécontentement. »

** Voir p. 111.

depuis 1965 : leur caractère imprévu et de multiples rebondissements. L'écrivain Laurent Binet, qui a suivi au plus près la campagne « hollandaise » victorieuse de 2011-2012, a d'ailleurs intitulé son ouvrage *Rien ne se passe comme prévu.*

Encore ne parlait-il que de 2012 ! Mais à y regarder de plus près, quoi de plus inattendu que la mise en ballottage de l'archi-favori « **qui vous savez** » à l'hiver 1965 ? Que dire du surgissement de « **Poher-Man** » ou de l'effondrement du « **Masque Defferre** » en 1969 ? De l'éviction de « **Charmant-Delmas** » cinq ans plus tard ? Qui avait prévu les retournements d'opinion favorables à « **l'homme du passé** » en 1981, au « **Chi** » en 1995, ou encore l'irruption d'*outsiders* tels que « **Sarkolène** » puis « **Guimauve le Conquérant** » lors des primaires socialistes de 2007 et 2012 ? En regard, l'élection de 1988 offre un déroulement et une finale assez prévisibles, ce qui ne l'exempte pas de surprises, comme la rapide dégringolade de « **Raymond-la-Science** »... Cet aspect inattendu des campagnes cadre parfaitement avec certaines des qualités maîtresses du comique, la surprise et l'imprévisibilité, principaux ressorts d'un effet réussi auprès du public. L'osmose s'opère d'autant mieux que le contexte à rebondissements s'y prête : quand « rien ne se passe comme prévu », l'arme du bon mot n'est jamais très loin, qui accélère ou restitue les retournements...

On s'aperçoit aussi que ces mots *cinglants* sont, à l'occasion, des mots *sanglants*. Ils atteignent le paroxysme de leur intensité et de leur violence lors de duels fratricides opposant les candidats d'un même camp, d'une même famille ou d'un même parti politiques. On l'observe dès 1969 entre le gaulliste Georges Pompidou et le centriste Alain Poher, puis en 1974 avec la compétition indécise et acharnée entre Jacques Chaban-Delmas et Valéry Giscard d'Estaing, sans parler du combat de celui-ci contre Jacques Chirac en 1981, pour terminer en apothéose avec le duel qui oppose ce dernier à Édouard

Balladur en 1995... La bataille des mots fait également rage entre concurrents de gauche, mais plutôt à partir de 1981, avec les charges furieuses du communiste Georges Marchais sur François Mitterrand, pour ne rien dire des assauts de la meute des challengers lâchés derrière Lionel Jospin en 2002, ou des amabilités lancées lors des primaires organisées par le PS en 2007 puis en 2012... À côté de ces affrontements fratricides par bons mots interposés, certains combats entre figures de bords différents paraissent étrangement calmes, comme ce fut le cas en 1988 entre François Mitterrand et Jacques Chirac, puis entre ce dernier et Lionel Jospin en 1995, et même entre Nicolas Sarkozy et Ségolène Royal lors des présidentielles de 2007...

Indéniablement, si des candidats se révèlent lors de ces élections, c'est en grande partie grâce à ces formules heureuses qui façonnent, révèlent et précisent leur personnalité, car bon nombre d'entre elles trahissent une sincérité d'expression qui facilite leur contact avec le public et l'opinion. On lira ainsi comment de Gaulle dévoile entre les deux tours de 1965 une facette de sa personnalité bien réelle, mais largement méconnue des Français, ou comment, dix ans plus tard, Valéry Giscard d'Estaing sait trouver la bonne distance, les mots qu'il faut au bon moment, dans une campagne endeuillée par le brutal décès du Président en exercice.

Les bons mots forgent aussi la stature du candidat, qui est fondamentalement celle d'un « chef de meute » appelé à devenir chef de l'État. Sigmund Freud a déjà montré comment le comique pouvait servir une démonstration de force narcissique, tandis qu'Alfred Sauvy, plus prosaïquement, en faisait une « question de supériorité »... Cela se reflète déjà dans la répartition fonctionnelle qui s'opère dans chaque camp, notamment chez les candidats programmés pour le second tour – ou qui se pensent tels. D'un côté, des premiers rôles tenus par des hommes de main tels que Michel Poniatowski pour VGE en

1974 ou Charles Pasqua pour Chirac en 1981 : ces « flingueurs » impitoyables ont des formules aussi agressives que cruelles. De l'autre, ou en dessous, les seconds couteaux et les satellites ralliés de plus ou moins bonne heure, qui doivent se contenter des miettes... ou des os dédaignés par le patron, et qu'il leur donne à ronger. On les entend au premier tour, quand il s'agit pour les entourages des candidats de cliver, d'attaquer en soudant son camp derrière de bons mots vipérins. À propos des ripostes violentes qu'appelle le second discours de Nicolas Sarkozy à Toulon, François Hollande s'adresse ainsi aux mandataires régionaux du PS le 20 décembre 2011 à l'Assemblée : **« Nous, il faut qu'on démolisse ça ! Moi je ne peux pas le faire, mais vous, oui[6]. »**

Situé au sommet de la hiérarchie de la parole en campagne, le candidat se réserve donc certains privilèges dans l'utilisation des mots. Celui par exemple de ne s'attaquer qu'à des adversaires à sa hauteur, c'est-à-dire du second tour ou du passé, tel Lionel Jospin réclamant un « droit d'inventaire » du mitterrandisme finissant. En 1974 comme sept ans plus tard, François Mitterrand prend VGE pour cible, à l'exception de tous les autres compétiteurs. En 1988, Jacques Chirac, Premier ministre *outsider*, se concentre sur le Président en posture de favori. Le candidat probable de second tour se paye même le luxe de ne pas répondre aux attaques venant des concurrents de son propre camp, comme le firent si bien les « deux François » : Mitterrand en 1981 et 1988, Hollande en 2012.

Lui seul peut se permettre une autocritique, amorcée dès 1965 par de Gaulle et amplifiée depuis, pour aboutir à la déferlante actuelle de confessions prenant à contre-pied Julio Iglesias : le **« J'ai changé »** de Nicolas Sarkozy en 2007 annonce bien les variantes ultérieures, de **« J'ai encore changé »** à **« J'ai compris »**. Lui seul enfin peut s'autoriser une certaine autodérision, et régaler le public de bons mots dont le locuteur est la propre cible. C'est le cas par exemple de Jacques Chirac en 1995, promettant sans complexe à ses partisans de les surprendre par sa « **démagogie** ». Cette position éminente dans la hiérarchie et la distribution de la parole et des bons mots reflète bien la place ambitionnée par les candidats au sein de leur camp, de la République et parmi les Français. Ils sont les prétendants au trône !

Moi, Président(e)...

« La vie m'a appris qu'il y a deux choses dont on peut très bien se passer : la présidence de la République et la prostate. »

Comment souscrire aujourd'hui au premier terme de cette formule de Clemenceau, prononcée en un temps où la Présidence de la République comptait pour beaucoup moins ? L'élection présidentielle demeure un moment de bascule majeur dans la vie politique française contemporaine. Le général de Gaulle l'a voulu ainsi dès 1958, élaborant avec le concours de Michel Debré un magistère présidentiel à sa mesure, dominant de son prestige les vociférations que lui renvoyait l'écho d'une IVe République agonisante. C'est ainsi que l'élection présidentielle, consacrée en 1962 par la légitimité du suffrage universel, est devenue le rendez-vous majeur de notre vie politique, le moment de vérité incontournable pour tous ceux qui se disputent le pouvoir. C'est le Graal de la plupart de ceux qui se lancent un jour ou l'autre dans l'arène publique. De « **François Ier** », qui confie au moment des premières présidentielles au suffrage universel, fin 1965 : « **Depuis 1962, j'ai su que je serai candidat**[7] »... à « **François II** », qui s'écrie lors de son grand meeting du Bourget en 2012 : « **Tout, dans ma vie, m'a préparé à cette échéance**[8]. »

« **Moi, Président(e) !** » : manifestement ils et elles ne pensent qu'à ça, le matin en se rasant ou en se maquillant, à midi en déjeunant avec les journalistes, et le soir sur le plateau du JT de 20 heures... Cet objectif reste le point fixe et le couronnement d'une carrière politique ! Les élections présidentielles sont alors d'autant plus le rendez-vous majeur de l'affrontement et de la dramatisation politiques que les moyens de communication ne cessent de se moderniser, de se diversifier et de se sophistiquer. On comprend, dans ces conditions, que l'espace et le moment privilégiés pour les bons mots politiques se soient déplacés de l'hémicycle – où ils étaient lâchés à longueur de séances parlementaires dans les Républiques précédentes – à la campagne présidentielle. Sur cette scène désormais centrale dans la dévolution du pouvoir politique, un mot suffit pour que les projecteurs aussitôt se braquent sur celui qui l'a proféré, une parole peut faire ou défaire la notoriété d'un acteur vedette, une formule peut faire une star... ou un réprouvé.

Pour pasticher Clemenceau, on peut être sûr qu'il y a au moins une chose dont la présidence de la République ne peut se passer : les bons mots, surtout en période électorale... Rien d'étonnant à ce qu'ils se donnent rendez-vous tout au long de la compétition, qu'ils se bousculent, se télescopent et se contredisent pendant ces journées particulières au cours desquelles les Français vont à nouveau se laisser prendre au grand jeu de la conquête, adorer ou brûler leurs idoles, adhérer aux lendemains qui chantent et gober des promesses qui seront presque, peu, ou pas tenues... oubliant à intervalle régulier cet avertissement de l'indémodable Vendéen : « **On ne ment jamais autant qu'avant les élections, pendant la guerre et après la chasse**[9]. »

Ces bons mots, nous les restituons « dans leur jus », avec leur spontanéité et leur saveur originelles, qu'ils soient profonds ou superficiels, intenses et grandiloquents, ou bien légers et superficiels, serviles ou impertinents, injustes ou lucides, empathiques ou au contraire méchants et cruels.

Ces bons mots, nous les décortiquons pour donner des clefs de décryptage des enjeux de chaque rendez-vous présidentiel depuis maintenant deux générations.

Ces bons mots, nous les débusquons quand ils parviennent à faire bouger les lignes de l'opinion et à infléchir le déroulement de la compétition électorale, en même temps qu'ils en restituent le mouvement d'ensemble.

Mais trêve d'anaphores ! Place à cette histoire drôle et cruelle : bienvenue à l'*Élysée Circus* !

1965

« Aux urnes pour un Président[1] ! »

En décembre 1958, le général de Gaulle avait été porté à la présidence de la République par un collège de 81 764 grands électeurs. Sept ans plus tard, en vertu d'une réforme constitutionnelle largement adoptée par le référendum du 28 octobre 1962, ce sont plusieurs millions de Français et de Françaises qui vont être appelés aux urnes pour désigner son successeur. Une première depuis 1848 ! Mais une formalité, puisqu'à six mois du scrutin, de Gaulle est crédité de 70 % d'intentions de vote. La notoriété de celui qu'on surnomme **« Qui vous savez »** écrase celle de tous ses adversaires politiques… Or, rien ne va se passer comme prévu.

De Gaulle au-dessus des contingences électorales

L'attitude du favori est surprenante. Lui qui a voulu et même imposé l'élection du Président au suffrage universel donne le sentiment de se désintéresser de sa première mise en œuvre. Il n'en parle pas, ne se déclare pas, ne lance pas sa campagne, comme s'il n'était pas concerné par la compétition électorale… Il est au-dessus du lot, inutile de se mêler à la meute. C'est d'ailleurs ainsi que se comporteront ses successeurs !

En 1964, lorsqu'il est invité par la presse à annoncer sa candidature ou non en vue de l'élection présidentielle de l'année suivante, il rétorque, majestueux et ironique : **« Vous savez bien que je ne vous répondrai pas à ce sujet... On verra bien. Il faut que vous puissiez faire des pronostics[2]. »**

Il observe la même attitude deux mois à peine avant le premier tour, prévu le 5 décembre, alors que la première question qui lui est posée agite toutes les salles de rédaction : **« Vous le saurez, je vous le promets, avant deux mois[3] ! »**

Placide face aux attaques qui le visent, notamment lorsque débute la saga de l'affaire Ben Barka en septembre 1965, il rétorque au sujet des « boules puantes » : **« Ceux qui les lancent finissent par sentir plus mauvais que ceux qui les reçoivent[4]. »**

Peu avant la campagne, il s'ouvre lors d'un dîner en présence de Claude Guy sur les candidats qui pourraient lui être opposés : **« Mitterrand ? Un homme des partis, des compromis, des coalitions, des combinaisons. Defferre, lui, au moins, s'adresse aux Français en dehors des partis en leur disant : "Votez pour moi car, moi, je suis un grand homme... Je suis comme de Gaulle"[5]. »**

Mais le maire socialiste de Marseille, surnommé le **« masque Defferre »**, échoue à réunir la « Grande fédération » de la gauche et du centre. C'est François Mitterrand, 49 ans, député de la Nièvre et président de la Convention des Institutions Républicaines, qui rassemble presque toute la gauche sur son nom, alors qu'il n'appartient à aucun des grands partis. La SFIO, le Parti radical, le PSU et même le PCF, qui se méfie de l'élection présidentielle, se sont ralliés à lui, un peu par défaut, il faut bien le dire. Mais il va les surprendre par sa détermination, et jouer avec talent le jeu électoral. C'est d'autant plus étonnant que, trois ans plus tôt, il avait appelé à voter « non » au référendum sur l'élection du président de la République au suffrage universel...

Défiant de Gaulle, il fait connaître sa déclaration de candidature pendant une conférence de presse du Général, et se paye même le luxe de singer l'auteur de l'Appel du 18 juin 1940 : **« J'appelle ceux et celles qui ne se résignent pas à l'abandon de leur responsabilité civique à se joindre au combat pour une nouvelle espérance ! »**

À la question de plus en plus pressante de la candidature du Général s'en ajoute une autre qui consiste à savoir s'il en profitera pour adouber un successeur. Sollicité par la presse, à l'automne 1964, le Premier ministre Georges Pompidou a répondu avec une prudence teintée d'humour à cette question épineuse : **« J'ai le bonheur d'avoir mon père en vie et je n'ai pas pour habitude de m'intéresser à sa succession. Aussi bien, la succession du général de Gaulle n'est pas ouverte et elle n'est pas près de l'être. Mais si la question se posait, croyez-moi, j'y songerais[6]. »**

Pourtant, le chef de l'État se méfie des ambitions de son Premier ministre, et il le lui fait clairement entendre :

De Gaulle : **« En somme, jusqu'à nouvel ordre, nous connaissons six candidats. »**

Pompidou : **« Six ? »**

De Gaulle : **« Oui : Mitterrand, Marcilhacy, Tixier-Vignancour, un inévitable candidat centriste, et puis... Monsieur le Premier ministre, il y a nous deux[7]. »**

Il ironise sur le sujet de sa succession en conférence de presse, mais l'humour dissimule mal son exaspération : **« De temps en temps, on me dit – ou on me fait dire... : "Eh oui, vous êtes là et par conséquent c'est bien. Mais après vous, ce sera la pagaille." Alors quelques-uns suggèrent que l'on institue la pagaille tout de suite, de manière à assurer ma succession. Eh bien, je demande à réfléchir ! »**

Haro sur Charlot !

Pressé par ses proches, le général franchit le Rubicon le 4 novembre 1965, peu de temps avant l'ouverture de la campagne officielle, fixée au 19 novembre.

Lors de son allocution télévisée, c'est un de Gaulle aux traits tirés qui s'adresse brièvement (8 minutes) aux Français pour lever toute ambiguïté, et ce dès les premiers mots : **« Il y a vingt-cinq ans, lorsque la France roulait à l'abîme, j'ai cru devoir assumer la charge de la conduire… Il y a sept ans, j'ai cru devoir revenir à sa tête pour la préserver de la guerre civile… »**

S'ensuit une alternative aux allures de chantage qui va mettre le feu aux poudres : **« Que l'adhésion franche et massive des citoyens m'engage à rester en fonctions, l'avenir de la République nouvelle en sera définitivement assuré. Sinon, personne ne peut douter qu'elle s'écroulera aussitôt et que la France devra subir – sans recours possible – une confusion de l'État plus désastreuse encore que celle qu'elle connut autrefois. »**

En effet, de Gaulle n'a pas plus tôt annoncé sa candidature que c'est la première volée de bois vert.

Le jeune candidat surprise du centre, Jean Lecanuet, président du MRP et sénateur de Seine-Maritime, dénonce **« l'éternelle satisfaction de soi-même et [de] l'éternel bilan »** du chef de l'État.

« Candidat de l'opposition nationale », Maître Tixier-Vignancour se moque de **« l'homme qui vit sur les souvenirs de sa gloire temporaire, évoque mécaniquement le passé sans se rendre compte qu'il est lui-même le passé et que le temps a fait son œuvre »**.

Jean-Louis Tixier-Vignancour, qui n'est pas lui-même un perdreau de l'année, s'amuse à renvoyer de Gaulle et Pétain dos à dos*, déplorant que **« la France a[it] toujours eu un faible pour la gérontocratie »**... Il lance l'une de ses formules qu'il a mis **« dix-huit mois à polir »** : **« La France est-elle aussi satisfaite du général de Gaulle qu'il ne l'est de lui-même ? »**

Le socialiste Gaston Defferre est encore plus incisif, qui résume l'alternative posée par la candidature gaullienne d'un trait qui fera mouche : **« Moi ou le chaos. »**

François Mitterrand la reprend au bond pour une prédiction sartrienne : **« Ce sera lui et le néant ! »**

Ministre de l'Information, Alain Peyrefitte tente alors de corriger le tir sans froisser de Gaulle et pose l'alternative suivante : **« Le choix est entre la IVe et la Ve République[8]. »**

Mais la presse n'est pas dupe de ce **« bal de l'intoxication[9] »**, ni François Mitterrand, qui lance ses piques, de meetings en allocutions : **« Eh bien ! C'est fait ! Le général de Gaulle a choisi le meilleur candidat gaulliste... c'est-à-dire le général de Gaulle[10] ! »**

« Non, vous n'aurez pas à choisir entre le ministre de la IVe que je fus à trente ans et le ministre de la IIIe République que fut le général de Gaulle dans le gouvernement de la débâcle. »

Les adversaires du Général dénoncent le plébiscite induit par le discours de candidature gaullien. Lors de sa première intervention télévisée, le 20 novembre, François Mitterrand annonce la couleur et désigne sans ambiguïté son seul adversaire : **« Puisque je combats le pouvoir personnel, je combattrai celui qui l'incarne ! »**

C'est reprendre l'antienne de son succès de librairie de l'année précédente (*Le Coup d'État permanent*), qui a bien préparé sa campagne de 1965 : **« Qui est-il, lui, de Gaulle ? Duce, Führer, Caudillo, Conducator, guide ? [...] Je veux bien, par**

* En effet, Pétain est né en 1856 et de Gaulle en 1890.

complaisance, appeler ce dictateur d'un nom plus aimable : consul, podestat, roi sans couronne... »

C'est donc le choix entre la démocratie et le pouvoir personnel : **« Je suis candidat contre le général de Gaulle, et contre lui seul car lui seul compte à droite [...]. La IVᵉ République s'est enlisée dans les guerres coloniales. Elle a fini dans l'anarchie et personne ne la regrette. La Vᵉ République, elle, c'est un régime, propriété personnelle du général de Gaulle. Est-ce tellement mieux ? [...] Car au-delà des hommes quel que soit leur mérite, l'histoire continue et c'est douter de son pays que de se croire irremplaçable[11]. »**

Au caractère autoritaire et plébiscitaire du régime et de son Président, Mitterrand oppose des thèmes empruntés notamment à Pierre Mendès France (qui soutient sa campagne dans *Le Nouvel Observateur*) : **« Je ne suis pas l'homme d'un parti ni d'une coalition, mais l'homme d'un combat... Je veux, pour longtemps, un contrat de majorité et de gouvernement[12]. »**

Le centriste Jean Lecanuet inaugure quant à lui ce qui deviendra un *gimmick* politique : celui du **« candidat malgré lui[13] »**.

Se définissant comme **« démocrate, social et européen »**, Lecanuet se veut le candidat de la jeunesse, son affiche réclamant **« Un Président jeune pour une France moderne »**. Lui-même se présente ainsi aux téléspectateurs, avec au passage une allusion vache aux 75 ans du Président en exercice : **« J'ai 45 ans : c'est l'âge des responsables des grandes nations modernes[14]. »**

Son *Courrier des démocrates*, vendu dix centimes, en fait une sorte de Kennedy français. Surnommé **« dents blanches »**, il s'adresse aux huit mille supporters venus l'applaudir à son meeting du Palais des Sports de Paris, le 1ᵉʳ décembre 1965 : **« Il y a maintenant la relève d'hommes politiques jeunes...**

Soyez en paix, mon général, la France continuera parce que la moitié de ses enfants a moins de trente-cinq ans ! »

Comme Mitterrand, il s'en prend au général de Gaulle, emprisonné dans son carcan d'homme providentiel : **« Un président de la République n'a pas le droit de dire qu'en dehors de lui le régime s'arrête et la France renonce. »**

Lui au contraire se veut proche des Français : **« Je ne suis pas un héros de légende mais un homme parmi les hommes, partageant vos préoccupations et vos aspirations[15]. »**

À ses yeux, de Gaulle appartient bel et bien au passé : **« La grandeur du souvenir ne peut être abolie, mais une élection n'est pas une commémoration[16]. »**

Sans remettre en cause les institutions de la Vᵉ République, il l'invite donc à quitter le pouvoir : **« L'Élysée ne doit pas être la maison de l'orgueil, de la solitude, voire du machiavélisme, mais celle du dialogue[17]. »**

« Nous gardons le bateau, mais nous changeons le pilote[18]. »

Les autres candidats n'ont aucune chance, mais la France les découvre à la télévision à partir du 19 novembre, date d'ouverture de la campagne officielle. Les apparitions régulières de ces **« Martiens »** (Alain Peyrefitte) dans les **« étranges lucarnes »** remportent un succès considérable auprès des Français.

Il y a d'abord Marcel Barbu, ancien maquisard, déporté à Buchenwald, député pendant quelques mois en 1946, fondateur d'une communauté de travail dans la Drôme puis d'une obscure « Association pour la construction et la gestion immobilière de Sannois », et qui milite pour la création d'un ministère des Droits de l'homme. Il place sa candidature sous le signe de **« la colère et de l'indignation »**, se disant persécuté par le ministère de l'Intérieur.

Il se veut le candidat des petits, des sans-grade : « **Mes amis, mes frères et, étant donné mon niveau social, j'oserais presque dire mes copains !** »

Il fait parfois preuve d'un certain humour, pas toujours volontaire : « **On a commencé par me dire : "Vous, Barbu, on vous connaît", mais maintenant on me dit : "Vous êtes un inconnu".** »

Comme les journaux se moquent de lui et de son air triste à pleurer, il renchérit : « **Il a été fait état de mon air de chien battu... Je suis effectivement un chien battu, et battu depuis cinquante-huit ans**[19] **!** »

Une autre fois, toujours le nez plongé sur sa feuille, il évoque « **le rien-du-tout que je suis** » !

Il n'en concentre pas moins ses attaques sur le général de Gaulle, qui le traite en privé d'« **hurluberlu** » et de « **brave couillon** ». Des sanglots dans la voix, il interpelle le chef de l'État à la télévision : « **Mon Général, vous avez faim de l'amour des Français [...]. Les Français vous admirent, mais ils ne vous aiment pas mon Général !** »

« **Mon Général, je voudrais tant vous voir éviter le sort du maréchal Pétain** »[20].

Et il finit sa campagne en beauté : « **Votez fermement Barbu, Barbu n'est pas un traître**[21] **!** »

Passons vite sur Paul Antier, « **candidat du juste milieu** » adoubé par un poujadisme moribond, et qui cherche dès le 10 novembre à nouer des contacts « **pour parvenir au meilleur candidat** » ! Il le trouve bientôt en la personne de Jean Lecanuet, et se rétracte donc quelques jours après l'officialisation de sa propre candidature !

Pierre Marcilhacy, sénateur de la Charente et candidat de la Convention nationale libérale, se vante – « **J'ai contre moi tous les partis** » – et se remarque moins par sa « **campagne d'élection sénatoriale** » que par sa haute stature, qui dépasse celle du général, d'où ce trait d'humour du journaliste qui l'interroge :

Claude Darget : **« Vous êtes le plus grand de tous les candidats... »**

Pierre Marcilhacy (*le coupe*) : **« Deux mètres zéro un. »**

Cl. Darget (*termine sa phrase*) : **« ... par la taille**[22]**. »**

Le truculent Jean-Louis Tixier-Vignancour, évoqué plus haut, représente l'extrême droite contre de Gaulle, lui qui vota pourtant les pleins pouvoirs au Général en juin 1958. Il sillonne la France dans une caravane électorale popularisée sous le nom de **« cirque Tixier »**, avec pour directeur de campagne un certain... Jean-Marie Le Pen. C'est en expert que Tixier, ancien responsable de la censure sous Vichy, s'adresse aux téléspectateurs français lors de sa première allocution télévisée : **« Cela n'a pas été simple de venir jusqu'à vous**[23]**. »**

Dans la suite de ses interventions, il prendra beaucoup ses désirs – et ceux des partisans de feu l'Algérie française – pour des réalités : **« Je suis convaincu que la majorité des Français souhaitent que le général de Gaulle arrête là ses fonctions présidentielles**[24]**. »**

Le calcul de Tixier est en effet assez singulier : il prétend que les portes de l'Élysée lui seront ouvertes même s'il arrive en troisième position, car il bénéficiera du retrait du Général, ce **« vieil acteur qui veut encore donner une représentation alors qu'il eût dû faire ses adieux depuis longtemps ! »**...

En attendant, l'ancien avocat Tixier montre l'étendue de ses talents oratoires à la télévision. Il invite le général de Gaulle à dialoguer avec lui tout en étant persuadé du refus de ce dernier **« car il n'aime que le monologue »**.

Puis il exige et obtient – au prix d'un conflit retentissant avec la censure – la projection de son film de campagne *Sept Ans de malheur*, titre inspiré d'un film de Max Linder sorti en 1921, à l'appui de son apparition télévisée !

Il révèle enfin aux téléspectateurs un peu éberlués son signe du Zodiaque, son affection pour ses **« quatre ânes et autant**

de chiens », mais leur cache qu'il a cru bon de faire un *peeling* dans un salon de beauté avant de passer à l'antenne...

Attaqué de toutes parts, de Gaulle dédaigne longtemps son temps de parole (deux heures de radio et autant de télévision par candidat). Or la France compte déjà cinq millions de postes TV : les Français sont fascinés par l'exercice, les rues se vident au moment des retransmissions (13 heures et 20 heures 30) et les téléviseurs se vendent comme des petits pains !

De Gaulle préfère laisser son Premier ministre Georges Pompidou monter au créneau le 19 novembre, non devant les téléspectateurs, mais devant les parlementaires de la majorité présidentielle, UNR-UDT et Républicains indépendants (RI). Le chef du gouvernement s'y réfère à la **« mère des batailles »** du régime, c'est-à-dire l'adoption par référendum de l'élection du Président au suffrage universel, trois ans plus tôt : **« Aujourd'hui, comme en 1962, il dépend des Français de tout assurer ou de tout compromettre... il ne servirait à rien ensuite de se lamenter et de dire : "Je n'avais pas voulu cela"... Pour ma part, j'ai confiance car je crois au bon sens des Français. »**

Mais pour l'essentiel, de Gaulle intime aux divers chefs de la majorité – ministres, parlementaires et dirigeants de parti – l'ordre de se taire, ainsi qu'à Georges Pompidou lui-même, en exigeant sèchement lors d'un Conseil des ministres : **« Que Monsieur le Premier ministre veuille bien rester à ses fourneaux... »**

Pendant ce temps, les adversaires du Président continuent de marquer des points : Lecanuet, très à l'aise devant la caméra, passe de 5 % à 20 % des intentions de vote, mordant sur un électorat gaulliste qui ne paraît plus captif du Général. François Mauriac, fidèle gaulliste, s'en désole dans son *Bloc-notes* : **« Son sourire et ses dents relèvent pour moi du cauchemar. Même son nom rend à mon oreille un son hostile. »**

Les instituts de sondage avivent l'inquiétude auprès des chefs de la majorité : les 4 à 5 millions d'électeurs indécis (pour un total de 20 à 23 millions de votants) risquent de manquer à l'appel, sachant que la cote du général est tombée de 66 % le 4 novembre à 51 % le 27 !

Le Général se ravise donc en fin de campagne et le 30 novembre 1965, au moment même où *Astérix*, le premier satellite français, est lancé avec succès dans l'espace, de Gaulle parle enfin ! Mais on est à six jours seulement du premier tour, et en plus il a **« l'air un peu ennuyé d'être là[25] »**.

Cela contraste avec l'enjeu de son allocution, c'est-à-dire « lui contre les autres » : **« Cinq oppositions vous présentent cinq candidats... Le seul point sur lequel s'accordent leurs passions, c'est mon départ. Mais ce n'est pas assez car leurs contradictions mutuelles, leurs clientèles inconciliables, leurs engagements dans tous les sens montrent à l'évidence que l'accession de l'un quelconque d'entre eux au poste suprême marquerait infailliblement le retour à l'odieuse confusion où se traînait naguère l'État pour le malheur de la France. »**

Le 3 décembre, profitant de son ultime allocution d'avant le premier tour, de Gaulle se montre plus incisif et plus à son avantage. Il place l'électeur et non sa propre personne au premier plan, ou du moins sur le même plan : **« La décision que, par votre vote, vous allez prendre après-demain, engagera sans doute pour toujours le sort de notre pays... »**

« Une fois de plus, devant vous toutes et devant vous tous, j'ai pris ma responsabilité. Dimanche, vous prendrez la vôtre ! »

La statue du Commandeur a laissé place au **« Français qui a l'honneur de présider »** ses concitoyens.

Plutôt que de dévider le refrain anxiogène du **« moi ou le chaos »**, il invoque **« la République nouvelle, vivante et féconde »**.

Qui donc va l'emporter le surlendemain dans ce combat entre **« République nouvelle »** (Charles de Gaulle), **« Relève »** (Jean Lecanuet) et **« Espérance »** (François Mitterrand) ?

L'entrée tardive et mitigée du Général sur la scène télévisuelle suffira-t-elle à lui permettre d'être élu dès le premier tour, ce que lui promettaient les sondages avant la campagne ?

Résultats du premier tour (5 décembre 1965)[26]

	Données brutes	**% des suffrages exprimés**	**% du total des inscrits**
Inscrits	28 914 581		
Votants	24 502 916		
Abstention	4 411 665		15,27 %
Blancs ou nuls	248 868		1,013 %
Suffrages exprimés	24 254 556		83,88 %
Majorité absolue	12 127 219		
Candidats			
Charles de Gaulle (UNR-UDT-RI)	10 828 521	44,64 %	37,45 %
François Mitterrand (Gauche)	7 694 005	31,72 %	26,60 %
Jean Lecanuet (MRP)	3 777 120	15,77 %	13,06 %
Jean-Louis Tixier-Vignancour (Extrême droite)	1 260 208	5,19 %	4,35 %
Pierre Marcilhacy	415 017	1,71 %	1,43 %
Marcel Barbu	279 685	1,15 %	0,96 %

De Gaulle ballotté, de Gaulle humilié… mais de Gaulle ressuscité !

Cette première élection de la Ve République au suffrage universel délivre ses vraies surprises au terme d'une soirée électorale qui s'achève à 4 heures du matin ! Ballottage du Président sortant, score flatteur du candidat centriste, Jean Lecanuet, et surtout coup de poker gagnant de François Mitterrand !

Ayant remporté depuis 1958 tous ses référendums haut la main, **« Charles le Ballotté »** n'était certes pas habitué à la loi d'une élection à deux tours.

Alain Peyrefitte se rappelle le mot qui faisait fureur chez les indépendants au sujet du candidat de Gaulle à la veille du premier tour : **« Il faut lui donner chaud aux fesses[27] ! »**

La presse d'opposition fait sienne ce bon mot du *Canard* qui, en référence à **« l'adhésion franche et massive »** réclamée par le Général, désigne ainsi sa déconvenue électorale : **« Un ballottage franc et massif. »**

Côté communiste, on exulte dans un lyrisme débridé : **« Il importe de prendre appui sur le succès obtenu pour frapper plus fort afin que le régime de pouvoir succombe au plus tôt à la blessure qu'il a reçue[28]. »**

Pompidou, dès le 5 décembre au soir, l'assure et se rassure à l'antenne : c'est **« une élection différée »**.

De Gaulle, mortifié, mais qui en a vu d'autres, commente le résultat des urnes au Conseil des ministres du 8 décembre : **« La preuve est faite, s'il en était encore besoin, que nous sommes en démocratie ! Est-ce que l'on met un dictateur en ballottage[29] ? »**

Son entourage le presse d'exploiter au mieux ses capacités d'homme de télévision. Dès juin 1958, un spécialiste le lui avait recommandé : **« Si vous utilisez la télévision, agissez en acteur ! »**, mais de Gaulle avait rétorqué : **« Je ne suis pas Jean Marais, mais un homme politique[30] ! »**

Bien qu'il ait montré durant son premier mandat une remarquable maîtrise des allocutions télévisées, il se rebiffe encore un peu, alors que la campagne reprend du 11 au 17 décembre : **« Quoi ? C'est cela que vous escomptez : que de Gaulle se mette en pyjama[31] ? »**

Il finit cependant par descendre dans l'arène médiatique pour les besoins de la cause, tout comme il se résout à demander aux gaullistes de « mouiller la chemise » en meetings, et fait appel à son Premier ministre Pompidou, jusque-là tenu à l'écart de la campagne.

Pour lui-même, la formule retenue consiste en une série d'entretiens avec Michel Droit, rédacteur en chef du *Figaro littéraire*. Si la déférence de ce dernier était prévisible, en revanche les prestations gaulliennes surprennent les Français. Ils attendaient un Président en majesté, voici un de Gaulle plus humble… dans la mesure du possible : **« La République nouvelle a son président. C'est moi. Me voici tel que je suis. Je ne dis pas que je sois parfait et que je n'aie pas mon âge. Je ne prétends nullement tout savoir ni tout pouvoir [...]. Mais, avec le peuple français, il m'a été donné, par l'Histoire, de réussir certaines entreprises. Avec le peuple français, je suis actuellement à l'œuvre pour nous assurer le progrès, l'indépendance et la paix[32]. »**

Stupéfaits, les Français découvrent un candidat qui ne dédaigne ni les armes de l'humour ni une certaine roublardise pour toucher sa cible, à grand renfort de mimiques, de hochements de tête, d'amples gestes de ses interminables bras, et même de clins d'œil : un vrai cabotin se montre aux Français et se pique même au jeu !

Ainsi, voulant désamorcer une formule malheureuse qu'on lui prêtait (« **L'intendance suit** »), de Gaulle l'écarte d'un revers – « **Ce sont des blagues pour les journaux** » – et montre son souci des problèmes matériels des Français : « **Il y a, pour ce qui est de la France, ce qui se passe dans une maison, la ménagère veut avoir un aspirateur... un Frigidaire, une machine à laver et même, si c'est possible, une auto. Cela, c'est le mouvement. Et en même temps, elle ne veut pas que son mari s'en aille bambocher de toute part, que les garçons mettent les pieds sur la table et que les filles ne rentrent pas de la nuit. Ça, c'est l'ordre. La ménagère veut le progrès mais ne veut pas la pagaille. Eh bien ! C'est vrai aussi pour la France. Il faut le progrès, il ne faut pas la pagaille*.** »

Mais on ne se refait pas aussi facilement, et si de Gaulle entend se mettre à hauteur des Français, il n'échappe pas toujours à ses tropismes, pas plus qu'il n'évite certaines maladresses, liées en partie au fait qu'il enregistre ses trois entretiens d'un trait dans la même après-midi. Ainsi, lors du second entretien télévisé (mardi 14 décembre), consacré aux problèmes extérieurs, et alors que les voix de Jean Lecanuet sont déterminantes pour le départager de François Mitterrand, de Gaulle évoque sa politique européenne. Le moins que l'on puisse dire est qu'il ne caresse pas les centristes, très europhiles, dans le sens du poil : « **Il faut prendre les choses comme elles sont, car on ne fait pas de politique autrement que sur les réalités...** »

Puis, sans doute emporté par la même verve qui lui a fait évoquer pêle-mêle « **le père Joffre** » ou « **ce pauvre Churchill** »

* Notons qu'en mai 1968, la dernière phrase sera recyclée et rapportée par Georges Pompidou à la sortie d'un Conseil des ministres dans une formule célèbre : « **Les réformes, oui, la chienlit, non.** »

(qui vient de mourir), il traite les amis de Lecanuet d'**« enfants de chœur qui boivent dans les burettes et crient : "Europe ! Europe !" »**.

De Gaulle persiste sur le ton qui a accompagné sa « politique de la chaise vide », et son refus répété de la candidature britannique à la CEE, en réponse aux officiels anglais venus le sonder en 1959 : **« L'Angleterre est une île, messieurs, vous n'y pouvez rien et moi non plus[33] ! »**

La consternation des centristes – partisans de l'élargissement – se mue en fureur quand de Gaulle, emporté par son élan, en vient à affirmer : **« Bien sûr, on peut sauter sur sa chaise comme un cabri en disant : "L'Europe ! L'Europe ! L'Europe !" Mais cela n'aboutit à rien et cela ne signifie rien... »**

Les exégètes du Général se demandent toujours comment les cabris s'y prennent pour sauter sur leur chaise...

Dans ces conditions, on comprend la fébrilité d'Edgar Faure, transfuge du radicalisme qui vient s'enquérir, à la veille du tour décisif, auprès de son ancien directeur de cabinet, Jacques Duhamel, des consignes de vote de Lecanuet. En effet, fort de ses 3,777 millions de suffrages obtenus, **« dents blanches »** les montre peu, et reste obstinément muet :

Jacques Duhamel : **« Edgar, êtes-vous capable de garder un secret ? »**

Edgar Faure : **« Oui, naturellement »**

J. Duhamel : **« Eh bien... moi aussi[34] ! »**

Las ! Lecanuet, qui avait d'abord recommandé de manière assez neutre de voter pour **« la marche vers l'Europe unie »** (8 décembre), appelle le 15 à voter contre de Gaulle mais, en bon centriste, se garde bien d'indiquer s'il le fera à titre personnel...

De son côté, François Mitterrand raille tous les aspects de la politique gaullienne sans exception, y compris sa diplomatie : **« Il a fait toutes les politiques depuis sept ans. Anti-Américain avec les Russes, anti-Russe avec les Américains, anti-Anglais avec l'Allemagne... »** (13 décembre).

Un débat à distance

À la veille du second tour, de Gaulle devient de plus en plus mordant vis-à-vis de celui qui s'est révélé son plus dangereux adversaire.

En privé, le Général se déchaîne : **« Que Mitterrand soit un arriviste et un impudent, je ne vous ai pas attendu pour le penser »**, lance-t-il à Alain Peyrefitte.

« C'est une arsouille », se souvient l'avoir entendu dire Jacques Foccart à propos du **« Rastignac de la Nièvre »**[35].

D'où lui vient ce surnom balzacien ? Peut-être de François Mauriac, issu comme lui de la bourgeoisie catholique provinciale charentaise. L'homme de lettres avait pris la défense du député de la Nièvre au moment de la pénible affaire de l'Observatoire (1959) : **« Ce Mitterrand, je l'aime bien. C'est un personnage romanesque, je veux dire un personnage de roman. Il sort, à quelques lieues de chez moi, du terroir charentais, comme Rastignac[36]... »**

Mais le général de Gaulle, lui, n'a pas les indulgences de Mauriac pour son adversaire. Il sort ses griffes à la télévision où, sur fond de décor simple, il se livre à de véritables allocutions électorales et brosse sans relâche, du 13 au 15 décembre, un portrait sans complaisance de celui qui est à ses yeux le **« candidat des partis[37] »** de la IVe République.

Face à Michel Droit, il ne nomme même pas Mitterrand, s'en tenant au **« personnage que vous citez »** : **« Il y a, d'une part,**

le régime du passé, où l'État, la Nation, le destin étaient à la discrétion des partis ; le régime des jeux politiques, des combinaisons fallacieuses, des ministères châteaux de cartes, le régime de l'impuissance, de l'abolissement et de l'échec […].

Ce régime-là a son candidat. Je ne crois pas qu'aucun autre l'aurait été plus que lui. Désigné par les clans des partis […], son mandat, s'il l'obtenait, ne pourrait avoir d'autre objet que de les remettre en place afin qu'ils reprennent leur tragicomédie au point où, voici sept ans, leur panique l'avait arrêtée.

Après quoi, que ferait-il d'autre, à supposer qu'il s'en soucie, que d'être l'enveloppe flottante de leurs intrigues et de leurs crises, en attendant leur déconfiture[38] ? »

Abandonnant les aphorismes, de Gaulle se montre très percutant et dénonce vigoureusement : **« Le désastreux système des partis, le système des rivalités, des combinaisons, des contradictions […]. Le système de l'inflation, qui faisait que notre pays était appelé "l'homme malade du monde". »**

Question de Michel Droit : **« Mon Général, pour qui faut-il voter ? »**

De Gaulle : **« Sachez qu'on ne vote jamais pour quelqu'un mais contre quelqu'un[39]. »**

C'est la naissance d'une habitude de l'élection présidentielle, qui veut qu'au premier tour on choisisse et au second, on élimine… De Gaulle l'a très bien compris, de même qu'il s'efforce de réunir les Français au second tour, à la différence d'un Mitterrand qui persiste à se présenter en candidat de la seule gauche. Dans sa dernière allocution, le Général explique pourquoi il ne faut pas voter pour François Mitterrand :

« Parce que l'estime et la considération qui entourent notre politique feraient place à une commisération, voire même à une dérision, qui nous coûterait certainement très cher. Parce que les deux puissances étrangères qui rivalisent pour l'hégémonie ne manqueraient pas de faire de cette mêlée un théâtre de leurs querelles par personnes interposées. En fin de compte et encore une fois, c'est au drame qu'irait l'aventure [...]. Désigné par les clans des partis, n'ayant de réalité et de possibilité que par eux et que pour eux, son mandat, s'il l'obtenait ne pourrait avoir d'autre objet que de les remettre en place afin qu'ils puissent reprendre leur tragicomédie[40]. »

Quelques minutes plus tard, François Mitterrand expose ses raisons de ne pas voter pour le général de Gaulle. L'avant-veille, il a déjà fait un sort au **« spectre de l'aventure »** ressassé par les dirigeants de la majorité : **« Moi, [l'aventure], je la vois du côté de ce Président sortant, qui... s'attarde dans les querelles dépassées entre la IVe et la Ve Républiques... Qui regarde du côté du passé et vous demande de gouverner encore sept ans, vaille que vaille[41]. »**

À présent, il convoque la culture républicaine, marquée par l'exemple des grands républicains de l'histoire, et par leur ennemi commun, le bonapartisme, réincarné en de Gaulle : **« Gambetta incarna un grand moment de notre histoire, et Clemenceau aussi. Et le général de Gaulle incarna, nul ne l'oublie, il y a vingt-cinq ans, la résistance de notre pays. Mais ni Gambetta, ni Clemenceau ne songèrent jamais à confisquer le profit de leurs batailles pour la survie de la France au bénéfice d'une politique personnelle.**

Qui donc disait que la France ne serait rien sans lui ? Non, le général se trompe. La France ne lui appartient pas. La France ne s'identifie à personne d'autre que son peuple.

Le choix fondamental, le 19 décembre, est entre le pouvoir personnel et la république des citoyens. »

La campagne s'achève, les finalistes rejoignent pour l'un Colombey-les-Deux-Églises, pour l'autre Nevers, en attendant le verdict des urnes.

Résultats du second tour (19 décembre 1965)[42]

	Nombres bruts	% des suffrages exprimés	% des inscrits
Inscrits	28 920 009		
Votants	24 378 401		
Abstention	4 542 508		15,7 %
Blancs ou nuls	669 747	2,31 %	
Candidats			
Ch. de Gaulle	13 085 407	55,2 %	45,24 %
Fr. Mitterrand	10 623 247	44,8 %	36,73 %

« Sursis » (*Combat*) ou « repêchage » (*L'Humanité*) ?

Au lendemain de la victoire du Président sortant sur François Mitterrand, Tixier l'assure, dans le fil de ses certitudes élyséennes du premier tour : **« Si Lecanuet s'était désisté avec franchise pour Mitterrand, de Gaulle pouvait être battu ! »**

Marcilhacy préfère, lui, soulever un amusant paradoxe : **« Il y a 56 % d'opposants au général de Gaulle, c'est ce qu'a dit le premier tour. Il y a 55 % d'opposants à une politique de gauche, c'est ce qu'exprime le second tour… »**

Le socialiste Gaston Defferre, pour sa part, feint de s'étonner : **« Ce qui est étrange dans ce pays, c'est que tous les Français sont antigaullistes, sauf les électeurs[43] ! »**

Mitterrand rabroue son équipe de campagne et tous ceux qui, très déçus, le voyaient vainqueur : **« une erreur de jugement**[44] ».

Le général de Gaulle devient le premier Président de la République de notre histoire élu au suffrage universel, masculin et féminin.

1969

Du « temps de la grandeur » au « temps de la rondeur »

Ce diagnostic est posé par *La Libre Belgique* au terme d'une campagne précipitée par la démission du général de Gaulle après son échec au **« référind'homme »** du 27 avril 1969. Il ne manque pas de pertinence : les figures majeures de cette deuxième compétition (Jacques Duclos, Alain Poher, Georges Pompidou) partagent une certaine rondeur, par contraste avec une silhouette gaullienne longiligne et tout en hauteur…

Alors : 69, année politique ?

Une belle « bande de briguants »

Pour cette première édition, sept candidats s'alignent sur la grille de départ.

« Candidat à la rose » avant l'heure, Louis Ducatel, ancien résistant et entrepreneur atypique, rappelle le déroutant Marcel Barbu de 1965, en plus optimiste, puisque ce candidat **« des Français moyens »** se crédite d'emblée de 22 % des suffrages au premier tour !

Élu, l'autoproclamé **« Président-citoyen »** s'en prendrait immédiatement au fisc, en digne héritier du poujadisme de la

IVe République… Il va répétant que **« doux dans la vie, il voit aussitôt rouge devant les technocrates et les bureaucrates**[1] **»**.

Le bouillant trentenaire Michel Rocard, secrétaire général et candidat du Parti socialiste unifié (PSU), voit déjà plus loin que 1969, comme le soutient *Ouest-France*, qui le décrit ainsi : **« Pur-sang fougueux, voire ombrageux, il ne cherche pas la place dans la course à l'Élysée. Pour Michel Rocard, la ligne d'arrivée est beaucoup plus loin, mais l'important est de montrer les couleurs de sa casaque. »**

Le trotskiste Alain Krivine, figure de proue de Mai 68, se présente aux électeurs le 6 mai 1969 dans une démarche sur le fil du rasoir, consistant à rassembler les suffrages en dénonçant les bulletins de vote :

– **« dissiper les illusions électorales et parlementaires du P.C. »**… c'est-à-dire siphonner les voix du parti communiste ;

– dénoncer **« le crétinisme parlementaire**[2] **»**… mais en utilisant les ressources du système représentatif bourgeois, à la différence du « gauchisme ».

Gaston Defferre (SFIO), qui faillit être candidat en 1965, entend frapper un grand coup dès le 15 mai 1969 : il annonce qu'élu, il prendra Pierre Mendès France, icône de la gauche, pour Premier ministre ! C'était déjà la proposition de François Mitterrand, un an plus tôt, en mai 68…

Pour Jacques Duclos, secrétaire général et candidat du Parti communiste français, cette invite à reconstituer autour du maire de Marseille et de PMF un ticket orienté vers l'alliance au centre n'a qu'un but : **« donner le maillot jaune à Alain Poher »**, candidat des centristes.

Justement, Alain Poher, président du Sénat devenu président de la République par intérim après la démission du général de Gaulle, se sent pousser des ailes. On le surnomme **« Poher Man »** par allusion à Manpower, champion de l'intérim à l'époque, mais il rêve de devenir le **« Poher la Victoire »** aux présidentielles, tel Georges Clemenceau en 1918. Cela n'est pas du goût de Georges Pompidou : **« Quel interprète il aurait fait du rôle de Tartuffe ! J'ai rarement rencontré quelqu'un d'aussi dissimulé, de plus tortueux, de plus assoiffé d'honneurs et prêt à tout pour les obtenir[3]. »**

Devant Jean Charbonnel, l'ex-Premier ministre n'a que peu d'égards pour le sénateur centriste de Seine-et-Oise, que de Gaulle tenait pour **« un gugusse »**, et que lui considère comme **« un franc-maçon qui fréquente les curés[4] »**.

C'est pourtant Georges Pompidou, le favori de la course, qui est la cible principale des attaques ! Appelé **« Monsieur de Montboudif »** (du nom du village du Cantal où il est né) et **« Raminagrobis »** par François Mauriac, il a un autre surnom, évoqué par Jacques Duclos lors d'un reportage télévisé :

La journaliste (*apercevant le chien du candidat communiste*) : **« C'est un gros chien pyrénéen ? »**

Jacques Duclos (*hilare*) : **« Oui, il s'appelle Pompon... C'est un hasard ! »**[5]

Quant à François Mitterrand, qui a maintes fois croisé le fer avec Pompidou lors de joutes mémorables à l'Assemblée nationale, il estime que le dauphin du général, candidat officiel de l'UDR, **« descend du gaullisme par la banque »**. Ce vieux procès intenté par la gauche à **« l'employé supérieur »** repose sur son recrutement par le service des relations publiques de la Banque Rothschild durant la « traversée du désert » du Général (1954-1958). Mais ce n'est pas son seul handicap !

L'effacement du Commandeur : changement ou continuité ?

Nombre de gaullistes reprochent à Georges Pompidou, mis en réserve de la vie politique depuis son départ de Matignon en juillet 1968, une déclaration de candidature prématurée et intempestive, qui contribua selon eux à l'échec du référendum et au départ du Général fin avril 1969.

Pompidou a de l'ambition : dans les allées du pouvoir, on égratigne **« Bougnatparte »**. Cette contraction combine astucieusement ses origines régionales (« Bougnat ») avec son pedigree gaulliste et ses vues ambitieuses (Bonaparte) sans toutefois qu'il ait le monopole du surnom (Pierre Laval en avait été affublé entre les deux guerres).

Le fait est que Pompidou affiche ses projets avec un mélange de maladresse et d'obstination, avant même la démission du général de Gaulle. Le 17 janvier 1969, en marge d'une réception au palais Farnèse de Rome, il dialogue avec quelques journalistes, pas tous bienveillants :

Jacques Chapuis (RTL) : **« Que signifie pour vous "destin national" ?... Serez-vous candidat à la présidence de la République ? »**

Georges Pompidou : **« Ce n'est, je crois, un mystère pour personne que je serai candidat à une élection à la présidence de la République, lorsqu'il y en aura une... Mais je ne suis pas pressé. Pour être candidat à une fonction, encore faut-il qu'elle soit vacante, or ce n'est pas le cas »[6]...**

La déclaration publiée est tronquée – car réduite à la première partie de la réponse – et provoque un séisme. De Gaulle, dont le mandat va sur sa cinquième année, réplique sèchement en Conseil des ministres : **« J'ai le devoir et l'intention de remplir mon mandat jusqu'à son terme. »**

Mais Pompidou récidive, malgré le tumulte provoqué par la déclaration précédente : **« Je ne crois pas avoir ce qu'on appelle un avenir politique. J'ai un passé politique. J'aurai peut-être, si Dieu le veut, un destin national, mais c'est autre chose[7]. »**

Roué stratège, **« Machiavelou[8] »** tire vite les conséquences du retrait brutal du général de Gaulle et les enseignements sur la campagne à mener. Redevenu simple député du Cantal, il se présente par ses origines plus que par son parcours : « **Mon père et ma mère appartenaient profondément à la race française, dure au travail, économe, croyant au mérite, aux vertus de l'esprit, aux qualités du cœur. Je n'ai pas eu une enfance gâtée. Mais aussi loin que je remonte, je n'ai reçu que des leçons de droiture, d'honnêteté et de travail. Il en reste toujours quelque chose**[9]**.** »

Il fait aussi allusion à ses maladresses de candidature quand il s'avoue capable d'erreurs, dès sa première intervention télévisée de campagne : « **J'ai fait mon apprentissage, j'ai fait des fautes** »... plutôt rare pour un agrégé de lettres, ancien élève de l'École normale supérieure !

Ses conceptions de la charge dénotent un esprit de sacrifice poussé : selon lui, mérite de devenir Président celui qui au plus haut point « **accepte les inconvénients de la vie politique, ses servitudes, ses responsabilités, ses salissures et parfois ses risques, le fait pour agir, pour imprimer sa marque aux événements, en un mot pour gouverner**[10] ».

Pour atteindre l'objectif suprême, Pompidou va bien davantage se mobiliser que de Gaulle en 1965. Il enchaîne tournées en province et meetings ponctués de réceptions de personnalités locales, présence radiophonique et réponses aux questions des auditeurs sur les postes périphériques... L'ancien Premier ministre du Général insiste davantage sur le changement par rapport à la période gaullienne que sur la continuité. Il utilise une formule percutante pour marquer sa différence, lui qui entend « **s'occuper des problèmes des Français et non plus seulement des problèmes de la France**[11] ».

Alain Poher, à l'inverse, est empêché de mener une campagne au plus près des Français, car il demeure président de la République par intérim. C'est donc au Sénat que son ancien Président réserve le 14 mai 1969 sa première grande déclaration, très offensive à l'égard du parti gaulliste (l'UDR) et du clan pompidolien : **« L'État n'appartient à personne. Il ne peut devenir la propriété d'un parti ou d'un clan au pouvoir. »**

Le bon mot dénote un subtil déplacement entre 1965 et 1969 : du « pouvoir personnel » imputé à de Gaulle, l'attaque porte désormais sur le « pouvoir confisqué par un clan », au mieux par un parti (l'UDR). Mais Alain Poher, en bon centriste, est pris en étau dans les sondages entre le gaulliste Pompidou et le communiste Duclos, d'où cet avertissement : **« Poher, gardez-vous à gauche ! Poher, méfiez-vous à droite[12] ! »**

« Les amis de Georges... »

Georges Moustaki pensait sans doute plus à Brassens qu'à Pompidou en composant cette chanson, car le candidat gaulliste n'a pas que des amis, tant s'en faut. Cependant, il a obtenu haut la main l'investiture de l'UDR, malgré diverses chausse-trappes dressées par les gaullistes de gauche (René Capitant) ou les irréductibles (Maurice Couve de Murville, André Fanton, Christian de La Malène...).

« Par sottise, méchanceté ou intérêt[13] », certains s'étaient abstenus de tout soutien à Pompidou lors de la pénible « affaire Markovic », qui avait éclaté à l'automne 1968*.

D'autres, pour les mêmes raisons, s'étaient réjouis de quelques formules gaulliennes peu réconfortantes pour **« le Borgia gentilhomme »** – ici, un **« Il faut voir... »** grommelé par de Gaulle

* Ce petit voyou d'origine yougoslave, garde du corps de l'acteur Alain Delon, a été retrouvé assassiné. Une série de photos compromettantes, montrant prétendument la femme de Georges Pompidou, ont commencé ensuite à circuler, qui auraient motivé un chantage et l'élimination de Markovic.

en Conseil des ministres ; là, un **« Quand on est Premier ministre, on dîne en tête à tête avec sa femme »**…

Durant la campagne, les gauchistes s'amusent à diffuser la juxtaposition d'une affiche électorale et d'un panneau indicateur qui donne : **« Pompidou pour la Paix... des ordures »**, allusion limpide à Markovic, retrouvé mort sur une décharge, le corps enroulé dans un tapis…

D'autres encore, tel Gabriel de Poulpiquet, considèrent que derrière Pompidou se pressent **« ceux qui ont poussé la voiture du général de Gaulle sur le bas-côté »**.

Dans leur collimateur, le Républicain indépendant (RI) Valéry Giscard d'Estaing, qui a refusé de voter « oui » au référendum d'avril **« avec regret mais avec certitude »**. Beaucoup de gaullistes se souviennent de l'injonction faite à l'époque par de Gaulle à ses émissaires envoyés auprès du **« Connétable du Destin »** : **« Giscard est un traître par nature. Il n'en demeure pas moins indispensable. Allez le voir et persuadez-le de trahir dans le bon sens[14]... »**

Or voilà que VGE théorise peu après son soutien à Georges Pompidou sur les ondes d'Europe 1, le 5 mai 1969 : **« À partir du moment où la moitié des gens est pour la continuité et la moitié pour le changement, la solution raisonnable est donc pour un changement dans la continuité... »**

Mais les sondages entrent dans la danse : celui du 21 mai 1969, publié par la Sofres, donne les deux principaux candidats au coude à coude : 42 % pour Pompidou, et 39 % pour Poher ! Ce dernier remonte, fort du soutien des radicaux, des indépendants, du centre et des rapatriés. Une vive inquiétude s'empare des gaullistes : **« Pompidoute »** et craint un **« manque de soutien-Georges »**[15].

Alors on se mobilise en province, dans la France profonde, où tous les arguments sont bons pour soutenir Pompidou. En témoigne ce tract largement diffusé en Mayenne, département d'origine de sa femme Claude :

« Voter Defferre, voter Poher
C'est mettre la France à l'envers.
Voter Rocard, Krivine, Duclos
C'est tout un : c'est voter Mao.
Votez donc tous pour Pompidou,
Qui sut prendre femme chez nous[16]. »

Et c'est ainsi que l'ancien Premier ministre arrive largement en tête du premier tour, ce qui lui permet de voir venir sereinement le second.

Résultats du premier tour (1er juin 1969)[17]

Candidats (par ordre de résultats)	Nombre de voix obtenues	% des suffrages exprimés
Georges Pompidou (UDR)	9 763 428	43,95 %
Alain Poher (Centre)	5 202 271	23,42 %
Jacques Duclos (PCF)	4 781 838	21,52 %
Gaston Defferre (SFIO)	1 128 049	5,07 %
Michel Rocard (PSU)	814 053	3,66 %
Louis-Ferdinand Ducatel	284 820	1,28 %
Alain Krivine (Ligue communiste)	236 263	1,06 %
Abstention		21,80 %
Blancs et nuls		1,28 %

« Poher ou fromage[18] ? »

Tel est le menu à la carte (d'électeur) qui s'offre aux citoyens Français entre les deux tours.

La **« Poher »**, c'est bien entendu le candidat centriste, dont l'allure rappelle celle de Louis-Philippe croqué en poire par Daumier sous la monarchie de Juillet. Il a beau durcir le ton et ses attaques en les précisant (mainmise des gaullistes sur l'ORTF, juridictions d'exception, contrôle des magistrats, exactions des barbouzes et du Service d'action civique [SAC] sous l'autorité de Jacques Foccart et de Joseph Comiti, etc.), force est de le constater : **« La force de recours [entre le communisme et le gaullisme] »** est en panne.

Pire : une partie de la presse parisienne titre à son sujet : **« Indésirable »**, **« il s'obstine »** et réclame son désistement en faveur de Pompidou…

En effet, côté **« fromage »** – le candidat gaulliste est originaire d'un Cantal qui en est gros producteur –, Pompidou distille ses avertissements sur l'air gaulliste du **« Moi ou le chaos »** : **« Mai 1968, il y a un an… Ne l'oubliez pas ! »** (première intervention télévisée) ; – ce serait **« aller à un gouvernement de bric et de broc »** que de prétendre (comme Alain Poher) fédérer toutes les oppositions au gaullisme pour l'emporter puis dissoudre l'Assemblée élue en juin 1968 pour confirmer.

La partie semble mal engagée pour **« Poher Man »**, décidément voué à l'intérim… Pas tant à cause du ralliement de Ducatel à Pompidou en ces termes : **« J'ai été très ému de voir devant moi, Louis Ducatel, Français moyen, un grand homme d'État et une immense personnalité digne de la confiance du peuple français[19]. »** Pas non plus à cause de l'appel prévisible des candidats d'extrême gauche (Rocard, Krivine) à l'abstention. Ni même à cause de la trahison de plusieurs poids lourds du centrisme (René Pleven, Joseph Fontanet et Jacques

Duhamel), qui ont préféré rejoindre le favori de l'élection. Ils en seront récompensés par de beaux portefeuilles ministériels.

Mais le plus embêtant pour Poher, c'est la neutralité du communiste Jacques Duclos, arrivé troisième du premier tour avec plus de 21 % des suffrages, un score que le PCF ne fera plus jamais aux présidentielles : **« [Duclos] tient la clef de l'Élysée, mais c'est pour un autre ! »** s'amuse le journal yougoslave *Borba*.

Au *Canard enchaîné*, un savoureux détournement de la fable de *L'Huître et les Plaideurs* met en vedette le rôle de Duclos :

« Sur une terre d'élection
Deux candidats : Pompon
Et puis Poher
Rencontrent un beau fruit de mer
Une huître de Cancal'Marx, avec ma foi
Cette perle : quatre millions de voix[20]... »

Dès avant le premier tour, le candidat communiste a mis en garde les ouvriers des usines Renault à Boulogne-Billancourt contre **« les 2 P »** : **« La bourgeoisie, qui ne met jamais tous ses œufs dans le même panier, présente en somme deux candidats qui sont cousins germains, si ce n'est des frères siamois. Il s'agit des "deux P" : M. Pompidou et M. Poher. D'ailleurs, ils sont si proches l'un de l'autre qu'ils se reprochent réciproquement de se voler leur programme ! Mais, si vous voulez m'en croire, si vous voulez suivre mes conseils, vous ne voterez ni pour Pompidou, ni pour Poher[21]. »**

Le 2 juin suivant, entre les deux tours, Duclos enterre les derniers espoirs d'un front antigaulliste victorieux allant du PCF jusqu'au centre-droit, dans une formule aussi saisissante qu'expressive, renvoyant **« les 2 P »** dos à dos : **« C'est bonnet blanc et blanc bonnet ! »**

On s'interrogera longtemps sur le rôle que l'URSS a joué dans la décision du PCF de n'adouber aucun des deux finalistes, en notant que deux émissaires de Pompidou (Robert Galley et Gaston Palewski) ont été envoyés entre les deux tours auprès de Leonid Brejnev, alors maître du Kremlin...

Le fait est que l'agence Tass saluera la victoire pompidolienne d'un **« Georges Pompidou [qui] a battu son rival Alain Poher par une majorité de voix impressionnante »**, commentaire plutôt flatteur venant d'un régime habitué à des scores... « brejnéviens ».

Le bond de l'abstention au second tour permet de mesurer l'impact de cette formule clé de la campagne présidentielle 1969. Qu'on en juge :

Résultats du second tour (15 juin 1969)[22]

Candidats	Nombre de voix obtenues	% des suffrages exprimés	% des inscrits
Georges Pompidou	10 686 498	57,58 %	37,17 %
Alain Poher	7 870 601	42,41 %	27,37 %
Abstention Blancs & nuls	8 896 260 1 294 629	30,94 % 4,50 %	35,46 %

« Un Président au rabais » ?

C'est l'opinion du bureau politique du PCF qui pointe les 37 % d'inscrits ayant glissé un bulletin gaulliste dans l'urne. René Andrieu renchérit et qualifie Georges Pompidou de **« Monsieur Tiers*[23] »** (des inscrits). Mais les partisans de Poher fulminent contre la victoire de **« Pompiduclos »**.

* Adolphe Thiers (1797-1877), surnommé « Monsieur Thiers », fut une grande figure du conservatisme au XIXe siècle.

Toujours caustique, *Le Canard enchaîné* titre, en référence à Louis-Napoléon Bonaparte (auteur de *L'Extinction du paupérisme*) : **« C'est l'extinction du Poherisme ! »**

Extinction ? Poher a fait mentir l'adage de Malraux (« Entre les communistes et nous, il n'y a rien ! ») et il a une tout autre opinion du résultat : **« Entre le gaullisme et le communisme, il y a huit millions de Français, soit près d'un tiers du corps électoral, qu'on ne peut pas ignorer. »**

À charge pour VGE de faire fructifier ce capital en vue des prochaines élections…

La conclusion la plus malicieuse de cette campagne présidentielle, la plus courte de la Ve République, vient d'Italie, et du journal *Il Popolo*, organe de la Démocratie chrétienne italienne : **« L'électorat français, qui a refusé trois ans à de Gaulle, en accorde sept à Pompidou[24] »** !

1974

« Giscard à la barre »

Au soir du 2 avril 1974, la France stupéfaite apprend que le président de la République Georges Pompidou vient de disparaître. Pour le microcosme politique, ce n'est qu'une demi-surprise, car chacun savait qu'il n'en avait plus pour longtemps. N'avait-il pas lâché en janvier 1974, devant quelques journalistes : **« Nixon a le Watergate et moi je vais mourir »** ?

Le doute planait néanmoins sur l'imminence de son décès. Lui-même s'était lancé une sorte de défi, comme à la fin de ce Conseil des ministres, le 6 mars 1974 : **« Messieurs, l'ordre du jour est épuisé. Il reste un sujet, cependant, tous les Français en parlent, ma santé : "Alors, Pompidou, il va comment ?" Si vous répondez "Il se porte comme un charme", ne croyez pas que vous serez bien vus. Non, je souffre comme un damné, Messieurs. Mais j'ai décidé de ne pas mourir. Cela ferait plaisir à trop de gens, dont certains autour de cette table. »**

Le 27 mars, il brave encore la mort lors de ce qui devait être son dernier Conseil des ministres : **« J'ai le ferme espoir d'embêter tout le monde[1] »**… propos dont *Le Canard enchaîné* donne une version nettement moins lisse : **« J'ai les moyens de les emmerder longtemps[2]. »**

On peut dire que la prophétie pompidolienne se réalise à titre posthume, car sa disparition plonge la majorité dans une cacophonie totale, entretenue par les ambitions des uns et des autres : c'est **« le trop-plein »** qu'il avait pronostiqué dès septembre 1973, un avertissement dont on ne s'était pas méfié. Ces ambitions se révèlent dès le jeudi 4 avril, le jour même où l'on inhume le chef de l'État…

Quand « le trop-plein » se déverse…

Jacques Chaban-Delmas, ex-Premier ministre (1969-1972) du défunt Président et candidat naturel des gaullistes, part favori. Mais il commet une première maladresse en déclarant trop tôt sa candidature, qui tombe sur les téléscripteurs quelques heures à peine après l'inhumation du Président au cimetière d'Orvilliers, et en pleine cérémonie d'hommage à l'Assemblée nationale !

Le ministre de l'Intérieur Jacques Chirac, qui se considère comme le fils spirituel de Pompidou, lui reproche cette précipitation. Avec ses influents **« conseillers du soir »** – **« la vipère du Poitou »** (Marie-France Garaud) et **« l'ermite de la Creuse »** (Pierre Juillet), il pousse Pierre Messmer, Premier ministre en exercice, à se présenter lui aussi.

Le 4 avril au soir, la réunion des dirigeants de l'UDR est donc passablement houleuse. Robert-André Vivien défend Chaban et s'en prend à Chirac : **« Indécence ! Indécence ! Moi, ce que je trouve le plus indécent, ce sont les coups de téléphone que j'ai reçus mardi à 11 heures, alors que Pompidou agonisait** [il décédera le même jour en soirée]**, pour me parler des dossiers sur Chaban[3]. »**

Il est vrai que Chaban vient de saluer Chirac en ces termes : **« Alors, mon vieux, pas trop effondré par cette mort subite ? De toute évidence, vous avez le deuil rapide pour en être déjà à faire campagne contre moi[4]. »**

Olivier Guichard, surnommé le **« grand méchant mou »**, s'emporte à son tour : **« Je savais que Messmer était un con. Je ne savais pas qu'il était un fourbe[5] ! »**

Alexandre Sanguinetti n'est pas en reste : **« Sauf le respect que je vous dois, je crois qu'au bal des couillons, vous ne seriez pas à l'orchestre[6] ! »**

Jacques Chirac – implanté depuis 1967 dans l'ancien fief corrézien du radical Henri Queuille* – en prend au passage pour son grade : **« Chirac n'a que peu de chose à voir avec le gaullisme ! C'est le petit père Queuille avec du muscle, c'est un radical[7] ! »**

Chaban décide alors de se maintenir **« envers et contre tout »**, et Pierre Messmer corrige : **« Envers et contre tous »**…

Mais le Premier ministre en fonction ne tient pas l'appareil gaulliste : coup sur coup, le bureau exécutif (5 avril), le comité central et le groupe parlementaire (7 avril) de l'UDR soutiennent Chaban, car ils savent bien que Messmer serait un très mauvais candidat. L'opinion de ce parlementaire gaulliste au lendemain des Journées parlementaires de l'UDR est largement partagée : **« Quand il parle pour nous rassurer, j'ai encore plus la chair de poule[8]. »**

Un député centriste s'en amuse même : **« Bien sûr, Messmer peut être candidat, mais à une seule condition : qu'il n'apparaisse pas au cours de la campagne[9]. »**

Le 9 avril, Messmer se fait sonner les cloches à Matignon par les poids lourds gaullistes, Chaban en tête : **« Vous pouvez bien faire le guignol ; moi je me présente »**, lance l'ex à l'actuel Premier ministre, avant de claquer la porte. Puis c'est au tour de Michel Jobert, alors ministre des Affaires étrangères : **« Bonjour le traître ! »**

---

* Ce ministre et président du Conseil était réputé pour son immobilisme sous la IVe République.

Et pour finir, Michel Debré, justifiant son surnom de « **Michou-la-colère** », vocifère : « **L'UDR soutiendra Chaban jusqu'au bout. Toi, tu vas faire hara-kiri !** »

Sonné par cette série d'uppercuts, Pierre Messmer abandonne la partie en fin d'après-midi. Trop violente à son goût, elle s'apparente à « **un règlement de comptes au vestiaire après un match de rugby perdu**[10] ».

D'où ce commentaire sans indulgence de Marie-France Garaud sur l'ancien militaire Messmer : « **Il s'est conduit aussi connement qu'un officier de la Légion**[11]. »

Ce n'est pas tout, car le même jour, Edgar Faure, ancien ministre et député du Doubs, retire, lui aussi, une candidature présentée quatre jours plus tôt… mais à laquelle personne ne croyait vraiment. En effet, son explication peine à convaincre les journalistes : « **Je n'avais pas pris de décision avant la mort de Pompidou. Mais mon subconscient travaillait**[12]. »

Pour justifier cette candidature aussi surprenante qu'embarrassante pour le Bordelais Chaban, le chef de cabinet d'Edgar Faure a choisi une métaphore œnologique : « **On peut préférer le vin d'Arbois au vin de Bordeaux sans qu'il y ait, à proprement parler, concurrence entre les producteurs**[13]. »

Mais le vieux gaulliste Alexandre Sanguinetti, habitué à ses acrobatiques pirouettes, ne s'est pas privé d'ironiser à son… E(d)gar(d) : « **Il se tâte, comme d'habitude ; il n'a pas de problèmes pour choisir, c'est un mille-pattes**[14]. »

Plus cruel encore, ce député favorable à Chaban : « **Avec Edgar Faure, on finira par s'arranger. Avec de l'argent, tout s'arrange**[15]. »

Argent ou pas, son renoncement s'explique notamment par le manque de soutien des centristes. Ainsi son ancien collaborateur Jacques Duhamel s'est-il prononcé pour Chaban-Delmas, ce qu'il lui pardonne avec magnanimité dans un courrier daté du 5 avril : **« Vous êtes sans excuse, mais je ne suis pas sans pitié. »**

La cacophonie à droite s'aggrave encore lorsque, le 11 avril, l'austère Jean Royer, ministre des PTT, puis du Commerce et de l'Artisanat, se présente. Il se veut le candidat d'une droite morale et le défenseur des commerçants et artisans ulcérés par l'impôt et par la concurrence des grandes surfaces. Le maire de Tours fait part de son cheminement vers la candidature à Pierre Messmer puis à Jacques Chirac, tous deux ravis de ce caillou dans la chaussure de Chaban-Delmas : **« Cette nuit, j'ai médité et j'ai prié. Je n'ai plus aucun doute sur mon devoir... Dieu seul, sans doute [pourrait me faire changer d'avis]... à condition que son fils descende de la croix pour me le demander[16]. »**

Retrouvant les accents de David contre Goliath, Royer assure : **« Ma conviction compensera la faiblesse de mes moyens. »**

Cette candidature de celui que Pompidou comparait à **« Zorro »** et à **« Robin des Bois »** amuse Alexandre Sanguinetti : **« Évidemment, il a choisi la semaine sainte pour se présenter. »**

Mais ses allures martiales et démagogiques inquiètent Michel Debré, pour qui **« Royer rime avec général Boulanger* »**.

Autre motif d'inquiétude, pour un député gaulliste qui préfère garder l'anonymat : **« On ne pourra même plus baiser[17]. »**

En attendant, la candidature de Jean Royer égaye considérablement la campagne du premier tour. Il suscite la colère de l'extrême gauche pour ses positions ultraconservatrices sur la famille, la sexualité, l'avortement. Comme il a le handicap de ressembler physiquement à Joseph Goebbels, les gauchistes s'invitent à ses meetings et s'en donnent à cœur joie, quand

* Le général Georges Boulanger (1837-1891) fut soupçonné en 1889 de fomenter un coup d'État contre la République parlementaire.

par exemple le candidat rappelle sa fonction de rapporteur des Finances à l'Assemblée :

Les gauchistes (*au fond de la salle*) : **« Sale rapporteur ! »**

Royer riposte : **« C'est comme ça que tout a commencé en Allemagne en 1923 ! »**

Les perturbateurs : **« Une seule solution : la masturbation ! »**, puis ils entonnent : **« Heili ! heilo ! heila ! »**[18].

Le tumulte est à son comble à Toulouse, le 25 avril, où Royer est chahuté par les militants gauchistes et défié par une femme qui danse les seins nus, aux cris de : **« Royer, tu la baiseras pas ! Quand on a ta gueule, on la ferme et on s'en va ! [...] Royer, puceau, le peuple aura ta peau ! »**

Deux candidats atypiques complètent le tableau de cette droite émiettée. Bertrand Renouvin, le benjamin, âgé de 31 ans, se dit candidat **« à titre personnel »**, bien qu'il dirige la Nouvelle Action française et soit proche du comte de Paris. L'obsession (déjà !) de ce monarchiste aux allures de premier communiant est la souveraineté de la France : **« L'Europe est une idée folle dans laquelle on cherche à réduire la France et son destin[19]. »**

Mais le véritable candidat de l'extrême droite – qui se dit candidat de la « droite nationale, sociale et populaire » – est Jean-Marie Le Pen. L'ancien directeur de campagne de Jean-Louis Tixier-Vignancour en 1965 est devenu président du Front national, créé en 1972. Comme Renouvin, il concentre ses attaques sur Chaban et surtout sur Giscard, qui **« ont fait avec les voix de la droite la politique de la gauche »**.

Souvenir de Poujade dont il fut député et lieutenant en 1956, mais aussi du 13 mai 1958, cet ancien de l'Algérie française en appelle à un « gouvernement de salut public » : **« Si vous voulez un État fort et juste dans une France libre et éternelle, alors votez Jean-Marie Le Pen, votez Salut public ! »**

Mais le bandeau qu'il porte sur l'œil gauche (*sic*) – souvenir de bagarres dans sa jeunesse estudiantine – exige qu'on regarde de plus près l'impact de formules chocs comme celle-ci : **« Si vous voulez, je vous apprendrai à voir clair[20]. »**

En dépit de ses talents oratoires, Le Pen ne soulève guère les foules. D'autant que ses propres compagnons du Front national, notamment l'ancien collaborateur et milicien François Brigneau, préfèrent se rallier au libéral Valéry Giscard d'Estaing. Ce dernier leur paraît en effet beaucoup plus efficace pour prendre une revanche historique sur les gaullistes. N'est-il pas ce **« Connétable du Destin »** qui a provoqué l'échec du général de Gaulle lors du référendum de 1969 ?

« La France au fond des yeux »

À l'inverse d'un Chaban-Delmas qui multiplie les maladresses, Valéry Giscard d'Estaing réalise une excellente entrée en campagne. Il a l'intelligence et la prudence d'attendre – et surtout de faire savoir qu'il attendait – que s'achève **« l'hommage public national et international rendu à la mémoire de Georges Pompidou »** (message du secrétariat du ministre de l'Économie et des Finances, 4 avril 1974).

Fallait-il croire cet admirateur de Maupassant quand il affirmait quelques jours plus tôt : **« Je lis parfois dans la presse que je nourris telle ou telle ambition. Elles me semblent en général mal perçues, car ma véritable ambition, ce serait une ambition littéraire[21] »** ?

Le 8 avril, depuis sa mairie de Chamalières, il se lance par une formule qui fait sensation : **« Je voudrais regarder la France au fond des yeux, lui dire mon message et écouter le sien. »**

S'adressant aussi bien à l'UDR et aux centristes qu'à ses fidèles des Républicains indépendants, il réclame **« une politique nouvelle avec une majorité élargie ».**

A priori, pas de danger pour Chaban, toujours favori et naturellement serein : **« M. Giscard d'Estaing et moi, ce sont des variantes qui diffèrent suffisamment pour être clairement distinguées, mais on reste dans une société de liberté[22]. »**

Le gaulliste Jacques Limouzy, secrétaire d'État à l'Éducation nationale, est sûr que le reste du pays imitera ses électeurs tarnais : **« À Castres, il n'y a que les notaires et les médecins qui voteront pour Giscard[23]. »**

Ce qui fait dire à Olivier Guichard, gaulliste historique et ami de longue date de Pompidou : **« Il ne faut pas dramatiser le fait que VGE ait voulu au premier tour compter ses voix personnelles[24]. »**

Mais voilà qu'à la surprise générale, VGE obtient le soutien de Jacques Chirac le 13 avril 1974 ! En effet, ce dernier lance un appel, signé par trente-neuf députés gaullistes et quatre ministres (lui-même, Jean-Philippe Lecat, Olivier Stirn et Jean Taittinger), en faveur d'une candidature unique, celle du maire de Chamalières...

Ce fameux « Appel des 43 », Alain Peyrefitte – qu'on a connu moins pudique et littéraire – le qualifie de **« légère fêlure [qui] mordit alors le flanc du vase[25]... »**

D'autres hurlent à la trahison de ce **« Judas Giscariote »** de Chirac envers Jacques Chaban-Delmas. Tel Alexandre Sanguinetti, qui avance une explication psychanalytique : **« Chirac est victime du complexe d'Œdipe[26] ! »**

André Malraux condamne le félon au nom de la légende gaullienne, et retrouve les accents de son discours pour l'entrée des cendres de Jean Moulin au Panthéon, dix ans plus tôt : **« Peuple de l'ombre, voyez monter le parricide ! Pour enterrer le général de Gaulle, une seconde fois[27]... »**

Pour lui comme pour Robert-André Vivien, les choses sont claires, c'est la trahison de 1940 qui se rejoue : **« Giscard, c'est Chirac. Et Chirac c'est le néo-pétainisme qui collabore avant la défaite qu'il s'efforce de préparer[28]. »**

Le même sur Jean-Philippe Lecat, signataire de l'Appel des 43, et qui vient de constituer en Côte-d'Or un « Comité pour la majorité nouvelle » : **« Ceux qui mettent un pied à droite, à gauche et au centre pourraient bien en mettre un dans leur tombe[29]. »**

Alexandre Sanguinetti en veut surtout à l'éminence grise de Chirac, Marie-France Garaud, qualifiée de **« Tigresse »** : **« La prochaine fois que je vois Marie-France Garaud, je lui flanque deux claques[30] ! »**

Chaban-Delmas lui-même en vient à durcir le ton à propos de Giscard d'Estaing : **« C'est la droite badigeonnée, ripolinisée… l'immobilisme au pouvoir[31]. »**

Et lors de la réunion des secrétaires fédéraux de l'UDR, le 20 avril 1974, Sanguinetti brandit la hache de guerre : **« Je vous apporterais bien le scalp de Giscard, mais il n'a pas assez de cheveux[32] ! »**

Mais de l'autre côté, Michel Poniatowski, bras droit et porte-flingue de VGE, a réagi en chasseur à l'annonce de la candidature de Chaban : **« Le faisan est levé. Il faut l'abattre[33] ! »**

« La Rose au poing* »

À gauche, les choses sont beaucoup plus claires. François Mitterrand, qui s'est emparé du Parti socialiste lorsqu'il y est

* Emblème du Parti socialiste depuis 1971, *La Rose au poing* est le titre de l'ouvrage programmatique publié par François Mitterrand en 1973. Au moment de la campagne présidentielle, Leny Escudero chante *Le Poing et la Rose*.

entré lors du congrès d'Épinay de 1971, est le seul candidat de l'Union de la gauche, rassemblant socialistes, communistes et radicaux de gauche.

Il s'amuse beaucoup de la foire d'empoigne qui secoue le centre et la droite : **« Lequel est du centre ? Lequel est de droite ? Je n'y comprends plus rien. Parfois, j'en retrouve même un sur ma gauche[34] ! »**

Lui-même a annoncé sa candidature, préparée par le ralliement préalable du PCF et du PSU, avec sa fausse modestie coutumière : **« Vous voulez que je sois candidat, je le serai[35] ! »**

Sur sa droite, c'est-à-dire au centre gauche, François Mitterrand n'a pas grand-chose à craindre du maire de Mulhouse Émile Muller, candidat du microscopique Mouvement démocrate socialiste de France, et dont l'accent alsacien prête à sourire.

À l'extrême gauche, le trotskiste Alain Krivine, candidat du Front communiste révolutionnaire (ex-Ligue révolutionnaire) se présente pour la deuxième fois, mais doit désormais affronter la concurrence d'une autre trotskiste : l'employée de banque Arlette Laguiller, candidate de Lutte ouvrière. C'est non seulement une grande première pour elle mais aussi pour l'histoire des campagnes présidentielles, car c'est la première fois qu'une femme se présente. C'est donc sous le signe du combat féministe qu'elle se présente aux Français à la télévision, le 20 avril 1974 : **« Eh bien oui ! Je suis une femme et j'ose me présenter comme candidate à la présidence de cette République d'hommes ! »**

« Les femmes sont traitées comme des citoyennes de seconde zone. Ce sont des colonisées, des étrangères dans leur propre pays. Votre société, Messieurs les politiciens, n'est pas sortie de la barbarie, et c'est vous qui l'y maintenez ! »

Pour la première fois aussi, un candidat écologiste se présente : c'est l'agronome René Dumont, qui se décrit lui-même comme **« un candidat pauvre »**, et que son col roulé rouge et son franc-parler rendent sympathique aux Français. **« Nous allons bientôt manquer de l'eau »**, prévient-il en brandissant un verre devant les caméras de télévision, le 19 avril. Mais il traîne une étiquette de « doux rêveur » qui le rend politiquement inoffensif.

Seule une candidature communiste aurait pu gêner à gauche la campagne de François Mitterrand, mais il se félicite de l'avoir neutralisée devant des journalistes, le 4 avril : **« Tout le monde me prédit le destin de Kerenski, mais qui vous dit que je ne serai pas un autre Ramadier* ? »**

Son cynisme fait sa force : **« Je n'ai pas à me préoccuper de savoir si les communistes sont sincères. Je dois veiller à ce que tout se passe comme s'ils l'étaient[36]. »**

Il peut ainsi savourer le contraste avec la précédente consultation présidentielle, où la gauche était complètement éparpillée et la droite en mesure de proposer deux finalistes. Chaque jour lui apporte son lot de réjouissances : du 9 au 16 avril par exemple, avec les atermoiements du radical Jean-Jacques Servan-Schreiber (JJSS), pressenti comme candidat, mais qui renonce à poursuivre dans cette sorte de **« foire télépublicitaire »** que le patron de *L'Express* n'a pas contribué à orchestrer…

Ses tergiversations expliquent l'amusement de Mitterrand lorsque JJSS se rallie enfin à VGE : **« Ce soutien n'a pas dû apporter beaucoup de sérieux à la candidature de M. Giscard d'Estaing. »**

C'est pourtant ce dernier qui tient la corde…

---

* Le social-démocrate Kerenski fut renversé par les communistes russes en 1917. Au contraire, le socialiste Ramadier congédia ses ministres communistes en 1947.

Les « boules puantes » de « la droite en pull-over »

Giscard a le vent en poupe : le 16 avril, il a rattrapé puis dépassé Chaban dans les intentions de vote (27 % contre 25 %) ; le 22 avril, il augmente encore son avance (26 % contre 23 %).

Maître de la communication télévisuelle, il en rajoute dans l'intime : **« Dans cette campagne, j'ai dit que je voulais regarder la France au fond des yeux, mais je voudrais aussi atteindre son cœur. »**

Le 27 avril, à Marseille, il fourbit un argument massue, emprunté au candidat Lecanuet de 1965, qui le soutient à présent : **« Si vous m'élisez, ce sera la France qui, de tous les grands pays du monde, aura le Président le plus jeune. »**

Cependant, certains n'oublient pas qu'il fut l'insubmersible ministre des Finances du général de Gaulle puis de Pompidou, d'où cette bulle, ajoutée à l'affiche où il n'avait pas hésité à se mettre en scène avec sa fille Jacinte : **« Dis papa, l'inflation, c'est quoi ? »**

De son côté, Jacques Chirac, toujours ministre de l'Intérieur, ironise sur les deux candidats gaullistes, Jean Royer et Chaban, tous deux très mauvais en campagne : **« Pour que Royer se désiste, il faudrait une apparition de la Vierge. Pour faire élire Chaban, il faudrait au moins une apparition de Jésus-Christ[37]. »**

Il est vrai que les mauvaises nouvelles s'accumulent pour Chaban. Le Premier ministre Messmer le soutient du bout des lèvres d'une formule assassine : **« L'UDR ayant décidé de soutenir M. Chaban-Delmas, je suis solidaire de cette décision[38]. »**

Réagissant plus tard à ce soutien plus que mesuré, le gaulliste et ancien résistant Robert-André Vivien en voudra beaucoup à l'ancien officier Messmer, totalement absent de la campagne de son parti : **« Dans ma jeunesse, *Les Silences du colonel Bramble** m'avaient diverti ! Les silences du colonel Messmer ont révolté mon âge mûr[39]... »**

Mais surtout, le 24 avril, Chaban a la très mauvaise idée de faire intervenir André Malraux dans sa campagne télévisée. Son entourage est dépité au lendemain de la prestation surréaliste de l'écrivain-ministre, qui coïncide avec le moment où Giscard prend le large (31 % contre 18 %) dans les sondages : **« C'est le coup de grâce[40] ! »**

C'est alors que Françoise Giroud titre son article d'une formule assassine dans les colonnes de *L'Express* : **« On ne tire pas sur une ambulance[41] ! »**

Pressentant sa défaite, Chaban se confie alors aux journalistes, dont Georges Suffert : **« La droite, de Gaulle l'avait neutralisée. Giscard la ramène en pull-over[42] ! »**

Il en est réduit à appeler à un sursaut mobilisateur, à Provins, le 27 avril : **« Si chacun de vous convertit cinq personnes d'ici le 5 mai, la partie sera gagnée ! »**

Mais il est la principale victime des « boules puantes » qui se multiplient pendant cette campagne, tel un sport électoral de plein droit : le surnom de **« Jacquou le Croqueur** »** commence à se répandre.

Du côté de Giscard, on se fait un plaisir de remettre au goût du jour les révélations sorties quand Chaban était Premier ministre, et qui ont fait titrer au *Canard* : « Le régime est toujours de boue. » Le détournement d'affiches, pratique gauchiste désormais répandue dans toutes les équipes électorales, donne des résultats savoureux à propos de son régime fiscal très favo-

* Allusion au célèbre roman de guerre publié par André Maurois en 1918. Pierre Messmer parvint au même grade dans la Légion étrangère.

** Allusion à *Jacquou le Croquant*, feuilleton télévisé (adapté du roman éponyme d'Eugène Le Roy, 1899) qui connut un grand succès à sa sortie, en 1969.

rable de 1967 à 1970 : « **Allez Chaban !** » se transforme en « **Allez Chaban... chez le percepteur** ».

Il est aussi fait allusion aux accointances de Chaban-Delmas avec l'avocat Michard-Pellissier, lié à de sulfureuses affaires immobilières. Georges Marchais, secrétaire général du PCF, s'en donne à cœur joie pour traiter Chaban « **d'homme d'affaires** ». Michel Poniatowski, « assistant spécial » du candidat VGE, peste lui aussi contre ce « **gaullisme d'affaires** » où se mêlent « **les copains et les coquins** »[43]. On doit aussi à ce « **corsaire de Giscard** » une formule particulièrement fielleuse : « **Les risques de succès de la gauche sont si sérieux que c'est véritablement un candidat sans fragilité qu'il faut opposer à François Mitterrand**[44]**.** »

Les chiraquiens ne sont pas en reste pour attaquer Chaban, et c'est Marie-France Garaud qui mène l'offensive : « **Si je sortais tout ce que je sais sur Chaban, il ne serait même plus conseiller municipal de Bordeaux**[45] **!** »

Edgar Faure renchérit : « **Chaban a le don des affaires, mais pas de celles de l'État.** »

Autre « dossier » : le mariage de « **Charmant-Delmas** ». Le député des Yvelines Gérard Godon n'hésite pas à s'en prendre à Micheline Chaban-Delmas, qui pourrait devenir la première dame de France, alors qu'elle « **a divorcé d'un mari qui lui avait donné quatre enfants et s'est remariée avec un homme déjà marié deux fois**[46] ».

Même François Mitterrand est choqué par les attaques venant de la droite contre le maire de Bordeaux : « **C'est d'autant plus injuste que, de nous trois, Chaban est le seul à retrouver sa femme tous les soirs !** »

Le paradoxe, c'est que le climat est d'ailleurs bien plus apaisé entre Chaban-Delmas et le candidat de la gauche, qui sont amis de longue date. Leur duel au micro d'Europe 1, le 17 avril 1974, se fait à fleurets mouchetés :

Jacques Chaban-Delmas, à propos d'une formule comparant l'Union de la gauche, son programme et son candidat à « l'enfer » : **« Quand j'ai dit "c'est l'enfer", il ne s'agissait ni de vous-même, ni de la moitié des Français. Il s'agissait simplement de ceci : l'enfer, comme vous, est pavé de bonnes intentions. Et les vôtres sont certainement excellentes. Je ne prétends pas être le paradis... »**

François Mitterrand le coupe : **« C'est ce que je m'étais permis de suggérer ! »**

J. C.-D. : **« Vous voyez que nous sommes d'accord sur le fait que vous avez de bonnes intentions... »**

Fr. M. : **« Concluons que vous avez du talent, monsieur Chaban-Delmas, mais *La Divine Comédie* a déjà été écrite par un autre[47]... »**

La passe d'armes radiophonique du 25 avril suivant, entre François Mitterrand et Giscard d'Estaing, qui ne s'apprécient guère, est nettement plus vigoureuse que la précédente et se prête à un décryptage en finesse :

François Mitterrand : **« Vous êtes modéré, et moi je suis tolérant. »**

Valéry Giscard d'Estaing : **« On s'en aperçoit enfin ! »**

Fr. M. : **« Pas de préciosité ! »**

VGE : **« Monsieur Mitterrand, dans cette campagne, vous vous êtes montré plus littéraire que moi ! »** [Ce qui veut dire qu'il élude les questions concrètes, notamment économiques.]

Fr. M. : **« Pourtant je ne suis pas Flaubert ! »** [L'un des écrivains favoris de VGE.]

VGE : **« Peut-être que vos électeurs vous permettront de le devenir... »**

Fr. M. : **« Dans cinq ans, sûrement ! »** [Allusion à son intention de ramener le mandat présidentiel à cinq ans et à ne pas se représenter.]

Ce débat tendu préfigure-t-il celui du second tour entre les deux hommes ? En effet, les sondages semblent indiquer que le candidat gaulliste a fait « **Chou blanc-Delmas**[48] ». Les résultats du premier tour vont le confirmer.

Résultats du premier tour (5 mai 1974)[49]

Candidats	Suffrages bruts	% suffrages exprimés	% des inscrits
François Mitterrand (Union gauche)	11 044 373	43,2 %	36,1 %
Valéry Giscard d'Estaing (RI)	8 326 774	32,6 %	27,2 %
Jacques Chaban-Delmas (UDR)	3 857 728	15,1 %	12,6 %
Jean Royer (divers droite)	810 540	3,2 %	2,6 %
Arlette Laguiller (LO)	595 247	2,3 %	1,9 %
René Dumont (Écologie)	337 800	1,3 %	1,1 %
Jean-Marie Le Pen (FN)	190 921	0,74 %	0,62 %
Émile Muller (Mouvement démocrate socialiste de France)	176 279	0,69 %	0,57 %
Alain Krivine (Fédération communiste révolutionnaire)	93 990	0,36 %	0,30 %
Bertrand Renouvin (Renouveau royaliste)	43 722	0,17 %	0,14 %
Jean-Claude Sebag	42 007	0,16 %	0,13 %
Gérard Héraud	19 255	0,07 %	0,06 %

Un « monopole du cœur » très disputé…

L'élimination dès le premier tour du candidat gaulliste, nullement prévisible au début de la campagne, est une première dans les présidentielles françaises. Cela exige une explication.

Chaban commente ainsi sa défaite le lendemain lors d'une ultime visite à sa permanence électorale : **« Au moment où je bondissais, on m'a retiré le tremplin. »**

On ne saurait le contredire, à entendre Pierre Juillet, invité par Valéry Giscard d'Estaing, s'exclamer lors d'une chasse : **« J'ai eu Chaban comme je viens d'avoir ce perdreau[50] ! »**

Chaban se posera – mais un peu tard – des questions bien douloureuses : **« Le monde politique serait-il le territoire d'une certaine forme de barbarie[51] ? »** – y compris à son propre sujet : **« L'ambition, c'est précisément ce qui m'a manqué dans ma tentative de conquête de l'Élysée… Je me suis présenté, sinon à contrecœur, du moins sans ardeur. J'accomplissais un devoir. Je n'étais pas possédé par le désir obsessionnel qui fait la force des hommes de pouvoir et dont Chirac, précisément, fournit un exemple, tout comme Mitterrand[52]. »**

De son côté, Valéry Giscard d'Estaing peut exulter au soir du 5 mai : **« La majorité nouvelle est née aujourd'hui. »**

C'est donc la mort dans l'âme que les barons du gaullisme vont se rallier au candidat libéral, à commencer par Chaban-Delmas, qui se résigne, non sans arrière-pensées : **« Je me demande à quel moment il se trompe ou nous trompe[53]. »**

« Si Giscard bat François, quel dommage pour la France[54]. »

L'ancien ministre Albin Chalandon est sans illusion sur les manœuvres de séduction déployées par le camp giscardien en direction des gaullistes : **« Quant à M. Giscard d'Estaing, il a**

sans doute fait des tours de valse qui le mettaient tantôt dans l'opposition, tantôt au gouvernement. Disons que son ouverture est une semi-ouverture. Disons que c'est une couverture[55]. »

D'où ce jeu de mots d'André Fanton, député gaulliste de Paris : **« Les ouvertures de Giscard sont des Judas[56]... »**

De son côté, Robert Boulin, député de Libourne et proche de Chaban-Delmas, veut faire monter les enchères du ralliement : **« Nous avons été battus par les bigots, mais vous allez voir, Giscard et Poniatowski vont nous baiser... les pieds[57]. »**

Même son de cloche chez Alain Peyrefitte : **« Giscard va avoir l'air malin, maintenant. Le candidat intègre va devoir supplier le candidat "fragile" pour faire le plein de ses voix. C'est à nous de jouer les cactus. »**

Alexandre Sanguinetti se délecte par avance du spectacle : **« Le premier tour n'a pas été gai, le second sera du catch[58] ! »**

Comme l'a écrit Jean d'Ormesson au début de la campagne : **« Le duel du premier tour est un tournoi, celui du deuxième tour une bataille[59]. »**

Et c'est en direct, devant les caméras de télévision, pour la première fois dans l'histoire des élections présidentielles, que va se livrer le combat décisif, le 10 mai 1974, devant 25 millions de téléspectateurs. Fort de ses talents oratoires, François Mitterrand semble envisager ce duel télévisé comme **« un moment délicieux »**, continuant d'affirmer à son entourage : **« Les conditions du succès sont d'ores et déjà réunies[60]. »**

Et pourtant, le jour J, il n'apparaît pas vraiment à son affaire : sa crispation le fait ressembler à un **« premier communiant en visite chez une tante à héritage[61] »**. Cloué par une première attaque de Giscard : **« Vous êtes un homme qui êtes lié au passé par toutes vos fibres »**, il ne reste pas longtemps sans réaction : **« Ce que vous voulez faire, il fallait le faire quand vous le pouviez. Qu'est-ce qui vous en a empêché* ? »**

Néanmoins, le coup décisif intervient lorsque son adversaire reprend au bond l'une de ses formules :

François Mitterrand : **« C'est une affaire de cœur et non pas seulement d'intelligence. »**

Valéry Giscard d'Estaing : **« Vous n'avez pas, Monsieur Mitterrand, le monopole du cœur ! Vous ne l'avez pas... J'ai un cœur comme le vôtre qui bat à sa cadence, et qui est le mien. Vous n'avez pas le monopole du cœur. »**

Arlette Laguiller n'en est pas convaincue : **« Je voudrais le voir, cet homme qui a du cœur, faire vivre avec le Smic son bouquet de fleurs familial, son Anne-Aymone, sa Valérie-Anne, sa Jacinte[62]... »**

Mais les sondages en font foi au terme du débat : Giscard d'Estaing est apparu plus sincère, plus clair et plus présidentiel que son adversaire.

La campagne se poursuit cependant, et dans le camp giscardien, Michel Poniatowski se charge du credo anticommuniste : **« Une fois le Parti communiste au pouvoir, il n'y a jamais aucune alternance[63]. »**

VGE s'appuie sur son slogan – ce **« Giscard à la barre ! »** inventé par la femme de Michel d'Ornano, l'un de ses lieutenants – pour s'en prendre directement à François Mitterrand : **« Il faut aujourd'hui à la France un homme qui sache dire oui ou non. Cet homme, ce n'est pas mon concurrent[64] ! »**

Lequel riposte : **« Pas une idée neuve depuis quinze ans. Pourquoi demain en auraient-ils ? »**

Mais les électeurs font confiance à la modernité de Giscard.

* Allusion aux douze années passées par VGE au ministère des Finances.

Résultats du second tour (19 mai 1974)[65]

	Suffrages bruts	% suffrages exprimés	% des inscrits
V. Giscard d'Estaing	13 396 203	50,8 %	43,8 %
Fr. Mitterrand	12 971 604	49,2 %	42,4 %
Abstention	3 876 180		12,7 %
Blancs et nuls	356 788		1,2 %

Temps de la relève… ou du sursis ?

Vainqueur, mais avec un écart des plus serrés, Giscard d'Estaing cherche une formule qui résume l'abandon de la présidence de la République par les gaullistes : **« De ce jour date une ère nouvelle de la politique française, celle du rajeunissement et celle du changement de la France. »**

Raymond Aron, lui, n'en revient toujours pas : **« Que le ministre des Finances de Georges Pompidou, en place depuis 1969, ait pu… gagner en une phase d'inflation accélérée, sans rien offrir d'autre qu'une collection de promesses et la prolongation de sa propre gestion par collaborateurs interposés… me paraît proprement stupéfiant, admirable. Talent du candidat, sagesse du peuple français ou faiblesses secrètes de l'adversaire[66] ? »**

C'est peu de dire que les gaullistes accueillent la victoire giscardienne dans la morosité. Maurice Papon vitupère dans les couloirs de l'UDR en évoquant la noblesse d'emprunt de Giscard et celle bien plus tangible de son **« corsaire »** de Poniatowski : **« Le temps des barons est fini. C'est celui des princes qui commence ! »**

Et André Fanton renchérit : **« Et celui des larrons[67] ! »**

Vaincu de justesse, François Mitterrand respecte le verdict du suffrage universel. À chaud, le candidat de la gauche unie veut voir plus loin : **« Quelque chose vient de commencer qui ne s'arrêtera pas de sitôt. »**

Il revient en 1975 dans *La Paille et le Grain* sur sa défaite de l'année précédente, et valorise son adversaire pour atténuer sa déconvenue, concédant que Valéry Giscard d'Estaing **« possède au plus haut degré l'art d'expliquer les échecs dont il tire sa réussite »**.

Ou encore : **« Je m'émerveille de l'habilité de Valéry Giscard d'Estaing à flatter ses propres échecs jusqu'à leur donner figure de succès. »**

« Les mots qu'il emploie sont pour les deux tiers ignorés de ceux qui l'écoutent. Cela n'ôte rien à son emprise : la mélodie fait passer le reste[68]. »

C'est ainsi que le chant des sirènes chuinté aux oreilles de la France par Giscard lui permet de prendre la barre de l'État pour sept ans !

1981

La revanche de « l'homme du passé »

Valéry Giscard d'Estaing sera-t-il le premier président de la Ve République réélu au suffrage universel ? Il aborde avec confiance l'élection présidentielle de 1981, persuadé qu'il triomphera une nouvelle fois de son adversaire François Mitterrand, affaibli par la rupture de l'Union de la gauche, quatre ans plus tôt, et par la concurrence de Michel Rocard, le chouchou des sondages.

Mais le scrutin s'annonce serré, car la crise est passée par là, le mécontentement social est à son comble et la politique de rigueur du professeur Raymond Barre n'est pas des plus populaires. Par ailleurs, VGE est englué dans l'affaire des diamants de Bokassa, qu'il a comme d'habitude traitée avec la morgue du grand technocrate sûr de lui et méprisant, celui que l'on adore détester dans la presse et surtout parmi ses alliés gaullistes. De sorte que neuf candidats « anti-Giscard » s'efforcent de l'abattre ! Les couteaux sont tirés… pour un remake de 1974 ?

« Chichi » contre « Valy »

Jacques Chirac, qui a démissionné du poste de Premier ministre après deux ans de querelles avec le Président, est bien décidé à provoquer son échec, afin que le RPR – qu'il a fondé et dirige – récupère le leadership de la droite sur les décombres fumants du giscardisme.

Il aurait ainsi confié à François Mitterrand lors d'un dîner secret remontant à 1980 : **« Il faut nous débarrasser de Giscard, c'est un danger pour la France[1] ! »**

Candidat déclaré le 3 février 1981, le maire de Paris est investi par le RPR quatre jours plus tard, et le 17 il s'en prend aux excès administratifs et réglementaires, caractéristiques d'une politique économique : **« Ultra-dirigiste sans direction : le pire de tout[2]. »**

Sa candidature est celle du **« changement sans risque »**, manière d'éviter **« le risque sans changement »** (Giscard d'Estaing) et **« le changement dans le risque »** (Mitterrand). Le *Reagan now* qui a entraîné la victoire républicaine de 1980 aux États-Unis lui a fait si forte impression qu'il adapte son slogan en **« Chirac maintenant »** et se montre aussi confiant que son modèle californien : **« Je suis serein comme du marbre rose[3]. »**

Contre-attaque de Jean-Philippe Lecat, porte-parole de Valéry Giscard d'Estaing, en forme d'avertissement général : **« On va découvrir que le tenant du titre frappe aussi fort que les challengers... Après lui le désordre, avec lui le KO[4] ! »**

Lionel Stoleru, secrétaire d'État au Travail manuel et aux Immigrés, mobilise les troupes giscardiennes : **« Préparons-nous tous ensemble pour que Valéry Giscard d'Estaing soit le perce-neige qui fera le joli mois de mai[5]. »**

Michel Poniatowski, toujours bras droit du Président, fustigeant le cumul des mandats du député-conseiller général de Corrèze et maire de Paris, promet que **« Chirac, on lui prendra tout, même la Corrèze »**.

Et l'on doit à Jean Riolacci, préfet et fidèle de Giscard, cette élégante formule : **« On dit que Chirac est dans une seringue. Oui mais une seringue, ça aboutit toujours dans un cul[6]. »**

Réplique choc de Charles Pasqua, gaulliste de SAC... et de cordes selon ses adversaires : **« Giscard, on va le crever. »**

Le même, se souvenant des affiches scandaleuses de 1972 sur lesquelles Michel Polnareff montrait son postérieur, commente ainsi le reportage photos de *Paris-Match* montrant Giscard dans l'intimité familiale : **« À ce rythme-là, il ne lui reste plus qu'à montrer ses fesses[7]. »**

Chirac, de son côté, provoque une tempête chez les giscardiens, moins lorsqu'il assure : **« Je serai présent au second tour, j'en suis persuadé »**... que lorsqu'il déclare : **« Si l'on veut rendre à ce pays la confiance et l'espoir, fût-ce au prix de la défaite du président de la République, c'est l'intérêt de la France qui m'importe et non pas l'intérêt de tel ou tel homme[8]... »**

Le candidat du RPR impressionne par l'énergie déployée durant son tour de France électoral, non sans résultat puisque c'est lui qui progressera le plus durant la campagne du premier tour. Il parsème ses visites de « cartes postales* », ainsi le 12 mars à Fort-de-France, évoquant sa consigne de vote au second tour : **« Je me prononcerai sur le second tour quand je serai parfaitement informé des propositions des autres candidats. »**

Rien d'étonnant à ce que Jean-Philippe Lecat soit sans illusion sur une éventuelle réconciliation de Giscard avec le maire de Paris, comme il l'avoue aux journalistes : **« Quand**

---

* Procédé qui consiste à se rappeler au bon souvenir de ses adversaires politiques en envoyant régulièrement des petites formules assassines. Synonyme : piqûre de rappel...

le Président entend le nom de Chirac, il sort son fusil de chasse[9]. »

Mal lui en prend, car les chasses présidentielles n'ont pas bonne presse, qui rappellent les safaris de **« Viandard d'Estaing »** dans la Centrafrique de Bokassa Ier ! Jacques Chirac ne manque pas de saisir la balle (qui lui était destinée) au bond : **« Giscard veut épingler ma peau parmi ses trophées de chasse[10]. »**

Bernard Pons, président du groupe parlementaire gaulliste, file aussi la métaphore cynégétique : **« Giscard n'aura bientôt plus un endroit en Afrique pour aller faire ses safaris. »**

Pour les gaullistes, habitués aux réseaux installés par Jacques Foccart en « Françafrique », le dicton à la mode est le suivant : **« La politique africaine est une affaire trop sérieuse pour qu'on la confie à Giscard d'Estaing. »**

François Mitterrand, candidat socialiste, viendra à l'occasion braconner sur le même terrain... de chasse au Giscard, ainsi au meeting de Besançon, le 10 avril 1981 : **« Selon monsieur Giscard d'Estaing, critiquer sa politique [extérieure], c'est critiquer la France ! Mais lorsqu'il allait chasser chez Bokassa, ce n'était tout de même pas la France qui tuait l'antilope ! »**

L'allusion à Bokassa, empereur déchu de Centrafrique, renvoie bien sûr à « l'affaire des diamants » qui colle aux basques de **« Giscard l'Africain »**. *Le Canard enchaîné* s'en régale, rappelant l'anagramme de « Monsieur Valéry Giscard d'Estaing » : **« Ce Valéry grisé d'un si gros diamant[11]. »** Ou titrant : **« Gricarat, vedette du petit écrin. »**

Ce dernier a beau s'offusquer **« de la bassesse et de la lâcheté »** d'attaques venues de **« professionnels du scepticisme »**[12], une devinette continue de faire beaucoup rire dans les réunions gaullistes : **« Quel dentifrice utilise Giscard ? L'émail diamant ! »**

Par ailleurs, Giscard, qui s'était déjà fait traiter de **« petit télégraphiste »** par François Mitterrand après sa rencontre amicale avec le dirigeant soviétique Leonid Brejnev le 19 mai 1980 (à Varsovie), au moment de l'invasion soviétique de l'Afghanistan, subit de nouveaux sarcasmes. Ils font suite à la parution le 13 mars 1981 d'un article élogieux de *La Pravda* sur sa politique étrangère. Pour le gaulliste Claude Labbé, c'est **« le salaire de Varsovie »** et la certitude que : **« Les Soviétiques préfèrent pour la France un Président faible et certainement affaibli par un deuxième mandat. »**

Giscard aurait pu se réjouir de voir se dresser contre Chirac deux candidats gaullistes dissidents : l'ancien Premier ministre (1959-1962) Michel Debré et Marie-France Garaud, **« la Tigresse »**, ex-conseillère de Pompidou puis de Chirac. Mais l'un comme l'autre tapent eux aussi à bras raccourcis sur le Président sortant.

Le premier – surnommé **« l'amer Michel »** pour sa capacité d'indignation quasi permanente – ouvre le feu : **« Un septennat : hélas ! Deux septennats ? Holà[13] ! »**

Marie-France Garaud, qui avait pourtant contribué dans l'ombre à son élection en 1974, estime à présent que... **« Valéry Giscard d'Estaing se croit plus intelligent que les Français »**.

À ceux qui l'accusent de faire le jeu de Giscard avec une candidature dissidente qui complique celle du candidat officiel investi par le RPR, elle a beau jeu de répondre : **« Je ne roule pour personne. D'abord, je ne suis pas un camion[14]. »**

Néanmoins, il faut le reconnaître, l'essentiel de ses attaques se concentre sur Jacques Chirac, son ancien protégé, du temps où elle le conseillait avec Pierre Juillet. Ce dernier, un jour de 1977 où Chirac l'avait chaleureusement remercié, avait lancé à la cantonade : **« C'est bien la première fois qu'un cheval remercie son jockey ! »**

Elle y va elle aussi de son refrain hippique* : **« C'est un trop beau cheval. Nous lui avons appris à courir, il le fait ; nous lui avons appris à sauter les haies, il le fait ; le problème, c'est que, quand il court sur le plat, il continue de sauter[15]... »**

C'est donc en experte qu'elle s'exprime au sujet du maire de Paris : **« Il ment tellement qu'on ne peut même pas croire le contraire de ce qu'il dit[16]. »**

Arlette Laguiller s'y colle pour la deuxième fois, inaugurant pour la circonstance sa fameuse exhortation **« Travailleuses, travailleurs ! »**, qui deviendra un must indémodable et qu'elle décline dans son slogan : **« Votez pour une femme, votez pour une travailleuse, votez vraiment à gauche ! »** (23 avril 1981.)

Mais une autre femme lui fait désormais concurrence à l'extrême gauche : Huguette Bouchardeau, la candidate du PSU. Philosophe à l'allure bohême, frisée comme un mouton, elle est la première femme à diriger un parti politique en France. Candidate des exclus, elle apparaît à la télévision le 23 avril 1981 avec à ses côtés Jean-Luc Héridel, représentant des handicapés, ainsi qu'une chaise vide... celle des travailleurs immigrés qui n'ont pas le droit de vote. Appelant à **« l'esprit de résistance »** de 1940, elle promet le lendemain de **« faire de la politique autrement »**.

C'est aussi le message d'un ancien du PSU, Brice Lalonde, qui fut le directeur de campagne de René Dumont en 1974, et qui représente le Parti des amis de la Terre. Tout en rendant hommage à son mentor, il annonce une nouvelle ère pour l'éco-

---

* Juillet comme Garaud adaptent une formule de leur vieil ennemi de 1974, Alexandre Sanguinetti, qui avait déclaré à propos de Chirac : **« Il a tout de l'officier de cavalerie. On lui donne un ordre. On croit qu'il a compris. Il part à fond de train... puis il revient à fond de train parce qu'il a oublié et l'ordre et le cheval... »** (cité dans Jean Bourdier, *Le Crapouillot*, *op. cit.*, p. 112).

logie, avec une ambition : **« Répondre à tous les problèmes »** ; un objectif : **« Produire autant et vivre mieux en travaillant beaucoup moins »** (13 avril 1981) ; un moyen : **« Assez du menu à prix fixe imposé par les partis, maintenant il faut une démocratie à la carte »** (21 avril 1981).

Mais Brice Lalonde est en compétition avec le radical de gauche Michel Crépeau, député-maire de La Rochelle, et surnommé à ce titre **« le premier écologiste de France »**. Interviewé par le journaliste Georges de Caunes, il se présente comme le candidat du **« bonheur »** : **« Et d'où vient le bonheur ? Ça vient de la fraternité, ça vient de l'amitié, ça vient de l'amour... La dimension de l'homme, la vraie priorité du radicalisme »** (22 avril 1981).

Le chemin de François Mitterrand ne sera donc pas forcément semé de roses... au poing, d'autant qu'il lui faut d'abord s'affirmer au sein du Parti socialiste. En effet, c'est Michel Rocard, venu du PSU en 1974, qui fait figure de grand favori pour l'investiture au sein du Parti socialiste. Il ne s'est pas privé de critiquer le Premier secrétaire du PS au lendemain de la défaite aux élections législatives de 1978, déclarant qu'un **« certain style politique, un certain archaïsme sont condamnés**[17] **»**. Dès lors, François Mitterrand ne sera jamais tendre avec **« Hamster érudit »** (totem du jeune Rocard lorsqu'il était scout)...

Rocard annonce donc sa candidature, le 19 octobre 1980, depuis sa mairie de Conflans-Sainte-Honorine, mais il promet de la retirer si Mitterrand se présente à son tour... Grossière erreur, car ce dernier se déclare le 8 novembre, poussant *de facto* son challenger vers la porte de sortie : **« C'est un phraseur prétentieux... Il est plus technocrate que socialiste. »**

« Il a des talents, mais je ne suis pas sûr qu'il ait des qualités[18]**. »**

De toute façon, François Mitterrand peut compter sur le soutien sans faille de Dalida et de son grand ami Pascal Sevran, qui confie au congrès de Metz en 1979 : « **Je regarde Mitterrand monter à la tribune et je pense à Marlene [Dietrich]**[19] » !

Cette comparaison ne s'impose pas à tout le monde ; le publicitaire Jacques Séguéla, lui, déclare tout à trac, en novembre 1980 : « **Vous ne serez jamais Président avec une denture pareille**[20] **!** »

Mitterrand obtempère, se fait limer les canines par le gendre du publicitaire et engage Séguéla, qui lui donnera « **La force tranquille** » et sa variante (« **De toutes les forces de la France** »), ou encore « **Le socialisme, une idée qui fait son chemin** ».

Bref, autant de slogans auxquels il est difficile de rétorquer*, à la différence de celui choisi par Giscard d'Estaing – « **Il faut un Président à la France** » – qui offre à François Mitterrand l'occasion de répliquer : « **Donc, il n'y en avait pas**[21]**...** ».

Dans l'immédiat, le député de la Nièvre doit faire face à la candidature surprise de l'humoriste Coluche, crédité de plus de 10 % des intentions de vote en novembre 1980. Celui-ci anime la précampagne : « **Avant moi la France était coupée en deux. Avec moi elle sera pliée en quatre !** »

C'est déjà un peu plus subtil que sa formule du 30 octobre 1980 : « **Tous ensemble pour leur foutre au cul avec Coluche. Le seul candidat qui n'a aucune raison de vous mentir !** »...

* Du moins jusqu'aux législatives de 1986 et à la présidentielle de 1988, qui verront surgir « **La farce tranquille** » et « **La faillite tranquille** » ; dix ans plus tard, lors de l'inhumation du président socialiste, viendra « **La fosse tranquille** »...

ou que ses slogans de campagne, sur un registre mousquetaire populiste : **« Un pour tous, tous pourris* ! »**

« Voter pour moi, c'est voter contre la politique. »

Répondant au *Canard enchaîné* sur l'éventualité de sa candidature, qui inquiète les états-majors de gauche, il s'amuse : **« Les jours pairs, oui je suis candidat. Les jours impairs, c'est non[22]... »**

Finalement, Coluche renonce le 16 mars 1981, avant d'appeler à voter Mitterrand.

En revanche, Georges Marchais, qui n'avait pas été candidat en 1974, se présente cette fois sous les couleurs du PCF, avec, pour surnom de campagne : **« L'anti-Giscard[23]. »**

Marchais pourfend le Président sortant et ses entourages, ainsi en conférence de presse le 20 janvier 1981 : **« Assez de la République des châteaux et des cadeaux, de l'État des cousins et des copains, du clan des chers parents et des princes** ! »**

À la télévision, il s'exclame le 14 avril 1981 : **« Je lance à Giscard le défi du plein-emploi ! »**

Puis accuse le 21 avril 1981 : **« La cause de la crise, c'est la loi du profit. »**

Mais depuis la spectaculaire rupture de l'Union de la gauche lors de la renégociation du programme commun (1977), Marchais est aussi bien **« l'anti-Mitterrand »**. Tous se souviennent de son interminable silence à *Cartes sur tables* en 1977, quand Jean-Pierre Elkabbach lui avait demandé si François Mitterrand était un **« partenaire loyal »**... Tout comme son prédécesseur Thorez avait traité le socialiste Léon Blum de

* Coluche reprend mot pour mot le titre de la couverture du *Charlie Hebdo* du 29 novembre 1971.

** Allusions au rôle de premier plan des « princes » Michel d'Ornano et Poniatowski dans la « Giscardie » et à l'assassinat du prince de Broglie, homme fort des Républicains indépendants.

« **reptile répugnant** », Marchais tient le candidat socialiste en piètre estime : c'est « **le plus vieux politicien de France** », « **l'atlantiste flamboyant** » voire « **l'homme du renoncement**[24] », dont les propositions traduisent un « **manque total de cohérence**[25] ».

François Mitterrand ne s'émeut pas outre mesure de ces attaques, lui qui a depuis longtemps décrypté le bouillant Georges Marchais : « **L'outrance est sa façon de dire bonjour**[26]. »

Dès le milieu des années 1970, il pensait que sa « **grande chance historique, c'est l'incroyable médiocrité intellectuelle des dirigeants communistes. Regardez-les, Marchais et les autres. Il n'y en a pas un pour racheter l'autre. On peut les manipuler comme on veut. Ils sont tous plus bêtes les uns que les autres**[27] ».

Nonobstant ses nombreux concurrents à gauche, François Mitterrand sait bien que son principal adversaire est le Président sortant, et c'est lui qu'il cible en priorité.

Après sa défaite aux présidentielles de 1974, il notait dans sa chronique politique, *La Paille et le Grain*, publiée l'année suivante : « **Comment s'y prendre pour empêcher de marcher un homme qui ne fait aucun mouvement ?** »

Ailleurs, il s'étonne du succès politique de ce « **Vieux jeune homme, cousin germain – on en jurerait – des petites filles modèles de Madame de Ségur**[28] ».

À mesure que l'échéance suprême se rapproche, Mitterrand peaufine ses attaques, quitte à emprunter au répertoire des bons mots gaulliens. Le fameux « **son problème, c'est le peuple** », servi naguère par le Général à VGE, est ainsi recyclé : « **Que voulez-vous, Giscard, il n'y peut rien, mais c'est un gosse de riche. C'est sa chance et sa malchance**[29]. »

Les prétentions et les postures nobiliaires de Valéry Giscard d'Estaing sont d'ailleurs bien plus épinglées en 1981 qu'en

1974, où elles ne se conjuguaient pas encore avec la magistrature suprême. Mitterrand propose de lui décerner divers titres de noblesse en rapport avec son bilan lors de la conférence de presse du 24 juin 1980 : **« Baron du chômage, marquis des inégalités, comte de la hausse des prix, duc de la technocratie, prince de l'électoralisme, roi de l'anesthésie. »**

Son commentaire est cinglant lorsque le **« Président finissant »** déclare officiellement sa candidature, le 2 mars 1981, depuis le palais de l'Élysée : **« Giscard a présenté sa candidature, on attendait plutôt qu'il nous présente des excuses[30]... »**

Quand le Président confesse que le chômage est son plus grand échec et qu'une fois réélu, il améliorerait la situation des personnes âgées en France, Mitterrand grince dans les colonnes du *Monde* en date du 13 mars 1981 : **« Il est difficile d'être un aussi bon candidat et un aussi mauvais Président. Il a une spécialité, c'est d'avoir du cœur, beaucoup de cœur... deux mois tous les sept ans. »**

Même chose lorsque VGE fait annoncer pour début avril la publication d'un *État de la France* en guise de rampe de lancement pour sa campagne : **« Nous sommes le 27 mars 1981, il a été élu en mai 1974. Il rédige, à l'heure où je vous parle, un ouvrage où il nous explique comment vaincre le chômage ! Il aurait pu y penser plus tôt[31]. »**

Mitterrand expose alors un argument de poids, sans doute le plus difficile à contrer pour un Président au pouvoir pendant sept ans : **« Il y a une question toute simple qui vient à l'esprit : ou bien ce que vous nous proposez est juste, et pourquoi vous ne l'avez pas fait plus tôt ; ou bien vous nous le proposez et cela n'a pas d'intérêt particulier, pourquoi vous présentez-vous[32] ? »**

Il assène un autre argument de bon sens, qui rappelle au passage le coût financier du chômage de masse imputé au Président sortant dont il estime le montant annuel à plus de cent milliards de francs au *Grand débat* de TF1 le 31 mars 1981 : « **Rassurez-vous Français, Françaises ; de toute façon et de quelques façons que je m'y prenne, je coûterai beaucoup moins cher que ce que l'autre vous a coûté[33] !** »

Mitterrand oppose donc son « **plan** » – inspiré du manifeste du Parti socialiste (24 janvier) et d'une série de douze propositions pour le plein-emploi et la justice sociale – au « **bilan** » de son adversaire, qui obéit à la règle des « **4 D : déclin, décadence, destruction, désarroi[34]** ».

D'où ce jugement sans appel : « **Il a eu de bonnes idées, mais y a si peu cru qu'il ne les a pas suivies[35].** »

En fait, la Ve République sous Giscard, c'est au choix : « **Une sorte de monarchie constitutionnelle déguisée... même pas constitutionnelle[36]...** »

« **Le Second Empire : un accaparement de l'État par une famille, un clan, une caste, police des consciences et des mœurs[37].** »

Ce qui n'empêche pas le Président sortant d'arriver en tête au premier tour...

Résultats du premier tour (26 avril 1981)

Candidats	Voix	% des inscrits	% des suffrages exprimés
Valéry Giscard d'Estaing (UDF)	8 222 432	22,59 %	28,32 %
François Mitterrand (PS)	7 505 960	20,62 %	25,85 %
Jacques Chirac (RPR)	5 225 848	14,36 %	18,00 %
Georges Marchais (PCF)	4 456 922	12,24 %	15,35 %
Brice Lalonde (Amis de la Terre)	1 126 254	3,09 %	3,88 %
Arlette Laguiller (LO)	668 057	1,84 %	2,30 %

Candidats	Voix	% des inscrits	% des suffrages exprimés
Michel Crépeau (RG)	642 847	1,77 %	2,21 %
Michel Debré (Gaulliste)	481 821	1,32 %	1,66 %
Marie-France Garaud (Gaulliste)	386 623	1,06 %	1,33 %
Huguette Bouchardeau (PSU)	321 353	0,88 %	1,11 %

Vers un remake de 1974 ?

Comme en 1974, VGE et François Mitterrand se retrouvent face à face pour le second tour. Le premier peut sembler favori, car il est arrivé en tête au premier tour, contrairement à l'élection précédente. En réalité, le candidat de la gauche est dans une situation beaucoup plus confortable que le chef de l'État.

Georges Marchais, qui a fait un mauvais score, est dans la main de François Mitterrand. Ce dernier s'en amuse, feignant de remercier les dirigeants du PCF qui se sont obstinés à présenter leur secrétaire général : **« Je vous voyais à 18 %, je n'avais jamais imaginé que Marchais vous ferait tomber si bas. Vous m'avez trop aidé[38]. »**

Le candidat communiste fait mine de poser ses conditions pour appeler à voter Mitterrand en apostrophant la cantonade en ces termes : **« Vous m'avez déjà vu rouler gratuitement[39] ? »** Mais, n'ayant pas les moyens de ses ambitions, il doit en rabattre.

À droite, les résultats sont sans appel pour Jacques Chirac, qui fait moins bien que son prédécesseur gaulliste Jacques Chaban-Delmas en 1974 ! Mais les chiraquiens, déçus par l'élimination de leur champion, comptent bien faire monter les enchères au second tour, Charles Pasqua le premier : « **Les giscardiens nous font des mamours. Ils voudraient que nous fassions un pacte avec eux. OK. Mais alors il faut que ce pacte soit signé devant notaire... et devant les caméras de télé**[40]. »

Alors que Marie-France Garaud appelle au vote blanc, Bernard Pons ne se prive pas de ricaner dans les couloirs de TF1 : « **On va les faire péter de trouille**[41]. »

Au même moment, René Tomasini fait une macabre prédiction devant le comité central du RPR, le 29 avril : « **Giscard finira maire de Chamalières, si le peuple ne lui a pas coupé la tête avant**[42]. »

C'est pourquoi le soutien (officiel) de Chirac est des plus mesurés : il votera Giscard « **à titre personnel** », estimant que celui-ci « **doit renouveler profondément sa politique et ses méthodes** ».

Un nouveau venu dans la politique, le jeune Alain Juppé – déjà surnommé « **le yearling de Chirac** » – se fait remarquer par une étrange déclaration : « **Ni M. Giscard d'Estaing, ni M. Mitterrand ne veulent changer la société**[43]. »

Sa formule semble absoudre à l'avance ceux qui s'écarteraient de la consigne de vote gaulliste en faveur de VGE : « **On écarte au second tour celui des deux candidats restant en lice dont l'élection présenterait le plus d'inconvénients**[44]. »

Giscard, en désespoir de cause, envoie des émissaires à Jean-Marie Le Pen, dont la candidature a été invalidée. Ce dernier saisit l'occasion de se venger de celui qu'il juge responsable de cette déconvenue : « **Je lui ai fait répondre que j'appellerai à voter Jeanne d'Arc**[45] **!** »

Prenant acte de cette configuration favorable, François Mitterrand poursuit sa campagne et se sent en mesure d'annoncer « le Grand Soir » lors de son discours du 28 avril 1981 : « **Je rappelle à M. Valéry Giscard d'Estaing que la liberté,**

c'est le peuple qui l'a conquise il y aura bientôt deux siècles, contre la féodalité de l'ordre ancien... que c'est le peuple encore qui lutte pour elle aujourd'hui, contre la caste étroite et égoïste que lui, Giscard d'Estaing, incarne. »

C'est pourquoi le Président sortant, qui sent le vent de la défaite, appelle à son secours le vieux spectre de la peur sociale, brandi lors de sa grande « Fête de la Liberté » à Paris, porte de Pantin, où il lance un appel déchirant à **« Madame la France »** : **« L'angoisse m'étreint le cœur quand je pense à ce que nous pouvons espérer être, et à ce que nous risquons de devenir... D'un côté dans le ciel les ailes noires des oiseaux qui portent de mauvais augures et de l'autre la société de l'espoir... Que votre vote soit celui, non d'un peuple assis autour du feu qui baisse, mais celui d'un peuple en marche vers l'horizon où le matin s'allume[46]. »**

Le 5 mai, c'est à nouveau devant les caméras de télévision que se joue la scène finale et décisive du duel Giscard-Mitterrand. Mais cette fois, le candidat de la gauche a bien préparé sa revanche, qui a toutes les allures d'un plat qui se mange froid. Son avis sur le bilan du Président sortant est sans appel : **« Un conducteur qui vient de verser sa voiture dans le fossé, et qui viendrait me demander de repasser mon permis. »**

À quoi Giscard rétorque : **« Vous gérez le ministère de la parole, ceci depuis 1965 ou depuis 1974, moi j'ai géré la France. »**

Le Président sortant – instruit des difficultés éprouvées par Mitterrand lors du débat contre Raymond Barre et fort de sa réputation d'économiste – essaie de déstabiliser son adversaire en l'interrogeant sur le cours du mark allemand, mais le candidat socialiste se rebiffe : **« D'abord, je n'aime pas beaucoup cette méthode. Je ne suis pas votre élève. Vous n'êtes pas le président de la République ici, vous êtes simplement mon contradicteur »**... avant de répondre précisément à la question piège, pour mieux tirer de son fourreau la formule mortelle, celle que tout le monde retiendra : **« Vous ne voulez pas parler du passé, je comprends bien, naturellement et vous avez tendance à reprendre le refrain d'il y a sept ans : l'homme du passé. C'est quand même ennuyeux que dans l'intervalle vous soyez devenu, vous, l'homme du passif. »**

À l'issue du débat, François Mitterrand veut croire que la magie du verbe giscardien n'opère plus, ou opère moins : **« Il me fait penser à ces cartons perforés qui passent et repassent sur l'orgue de Barbarie, beaucoup l'entendent comme une grande musique. Un Mozart de la manivelle... C'est l'éloquence-procédé portée à la perfection. Qu'il prenne garde cependant : les emmanchures s'usent... Chirac, qui le copie, fait petit vieux[47]. »**

Restent quelques jours de campagne pour tirer les dernières munitions sur le candidat adverse. Les officines anti-Mitterrand font feu de tout bois, placardant des affiches et des affichettes comme **« Un mythe errant, ça trompe énormément* »** ou encore, avec un M majuscule en facteur commun : **« Mitterrand, Marchais, Moscou : la Merde en France ! »**

Dans sa dernière émission télévisée de campagne, le 6 mai, Valéry Giscard d'Estaing agite lui aussi le spectre de la collectivisation socialo-communiste. Le lendemain, interrogé par Georges Suffert, il brandit la menace du « déclin » : **« C'est cela mon angoisse... ma préoccupation n'est pas dans mon esprit, elle est dans mon cœur. Et je vous dirais c'est en réalité une angoisse pour la France[48]. »**

Ce à quoi répond le jour même François Mitterrand, commentant la dernière prestation télévisée de son adversaire :

* Allusion au film de Yves Robert qui a triomphé sur les écrans en 1976 : *Un éléphant, ça trompe énormément !*

« Douze mensonges en vingt minutes... Je sais bien qu'il n'a pas battu son record. »

Il estime que Giscard a employé **« le mensonge et la peur »** pour dissuader la France de voter en sa faveur : **« Ça a marché une fois avec de Gaulle en 1969 ! Tirer dans le dos, c'est sa spécialité ! Il l'a fait avec moi, mais il ratera son coup ! »**

À Nantes, le 9 mai 1981, la veille du scrutin, il revient sur ce terrain sensible pour les gaullistes : **« Je ne demande surtout pas de leçon sur la France à celui dont de Gaulle, prémonitoire sans doute, disait déjà que son problème, c'était le peuple. »**

Commentant le débat télévisé du 5 mai, il donne le dernier coup de griffe : **« Je l'entends encore me demander quel est le cours du mark... J'avais envie de lui répondre : quel est le cours du diamant ? »**

Résultats du second tour (10 mai 1981)[49]

Candidats	Nombre de voix obtenues	% des suffrages exprimés	% des inscrits
Fr. Mitterrand	15 708 262	50,8 %	43,24 %
V. Giscard d'Estaing	14 642 208	49,2 %	40,20 %

« L'état de grâce »

Cruelle épitaphe que celle de *Charlie Hebdo* : **« 1974 : Giscard reçoit les éboueurs. 1981 : Les éboueurs ramassent Giscard[50]. »**

À gauche, l'extase porte un nom : c'est « l'état de grâce », qui culmine avec la cérémonie du Panthéon le 21 mai 1981 et préside à la formation d'un néologisme – la « tontonmania* ». Françoise Sagan se trouve en pointe dans le lyrisme, au point de bousculer sa phrase, qui décrit un Président **« tombé, peut-être pour la première fois de cette manière-là, si physique, amoureux des Français, éperdument et à jamais[51] »**.

Autre poids lourd de la « Mitterrandie » portée au pouvoir, Serge Moati, réalisateur de la cérémonie organisée au Panthéon, et qui célèbre **« la solitude de l'homme porté au même moment par une foule immense et le poids de l'histoire[52] »**.

Déjà bien placé dans la galaxie des thuriféraires du mitterrandisme, Jack Lang ne peut être en reste. Il évoque bientôt, avec l'élection victorieuse, **« cette frontière que nous avons franchie le 10 mai 1981 et qui sépare la nuit de la lumière[53] »**.

Nous ne sommes plus très éloignés de son célèbre cri du cœur adressé à François Mitterrand : **« Il y a eu Louis XI, Louis XIV et vous ! »**

Dans la République des lettres, on réévalue bien sûr à la hausse l'auteur de *La Paille et le Grain* (1975) et de *L'Abeille et l'Architecte* (1978), et le journaliste Bertrand Poirot-Delpech s'empresse de portraiturer le futur protecteur de cette Académie française dont il guigne un siège : **« Toutes proportions gardées, le résultat rappelle Chateaubriand, pour la recherche de l'envol, de l'image romantique et, pour les raccourcis caustiques sur lesquels généralement cet envol se brise, un Pascal, un Jules Renard[54]. »**

Barbara triomphe à Pantin avec *Regarde*, un titre qu'elle a composé à la gloire de Mitterrand, et dont certains couplets

* Le terme est inspiré de la Beatlemania et de *Starmania*, comédie musicale à succès composée par Michel Berger en 1978. « Tonton » était le surnom donné à Mitterrand par ses gardes du corps durant la campagne de 1981.

valent le déplacement : **« Un homme / Une rose à la main / A ouvert le chemin / Vers un autre lendemain... »**

À droite, c'est au contraire **« l'état de grince »** qui domine. Alain Peyrefitte résume la victoire du candidat socialiste d'un à-peu-près : **« Mitterrand a été élu parce qu'il n'a pas été lu[55]. »**

Et il précise sa pensée, épinglant les jongleries de Mitterrand depuis le *Programme commun de gouvernement* de 1972 jusqu'aux *110 Propositions de la campagne* : **« François Mitterrand aura réussi à rester un candidat hors programme, donc hors d'atteinte[56]. »**

Raymond Barre, Premier ministre transparent durant la campagne présidentielle, se lâche à présent, et incrimine au sein de la majorité sortante **« une fraction de ses membres qui n'a pas hésité, au moment décisif, à jouer quitte ou double le sort de la Ve République[57] »**.

Le 19 mai, Valéry Giscard d'Estaing adresse donc un solennel **« au revoir »** à la France... qui fera plutôt rire que pleurer.

C'est peu dire qu'il est déçu, tout en restant modeste dans la victoire comme il le fut dans la défaite : **« En 1974, la mode était à l'intelligence, et j'ai été élu[58]. »**

Mais au moment de la passation des pouvoirs, François Mitterrand ne se prive pas du plaisir d'infliger au premier Président non réélu au suffrage universel une ultime petite cruauté : **« Vous n'avez commis qu'une seule erreur dans votre campagne : celle de vous représenter[59]. »**

Il fait ensuite filtrer une vraie-fausse confidence en forme de vacherie sur celui qu'il a contribué à faire appeler **« l'Ex »** : **« Les fameux secrets d'État de Giscard ? Tout ce que je l'ai entendu dire, c'est : "Puis-je garder mon chauffeur ?"[60]. »**

Le mot de la fin revient au fidèle giscardien Roger Chinaud, qui voyait en VGE **« le meilleur Président pour la France des années à venir »**, et qui ne peut que se lamenter, en commentant l'annonce du report des essais nucléaires : **« J'ai mal à la France ![61] »**

1988

« Tonton » au sommet de son art

François Mitterrand réussira-t-il là où son prédécesseur a échoué, en réalisant la « passe de deux » élections présidentielles remportées au suffrage universel ?

Pour la première fois, un Président sortant va affronter son Premier ministre en exercice. Depuis que la droite a gagné les élections législatives de mars 1986, la cohabitation entre l'impavide François Mitterrand et le bouillant Jacques Chirac n'a pas été de tout repos.

La campagne présidentielle n'aurait-elle pas démarré deux ans plus tôt ?

Le « Sphynx » et « Bison égocentrique* » se jaugent

Les relations entre les deux têtes de l'exécutif, qui sont aussi les deux chefs de file de la gauche et de la droite, se tendent vite.

Le traitement réservé par François Mitterrand à Jacques Chirac est fixé à partir du moment où la cohabitation le lui impose, ce dont il s'ouvre à Roland Dumas : **« Le plus dur d'entre tous, c'est Chirac. C'est donc le plus dur qu'il faut prendre. Pour lui casser les reins en l'usant au pouvoir[1]. »**

* Totem scout de Jacques Chirac.

Dans ces conditions, Mitterrand distille donc ses petites phrases pour exaspérer son Premier ministre. Échantillons : « **Il court vite, mais il ne sait pas vers où**[2]. »

« **Je dirai simplement qu'il a beaucoup de qualités et je souhaiterais que ces qualités fussent appliquées exactement au bon endroit et au bon moment**[3]. »

Lorsque Chirac évoque un éventuel remaniement ministériel devant le Président, quelques mois après son retour à Matignon, ce dernier lâche : « **Si vous me permettez un conseil, l'idéal, c'est de changer de Premier ministre**[4]. »

Au Conseil des ministres, présidé par le chef de l'État, l'atmosphère devient vite étouffante : « **Entre ceux qui ne veulent plus voir François Mitterrand et ceux qui ne veulent plus le regarder, jamais le plafond du salon Murat n'aura autant été admiré**[5]... »

Coucou, le revoilà ! À gauche, certains pensent comme en 1981 à une éventuelle candidature de Michel Rocard, toujours très populaire. Mais François Mitterrand n'y croit pas du tout, semble-t-il : « **Michel Rocard est déjà en campagne, me dites-vous ? C'est bien. Ainsi, il en aura fait au moins une***[6]. »

« **Rocard Président ? Les Français ne porteront jamais à leur tête un homme qui pèse quarante kilos !** »

Pas plus Rocard que les autres prétendants socialistes : « **Il y en a un, Michel Rocard, qui a les faveurs de l'opinion mais, apparemment, pas de tout le PS. Il y en a quatre autres qui, eux, n'ont pas les faveurs de l'opinion ni de tout le PS**[7]. »

Seul l'ancien Premier ministre Raymond Barre, candidat de la droite libérale et du centre, semble en mesure de perturber le duel programmé entre Chirac et Mitterrand. Ce dernier semble

* Rocard a pourtant déjà fait campagne en 1969.

même craindre un peu celui qu'il surnomma **« le Tartarin des indices »** puis **« le sapeur Camember* »**[8] : **« Il a l'art d'envoyer un couteau dans le dos, comme ça, l'air de rien, avec un tout petit mouvement de poignet[9]. »**

Du moins Mitterrand respecte-t-il un homme qui a comme lui une singulière habitude dans le personnel politique français : **« Lui, au moins, il lit des livres[10]. »**

Depuis des mois, **« Raymond-la-Science [économique] »** est le favori des sondages, et cet **« esprit carré dans un corps rond »** se voit déjà au second tour : **« Chirac a perdu. Il faut maintenant s'occuper de M. Mitterrand. Ce sera plus difficile car lui, il ne se tuera pas lui-même[11]. »**

Mais dès la fin septembre 1987 le libéral Alain Madelin, ministre dans le gouvernement Chirac de cohabitation, ne croit guère aux chances de la droite : **« On a le choix entre un Président zozo, Raymond Barre, et un Président zéro, Jacques Chirac[12]. »**

Les autres candidatures sont de témoignage. Ainsi celle d'Antoine Waechter, candidat pour le parti des Verts, un spécialiste de « l'écologie de la fouine » (sujet de sa thèse) qui ne brille pas par son charisme. On rappelle cette formule, qui ne lui a pas forcément rallié l'électorat féminin : **« On peut se demander si la politique ne favorise pas essentiellement des travers masculins chez les femmes[13]. »**

Idem pour le candidat officiel du Parti communiste, André Lajoinie, président de son groupe parlementaire. On retiendra de sa campagne cette « perle » devenue fameuse : **« Il faut savoir écouter le silence des urnes. »**

---

* Mitterrand s'inspirait du célèbre personnage dessiné par Christophe, qui creusait des trous pour en boucher d'autres, afin de brocarder la politique économique de Raymond Barre aux prises avec les déficits, le chômage et l'inflation.

Entre les deux, le ludion Pierre Juquin détonne. Candidat communiste dissident, il a conduit la campagne de Georges Marchais en 1981, avant d'être exclu du Parti. Soutenu par le PSU, la LCR et SOS Racisme, il pâtit de son manque de notoriété. En revanche, tous les Français connaissent Arlette Laguiller, candidate de Lutte ouvrière, devenue une institution des campagnes présidentielles, et qui remplit le Zénith de Paris de drapeaux rouges et de slogans révolutionnaires : « **Ce qu'il faudrait aujourd'hui, c'est un troisième tour social, comme en 36 et 68**[14]**.** »

Ce n'est pas Pierre Boussel, l'autre candidat trotskiste, qui peut lui faire de l'ombre…

En revanche, à l'autre bord de l'échiquier politique, Jean-Marie Le Pen revient lui aussi sur la scène dont il avait été écarté en 1981, faute de parrainages suffisants. Croqué en « **Pencassinne** » dans le *Bébête show* (émission satirique à succès du moment), il se fait interroger à la télévision par Yves Mourousi parce que ce dernier est « **l'intervieweur des présidents**[15] ».

Tel le maréchal Pétain en 1940, il décrit une France « **affaiblie par des décennies de laxisme moral et civique**[16] ». Il se targue de « **dire tout haut ce que tout le monde pense tout bas** » et défend la « **société du patriotisme national et européen** » face à la « **société pluriculturelle, multiraciale, internationaliste** », représentée selon lui par François Mitterrand[17]. Le Pen réalise un véritable marathon électoral, prenant comme repoussoir l'Iran de l'Ayatollah Khomeiny, soupçonné et/ou impliqué dans divers attentats en France : « **Nous vivants, la France ne sera jamais une république islamique**[18] **!** »

Mais pas plus le tribun populiste que la madone révolutionnaire ou l'écologiste à la triste moumoute n'ont la moindre chance de l'emporter, même si le vrai favori ne s'est pas encore déclaré…

Tous font attention au « quand dira Tonton[19] »

François Mitterrand est le maître du jeu, et il le sait. Son travail de sape contre Jacques Chirac a commencé bien avant 1988 et s'intensifie dans les mois qui précèdent la campagne.

Le festival de vacheries présidentielles à l'encontre du Premier ministre de cohabitation régale ses proches et la presse satirique :

« [C'est] un faux dur entouré de faux professionnels [...], qui pense comme il monte les escaliers, parle comme il serre les mains[20]... »

« Quelle énergie, quel dynamisme, quel entrain ! ... Dommage qu'il n'ait pas de tête[21]. »

« Quel estomac ! Il ne mange pas, il dévore, et ce qu'il absorbe, il le brûle, sauvé de la graisse par la fuite en avant[22] ! »

« Jacques Chirac ne fait pas sérieux. Honnêtement, on n'a pas envie de lui confier le code secret de la force de frappe[23]. »

« Il est très bien sur cette photo. Son problème est d'y ressembler pendant sa campagne[24]. »

« Si Chirac voyage tant, le pauvre, c'est qu'il ne veut pas rester en tête à tête avec lui-même. Il n'a rien à se dire... Ce type est vide, complètement vide[25] ! »

« Chirac n'a pas la classe d'un homme d'État. Il ferait un excellent maire... d'arrondissement[26]. »

L'hôte de Matignon ne semble pas plus affecté que cela, si l'on en croit son entourage, auquel il lance cette formule d'un rare raffinement : **« Ça m'en touche une sans faire bouger l'autre[27]. »**

Sa ligne de conduite vis-à-vis du **« Sphynx »** lui est dictée par ses aïeux : **« Comme dit ma grand-mère, il faut mépriser les hauts et repriser les bas[28]. »**

En privé, il exécute François Mitterrand en « **4 V** » qui recyclent un procédé (les « 4 D* ») utilisé par Mitterrand contre Giscard en 1981 : « **Vieux, vindicatif, venimeux, vaticinateur**[29]**.** »

En public aussi, il glisse une perfide allusion à « l'âge du capitaine », reprenant une célèbre formule de Chateaubriand, employée naguère par le général de Gaulle à propos du maréchal Pétain : « **La vieillesse est un naufrage. Et c'est une raison pour laquelle il est si indispensable de construire des digues et des ports, où les vieux bateaux peuvent terminer à l'abri des intempéries**[30]**.** »

Mais Jacques Chirac sait aussi faire donner la meute. Philippe Séguin, agissant pour le compte du Premier ministre, promet à François Mitterrand de lui « **tailler un costard s'il écrivait ses mémoires** ». Réponse du « **Sphynx** », imperturbable : « **Curieuse expression ! Moi, voyez-vous, si j'écris mes mémoires, je crois que son nom ne viendra même pas sous ma plume**[31] **!** »

Charles Pasqua – ministre de l'Intérieur aux airs de « **Fernandel triste**[32] » selon Mitterrand – pense le dissuader de se représenter pour la même raison : « **La France aura besoin d'un Président jeune et dynamique**[33]**.** »

Édouard Balladur, ministre de l'Économie et « **ami de trente ans** » de Jacques Chirac à l'époque, ne se prive pas lui aussi de critiquer le chef de l'État, qu'il surnomme le « **fourbe de l'Élysée**[34] ». C'est peu dire que « **Louis Suez** » a peu apprécié les critiques mitterrandiennes sur ses « noyaux durs » d'actionnaires constitués lors des privatisations qu'il a menées : « **Comme tous les hommes politiques qui ne savent faire que de la politique, Mitterrand se conduit à l'image du chien de l'Écriture : il retourne sans cesse à ses vomissements**[35]**.** »

* Voir ci-dessus, p. 86.

Maître du jeu, Mitterrand l'est aussi du calendrier et du moment qu'il jugera le plus propice pour se déclarer : **« Je ne suis pas candidat à la présidence de la République, je suis président de la République[36]. »**

Mais pour ne pas laisser le terrain libre à Chirac tout en coupant l'herbe sous le pied d'éventuels rivaux socialistes, François Mitterrand laisse entendre son désir de se représenter au cours d'un subtil *teasing* : **« Si je me présente, cela aurait un avantage : je serais à peu près sûr d'avoir des funérailles nationales[37] ! »**

« La meilleure partie de moi-même me conseille de ne pas le faire... Mais c'est l'autre qui l'emportera[38]. »

« Je crois bien que mes amis ne me désigneront pas, mais mes adversaires, de la façon dont ils s'y prennent, pourraient bien y arriver[39] ! »

« C'est un petit péché, mais je voudrais voir leur tête, une fois battus[40] ! »

Une fidèle collaboratrice du Président croit connaître la raison un peu étonnante d'une nouvelle candidature : **« S'il renonce à l'Élysée, il sera privé du plaisir qu'il aime le plus : voyager en hélicoptère là où il veut quand il veut[41] »...** d'autant que des remarques sibyllines du Président semblent conforter cette hypothèse : **« L'an prochain, j'aurai davantage de temps pour me promener en forêt, mais je n'aurai plus les mêmes facilités de transport... ça peut faire hésiter[42] ! »**

Pour encore mieux brouiller les pistes et gagner du temps, le Président minaude : **« J'ai toujours envie d'être Président après 1988, mais franchement, je n'ai plus envie d'être candidat[43]. »**

Mitterrand excelle dans ce genre d'exercice, et ce ne sont ni l'agenda ni la pression médiatiques qui viendront à bout de sa détermination... à se montrer indécis :

Le journaliste : **« Lionel Jospin a dit que vous étiez un candidat implicite : qu'est-ce qu'un candidat implicite ? »**

François Mitterrand : « **C'est un candidat qui n'est pas explicite**[44]**...** »

Il taquine même ses supporters venus à sa rencontre lors d'une visite présidentielle en province :

La foule : « **Représentez-vous ! Représentez-vous !** »

François Mitterrand : « **Je vous entends... cela ne veut pas dire que je vous écoute**[45] **!** »

Soumis eux aussi à ce supplice, ses adversaires politiques deviennent chèvres ! À gauche comme à droite, tous s'exaspèrent de ce qu'ils qualifient de « **fiction du suspense**[46] », ou de « **farce**[47] ».

Ses partisans, notamment les plus *mitterrandolâtres*, prennent le relais quand les réticences ou le silence présidentiels se montrent trop pesants. On ne sera pas étonné de trouver Jack Lang au premier rang des flatteurs, au bord de l'extase lors d'un banquet républicain : « **C'est un homme hors du commun, un homme moral au plein sens du terme, un homme authentique en qui on a la fierté de se reconnaître**[48]**.** »

À *Globe*, pépinière de courtisans de haut vol, la flagornerie le dispute à l'engagement pour implorer François Mitterrand de se représenter : le journal pleurniche un « **Ne nous quitte pas** » qui rappelle du Brel mâtiné de Renaud (« **Tonton, laisse pas béton** » dans *Le Matin de Paris* du 7 décembre 1987).

Dans cette « tontonmania » qui rejoue à plein, Françoise Mallet-Joris entend faire la course en tête : « **J'aime François Mitterrand parce qu'il me rappelle Louis XI, qui fut ma première passion. Il me le rappelle par sa subtile intelligence, car il est plus beau que Louis XI et mieux habillé**[49]**.** »

L'acteur Pierre Arditi exprime sans détour son irrépressible « **envie de Tonton** » : « **Mitterrand est devenu pour moi cette épure parfaite de la pensée survolant de très haut la cacophonie générale de l'indécent show politique actuel**[50]**.** »

Quant à Gérard Depardieu, il s'exclame : « **Mitterrand ou jamais**[51]**.** »

Ce déferlement inspire à l'éditorialiste de droite Philippe Tesson une analyse psychanalytique : **« La gauche avait un chef, elle ne veut plus que d'un père[52]... »**

Raymond Barre, lui, s'amuse de la campagne d'affichage sur le thème de la « Génération Mitterrand » qui montre un bébé né après 1981. Quand *Le Canard enchaîné* titre à ce propos **« La layette, nous voilà ! »**, Barre regarde dans le rétroviseur le temps où François Mitterrand trustait les ministères : **« J'ai connu la IVe République. C'est la "génération Mitterrand", la vraie ![53] »**

Catalogues de « promesses qui n'engagent que ceux qui les reçoivent »

Les sondages du début de l'année 1988 montrent Jacques Chirac largement distancé par François Mitterrand tant au premier (40 % contre 22 %) qu'au second (56 % contre 44 %) tours. C'est pourquoi, comme en 1981, il lance la campagne en se déclarant candidat dès le 16 janvier.

Chirac, animalisé en **« Black Jack »** dans le *Bébête show*, prend de vitesse **« Barzy »**, mais il sait que **« Kermitterrand »** ne bougera pas : **« François Mitterrand fera traîner les choses jusqu'en mars... On va se battre contre un fantôme. Ça ne va pas être drôle[54] ! »**

Son thème de campagne est **« Nous irons plus loin ensemble »**, mais on peut le prendre au pied de la lettre lorsque lui-même confesse : **« Je n'ai pas d'états d'âme : ça aide[55] ! »** ou encore : **« La langue de bois est une de mes spécialités[56]. »**

Cela vaut peut-être mieux que d'autres formules chiraquiennes, lâchées ici ou là : **« Si ma grand-mère en avait, on l'appellerait mon grand-père[57]. »**

Il laisse dubitatif Michel Noir, ministre du Commerce extérieur et l'un des espoirs du RPR, qui lui donne ce conseil : **« Tu seras un homme d'État le jour où tu sauras t'arrêter quelques heures par jour pour réfléchir[58]. »** C'est aussi l'opinion du journaliste Philippe Alexandre, dont la plume acérée fait le miel de ses lecteurs : **« Chirac, qui parle si vite qu'il lui arrive de dire le contraire de ce qu'il pense, Chirac l'impulsif, le bulldozer ou plutôt le bazooka, est toujours en retard d'une occasion de se taire. »**

Le giscardien François Léotard – qui naguère traitait Raymond Barre d'**« expert-comptable[59] »** mais qui affiche désormais un **« soutien loyal et réfléchi »** à ce dernier[60] – est plus sévère encore : **« Il y a un truc que j'aurai appris de Giscard : on ne perd jamais à dire du bien de Chirac, parce que personne n'en croit un mot[61] ! »**

Le vicomte Philippe Le Jolis de Villiers de Saintignon, son compère au sein du Parti républicain, est sur la même ligne : **« Chirac, c'est Pompidou sans la culture[62]. »**

Marie-France Garaud, qui a pourtant sculpté la statue de Chirac dans les années 1970, poursuit l'entreprise de démolition entamée à la précédente présidentielle : **« Je croyais que Jacques Chirac était du marbre dont on fait les statues. En réalité, il est de la faïence dont on fait les bidets[63]. »**

Le candidat gaulliste rattrape néanmoins Raymond Barre dans les sondages, ce qui contraint ce dernier à rentrer plus tôt que prévu dans la course, le 8 février. Son directeur de campagne Philippe Mestre fait perfidement remarquer que l'annonce de son poulain – brocardé par la presse satirique en **« appel de Gonflant-Saint-Honoré[64] »** – s'est faite en direct depuis le palais des Congrès de Lyon, contrairement à celle de Jacques Chirac, qui s'y est repris à six fois pour enregistrer la sienne. Raymond Barre parie sur un langage de vérité et sur des slogans de campagne percutants : **« Moins de compromis, plus**

de courage / Moins de calcul, plus de résultats / Moins de rêves, plus d'espoir / Moins de paroles, plus de résultats. »

François Mitterrand attend, lui, le dernier moment pour entrer en lice. À ses partisans, qui attendent son signal, il donne des indices : **« Quand vous me verrez prendre mon chapeau[65]. »**

D'autres fois, il distille des confidences avec son humilité coutumière, comme en octobre 1987 : **« Tout est quadrillé, verrouillé par le clan de l'argent. Il va falloir que je me dévoue[66]... »**

Il annonce par vidéo une décision imminente lors d'une grande réunion d'élus socialistes et républicains le 20 mars au Bourget, se servant du premier secrétaire Lionel Jospin pour délivrer son principal argument de campagne : **« Les Français n'accepteront pas que le clan Chirac tente une OPA sur la France. »**

« Tonton » se déclare enfin le 22 mars 1988 à la télévision – vingt ans pile après le début des événements de 1968 – et sur le thème bien connu du **« moi ou le chaos »**, un argument électoral qu'il reprochait à de Gaulle en 1965 : **« Je veux que la France soit unie. Et elle ne le sera pas si elle est prise en main par des esprits intolérants, par des partis qui veulent tout, par des clans, par des bandes... Il faut la paix civile à la France, la paix sociale[67]. »**

La suite de la campagne du premier tour l'entendra dénoncer sur tous les tons les mêmes mantras : **« Les partis, les groupes, les fractions, dont l'intolérance éclate tous les soirs dans les propos qu'ils tiennent[68]. »**

« La tentative de mainmise sur l'État [...] d'une formation politique surtout[69]. »

Sa déclaration s'accompagne d'une *Lettre à tous les Français* parue le 7 avril, et bien sûr mal accueillie par Jacques Chirac, qui raille un manifeste du **« déclin tranquille »**, truffé de **« pro-**

pos désabusés, de vérités premières et de formules évangéliques »[70].

Raymond Barre, qui vient de faire connaître son *Projet pour la France* le 29 mars, ne voit dans le programme mitterrandien que **« l'immobilisme affiché, le socialisme masqué, l'imprécision constante**[71] **».**

Le même Raymond Barre ne fait pas qu'écrire, lire et critiquer pour convaincre... Des oreilles insulaires et privilégiées purent l'entendre chanter *L'Ajaccienne* aux côtés de François Léotard un certain samedi de mars 1988. Il s'en explique sans détour : **« On m'a recommandé de faire le con. Eh bien, je fais le con**[72] **! »**

À Pointe-à-Pitre, sans doute grisé par le parfum tropical qui lui rappelle son île natale de la Réunion, il se lâche : **« Je suis dans une telle euphorie que je ne veux pas m'encanailler à parler de politique**[73]**. »**

Caricaturé en **« Sancho Pansu »** ou en **« Raminagrobis »** (reprise du mot de Mauriac sur Pompidou), Barre attire sur lui bien des traits, y compris dans son camp. Il fait par exemple la joie de son collègue de l'UDF, l'ancien ministre et député André Santini : **« Il m'est arrivé de le surprendre en train de se tourner les pouces, et je me disais alors : "Tiens, il a commencé son jogging !"**[74]**. »**

Figure de l'UDF mais ministre de Jacques Chirac, Gérard Longuet a depuis longtemps pris ses distances avec le candidat de son camp : **« Son approche éthique me préoccupe : il conçoit la vie comme une punition ; il y a toujours pour les Français une faute à expier**[75]**. »** Quant au journaliste Philippe Alexandre, il ne l'épargne pas dans ses chroniques de campagne : **« Il veut faire croire qu'il a du caractère, alors qu'il n'a que des emportements**[76]**. »**

François Mitterrand ne lui fait pas de cadeau, revenant sur les « affaires » qui ont émaillé le septennat giscardien, durant lequel il était un chef de gouvernement bien peu empressé en matière judiciaire : « **Que Monsieur Barre s'intéresse à la justice, c'est fort bien. Il va sans doute nous révéler assez rapidement comment se sont produits les décès de MM. de Broglie, Boulin et Fontanet***[77]**...** »

Cependant, en matière de coups tordus, Mitterrand se méfie surtout de ceux de Jacques Chirac et de son entourage, car il se dit convaincu que « **ce sera bas, ordurier. Tous les coups seront permis**[78] ».

Il a d'ailleurs mis en garde son Premier ministre le 4 novembre 1987, peu avant l'année présidentielle : « **Dans l'imagerie populaire, votre ministre de l'Intérieur, Monsieur Pasqua, c'est le SAC, votre garde des Sceaux, Monsieur Chalandon, des petites maisons pas très solides et des comptes pas très nets******... Si vous voulez le déballage, allez-y, mais vous êtes prévenu**[79]**.** »

S'agissant d'Albin Chalandon, il s'interroge à haute voix à son sujet devant les collègues ministres du garde des Sceaux : « **J'ignore s'il est stupide et malhonnête ou seulement malhonnête... Je vois bien que vous aussi, vous hésitez**[80] **!** »

En attendant, Mitterrand a compris bien avant le premier tour qu'en dépit des apparences, « **Gros Ray** » ne ferait pas... le poids – et il en sait la raison : « **M. Barre semble irrémédiablement distancé. Il paie sa tranquillité, sa naïveté, sa prétention. Quand on a le RPR à ses côtés, il faut se mouvoir toujours le dos au mur. Histoire d'éviter les coups de**

* Personnalités politiques du centre et de la droite mortes dans des conditions suspectes (« suicide » contesté de Robert Boulin, assassinat non élucidé de Joseph Fontanet et meurtre crapuleux de Jean de Broglie).

** Allusions au Service d'action civique – milice gaulliste fondée par J. Foccart dans les années 1960 et dissoute en 1982 après des dérives retentissantes (tuerie d'Auriol) – et à Albin Chalandon, empêtré dans diverses affaires (Garantie foncière, Chaumet).

poignard[81]**...** » Car « **Chirac, quand il donne une tape dans le dos, c'est qu'il a une dague dans la manche**[82] ».

Alors que Marie-France Garaud dénonce « **l'affligeant spectacle que donne la majorité**[83] », le directeur de cabinet de Raymond Barre, Pierre-André Wiltzer, reconnaît le 20 mars 1988 que « **le code de bonne conduite [entre Barre et Chirac] ne tient plus qu'à un fil** ».

En effet, depuis la mi-mars, les rumeurs courent sur la constitution après les présidentielles d'une vaste confédération, activement négociée entre les chiraquiens et les chefs du Parti républicain, François Léotard en tête, et ce à l'insu des autres composantes de l'UDF, donc de Raymond Barre ! Dans ces conditions, Jacques Chirac doute de pouvoir préparer le ralliement barriste sur sa personne en vue du second tour. Il l'exprime de manière raffinée : « **On ne fait pas avancer un âne qui chie**[84]**.** »

Valéry Giscard d'Estaing – dépité d'être hors course car empêché de candidature au centre-droit par son ancien Premier ministre – fait le même diagnostic à l'encontre de Raymond Barre, preuves irréfutables à l'appui : « **Barre n'a pas la dimension nécessaire... D'ailleurs, j'ai lu son livre : en 300 pages, il me cite deux fois**[85]**.** » Il ajoute, toujours bienveillant : « **Barre fait une campagne ridicule. Il est nul... Ce n'est pas pour rien que je l'avais écarté de la campagne de 1981. C'est une personnalité réfractaire à l'opinion**[86]**.** »

Cela dit, « **Ouistiti Giscard des Singes** » (*Bébête show*) est tout aussi méprisant pour son successeur socialiste à la présidence de la République : « **Mitterrand, au fond, c'est un médiocre. C'est la fausse valeur de la deuxième moitié du XXe siècle**[87]**.** »

Mais au moins lui reconnaît-il une grande habileté politique vis-à-vis de ses adversaires de droite et du centre : « **Mitterrand les a piégés. On dirait deux asticots dans un bocal**[88]**.** »

Jacques Chirac quant à lui n'a que faire des aigreurs de son vieil adversaire de droite, tout comme Charles Pasqua, qui ne semble pas douter du résultat final : **« Le 8 février, Barre s'est présenté. Le 8 mars, Mitterrand sera candidat. Le 8 mai, Chirac sera élu[89] ! »**

Cela reste à voir…

Résultats du premier tour (24 avril 1988)[90]

Candidats	Suffrages bruts	% des suffrages exprimés
François Mitterrand (PS)	10 381 332	34,1 %
Jacques Chirac (RPR)	6 075 160	19,95 %
Raymond Barre (centre droit)	5 035 144	16,53 %
Jean-Marie Le Pen (FN)	4 376 742	14,39 %
André Lajoinie (PCF)	2 056 261	6,76 %
Antoine Waechter (écologie)	1 149 897	3,78 %
Pierre Juquin (communiste rénovateur)	639 133	2,1 %
Arlette Laguiller (LO)	606 201	1,99 %
Pierre Boussel (MPPT)	116 874	0,38 %
Votants	31 059 300	81,3 %
Suffrages exprimés	30 436 744	
Inscrits	38 179 118	

« Dans les yeux, je le conteste »

François Mitterrand vire donc largement en tête, et devance Jacques Chirac, qui plafonne sous les 20 %, améliorant un peu son score de 1981.

Sûr de l'emporter au tour décisif, le Président sortant s'amuse de son adversaire par quelques cruautés : **« Tous ces efforts, tous ces milliards, toute cette propagande pour si peu... C'est bien triste pour lui[91]. »**

« Chirac, c'est un type sympathique, dommage qu'il manque de structure mentale[92]. »

Chirac a néanmoins réalisé son objectif, c'est-à-dire devenir le leader des droites et du centre, puisque Raymond Barre est éliminé. Ce dernier, lucide, avait anticipé et assumé la défaite : **« Je serai le Petit Chose* de la politique[93]. »**

« Je préfère être impopulaire qu'irresponsable[94]. »

Une question demeure : qui récupérera ce que l'éditorialiste Serge July appelle **« les troupes amères du barrisme »** ?

S'il veut avoir une chance de l'emporter, Jacques Chirac doit tabler sur le report d'une partie des voix (14,39 % des votants), qui se sont portées au premier tour sur Jean-Marie Le Pen. C'est **« Le Grand blond en avant »** de **« Jean-Marie Le Peigne »**, s'amuse la presse satirique, observant au passage que sa blondeur a brutalement surgi dans les années 1970. Mais, au grand dam des chiraquiens, Le Pen annonce le 1er mai, lors de la fête de Jeanne d'Arc qu'il se refuse à choisir entre **« le pire »** (François Mitterrand) et **« le mal »** (Jacques Chirac). Explication sur le thème de l'arroseur arrosé : **« On sera aussi loyal [que Chirac] l'a été jadis avec Chaban ou avec Giscard... On ne peut pas**

---

* Allusion au roman autobiographique d'Alphonse Daudet (1868) évoquant un jeune homme brimé et moqué par ses camarades et ses professeurs.

nous insulter tous les jours et nous mettre la main au cul au dernier moment[95]. »

En dépit d'une tentative – de dernière minute – menée à la hussarde par Charles Pasqua qui découvre que le Front national **« sur l'essentiel se réclame des mêmes valeurs que la majorité[96] »**, Le Pen entend bien continuer à perturber **« l'équilibre des méchants »**.

Dès lors, Jacques Chirac ne peut plus attendre grand-chose du second tour, ce qui réjouit Valéry Giscard d'Estaing : **« Rien ne peut plus faire gagner Chirac : comme quoi le pire peut toujours être évité[97] ! »**

Étant donné que le Président est quasiment sûr d'emporter l'élection, le débat télévisé organisé entre les deux tours, le 28 avril 1988, semble moins crucial que ceux de 1974 et 1981. Le seul intérêt vient du duel inédit entre le président de la République et son Premier ministre. Dans cet exercice, le premier ne craint pas le second : **« Il parle comme on tape à la machine[98]. »**

« Ce professionnel du mot nu qu'une image écorcherait, ce rhéteur du complément direct qui n'a jamais poussé ses études jusqu'au conditionnel, n'est à l'aise que dans la simplicité des fausses évidences[99]. »

Dans l'entourage même de Chirac, on pressent qu'il ne fera pas le poids : **« L'image de ce garçon souffre du tranchant de son expression, d'une certaine pauvreté de vocabulaire, de ses stéréotypes de langage[100] »**, juge Édouard Balladur. Son conseiller en image, Bernard Brochand, estime de son côté que **« Jacques manque de puissance dramatique, cela crée un vide affectif chez les Français quand il s'exprime[101] »**.

« Tonton top gun » a donc toute latitude pour envoyer une première salve : **« En somme, je propose un revenu minimum**

pour les plus pauvres et vous proposez un revenu maximum pour les plus riches. »

Le duel ne s'engage vraiment qu'avec la question du rapport personnel entre les deux chefs de l'exécutif et des querelles terminologiques afférentes :

François Mitterrand : **« Je continue de vous appeler Monsieur le Premier ministre puisque c'est comme ça que je vous ai appelé pendant deux ans et que vous l'êtes. J'ai constaté que vous aviez de très réelles qualités, vous n'avez pas celle de l'impartialité, ni du sens de la justice dans la conduite de l'État. »**

Jacques Chirac : **« Permettez-moi de vous dire que, ce soir je ne suis pas le Premier ministre et vous n'êtes pas le président de la République. Nous sommes deux candidats, à égalité, et qui se soumettent aux jugements des Français. Vous me permettrez donc de vous appeler Monsieur Mitterrand. »**

Fr. M. : **« Mais vous avez tout à fait raison… Monsieur le Premier ministre ! »**

La tension monte encore d'un cran à propos du terrorisme : Jacques Chirac reproche la grâce présidentielle accordée en 1981 aux membres d'Action directe, arguant de leurs crimes ultérieurs ; le Président évoque alors la manière dont l'Iranien Wahid Gordji, soupçonné de complicité dans des attentats terroristes de septembre 1986, avait été renvoyé en Iran, alors que, selon lui, Chirac lui avait fait part de sa certitude de culpabilité* :

J. Chirac : **« Est-ce que vous pouvez me dire, Monsieur Mitterrand, en me regardant dans les yeux, que je vous ai dit que Gordji était coupable ?… Pouvez-vous vraiment**

---

* Traducteur à l'ambassade d'Iran à Paris, Gordji fut promptement échangé fin novembre 1987 contre un diplomate Français, après unc brève présentation à la justice française.

contester ma version des choses en me regardant dans les yeux ?

Fr. M. : « **Dans les yeux, je la conteste !** »

C'est le coup de grâce ! Au grand jeu de l'intimidation, le Président l'a emporté sur son Premier ministre, qui clôt l'échange d'un « **Je ne joue pas au poker** » dépité.

Le détenteur du titre se permet même un peu plus tard de taquiner son challenger en citant Giscard à propos de la TVA sur les aliments pour animaux domestiques, comme une sorte de revanche sur le débat malheureux de 1974 : « **Vous avez parlé des chats et des chiens – moi aussi je les aime beaucoup, d'ailleurs nous avons des chiens de la même espèce et Dieu sait si l'on s'y attache ! Alors, je ne peux pas vous répéter ce que j'avais entendu naguère : vous n'avez pas le monopole du cœur pour les chiens et les chats...** »

Le débat achevé, le Président rassure ceux qui se demandent si l'avalanche de chiffres avancés par Jacques Chirac durant les échanges l'a gêné : « **Non, vraiment, mais j'ai bien cru, à un moment, qu'il voulait me placer une assurance**[102]... »

Jacques Chirac met alors en œuvre toutes ses ressources de Premier ministre afin de rattraper son retard. Coup sur coup, du 4 au 6 mai, il obtient la libération des otages français captifs au Liban, organise l'assaut meurtrier des gendarmes contre les preneurs d'otages de la grotte d'Ouvéa en Nouvelle Calédonie, puis le rapatriement de la capitaine Dominique Prieur, membre du commando ayant coulé le *Rainbow Warrior* ! Mais tout cela n'aura pas suffi et le dernier discours de campagne de François Mitterrand, le 6 mai 1988, à Portet-sur-Garonne, est celui d'un candidat sûr de sa victoire : « **Je ne me livrerai à aucune méchanceté, ni à aucune polémique hargneuse ; je n'aurai pas un cri de colère, même si, parfois, j'en ai ressenti le besoin, si les injures entendues de jour en jour pendant des mois, si elles avaient pu m'user, il ne resterait rien**

de moi... mais je dispose peut-être à l'intérieur de moi d'une forme de résistance qui me permet de traverser ces périodes difficiles avec le sentiment qu'au bout du compte, je ne rendrai pas la pareille, avec cependant un petit sourire satisfait, d'avoir à me dire avec ceux qui m'entourent, avec vous toutes, avec vous tous : après tout, c'est nous qui sommes là. »

Au même moment se déroulent d'ultimes barouds chiraquiens. À Paris une grande manifestation se tient « **pour la sauvegarde de la Cinquième République** » en faveur de Jacques Chirac, et à l'appel de Jean d'Ormesson et de l'amiral Philippe de Gaulle, qui tentent de rejouer la contre-manifestation gaulliste du 30 mai 1968 vingt ans après...

Au parc Floral, Johnny Hallyday, inconditionnel du candidat Chirac, s'efforce de calmer l'attente du public en reprenant sans relâche « **Je t'attends depuis si longtemps**[103] **!** »...

Le candidat arrivera-t-il à l'heure au rendez-vous de l'histoire ?

Résultats du second tour (8 mai 1988)[104]

Candidats	Nombre de voix	% des suffrages exprimés
Fr. Mitterrand	16 704 279	54,01 %
J. Chirac	14 218 970	45,97 %
Abstention		15,8 %

Tonton top chef

François Mitterrand remporte haut la main le second tour, avec une large avance sur Jacques Chirac. Il devient donc le premier président de la République réélu au suffrage universel. Son adversaire vaincu devra encore patienter sept ans !

La large et cuisante défaite de Chirac affecte ses moyens, et il commet un lapsus comique en meeting à Brest pour les législatives : « **François Mitterrand cherche à améliorer son image de merd... de marque**[105]. »

De son côté, Bernadette Chirac, femme du candidat de droite le plus largement battu depuis 1965, demeure inconsolable : « **Les Français n'aiment pas mon mari**[106]. »

Mitterrand victorieux affecte la modestie quand il confie à Edwige Avice, venue féliciter celui que le microcosme politique commence à appeler « **Dieu** » en raison de sa longévité au pouvoir et de la majesté de sa victoire : « **Oh ! Ce n'était qu'une compétition locale**[107]... »

Comme il se sait malade et ne se représentera plus, il peut bien révéler les secrets de sa martingale : « **Vous mettez un peu de Parti socialiste, un peu de société civile, quelques centristes, c'est le cocktail qui gagne. Mais il doit rester très socialiste**[108]. »

Magnanime, il a des mots presque réconfortants, en tout cas très perspicaces pour son adversaire malheureux qui, comme lui en 1965 et 1974, a échoué pour la deuxième fois : « **Dans son genre, disons, un peu particulier, Jacques Chirac m'a étonné. Cet homme a décidément de la ressource. Dommage pour lui qu'il lui manque ce quelque chose de plus qui fait les hommes d'État [...]. Il lui a manqué jusqu'ici l'épreuve qui forge les caractères ou qui les brise. Mais qu'il se rassure, elle l'attend**[109]. »

Le Sphynx a certes vaincu, mais avec une épine bien fichée dans la patte, qui a pour nom de *(Bébête) show* « **Rocroa** ». Évincé de la présidentielle, Michel Rocard revient en grand favori pour le poste de Premier ministre, au grand dam de Mitterrand, qui déteste se voir dicter ses choix, et enrage en petit comité : « **Rocard est comme du chatterton qui se colle au veston quand on l'a décollé du doigt**[110]... »

« Rocard n'a ni la capacité ni le caractère pour cette fonction. Mais puisque les Français le veulent, ils l'auront[111]. »

Or le Président doit faire vite, car Jacques Chirac démissionne de Matignon le surlendemain de sa défaite, alors qu'il dispose encore d'une majorité parlementaire à sa main, la dissolution étant prononcée le 16 mai ! Lorsque Mitterrand invite Rocard à déjeuner à l'Élysée, c'est pour le couvrir de compliments, au grand dam de Pierre Bérégovoy, autre prétendant au poste, qui ronge son frein : **« L'une des forces du socialisme en France est de compter dans ses rangs beaucoup de gens de qualité et de talent... Mais il y a des situations de fait, et Rocard a une petite longueur d'avance[112]. »**

En privé, comme de bien entendu, François Mitterrand tient un tout autre langage : **« Dans dix-huit mois, on verra au travers[113]... »**

1995

Un Président élu contre les « prédisants »

L'interminable fin de mandat de François Mitterrand semble enfin ouvrir à Jacques Chirac – qui en rêve depuis la création du RPR en 1976 – une voix royale vers l'Élysée. Pourtant, le cru 1995 restera dans les annales comme une compétition pleine de suspense, de rebondissements… et de vacheries. C'est à ce jour la plus sanglante des campagnes présidentielles : une vraie **« guerre de trente mois »** entre deux **« amis de trente ans »** !

Inventaire des querelles

Comme en 1988, la campagne de 1995 commence bien avant que les candidats ne se soient officiellement déclarés.

Interrogé sur le nom de son successeur, l'hôte de l'Élysée fait l'inventaire suivant, dont on ne sait s'il est dicté par ordre de compétences, de probabilité ou de préférence : **« Jacques Delors, François Léotard, Raymond Barre, VGE, mon chien, Michel Rocard[1]… »**

Mitterrand a assassiné la liste PS emmenée par **« Rocard d'Estaing »** aux Européennes de 1994, *via* celle de Bernard Tapie qu'il encourageait en sous-main. Il est ulcéré par les déchirements entre les « éléphants » socialistes : **« Des nains entre eux ! »**

« Mais pourquoi ? Pourquoi ? Je leur ai tout donné et ils détruisent tout ! L'orgueil de Jospin, la suffisance de Fabius, la mesquinerie de Rocard[2] ! »

Quoique fort malade, Mitterrand n'en reste pas moins le spectateur amusé du bal des prétendants à sa succession à droite, confiant à Charles Millon après une opération intervenue en décembre 1993 : **« M. Balladur a d'abord prié pour moi afin que, par une élection anticipée, M. Chirac ne vienne pas prendre ma place. Puis M. Chirac est allé brûler des cierges pour que mon décès subit n'amène pas M. Balladur à l'Élysée... Je suis un homme comblé : mes deux ennemis me protègent de la mort[3] ! »**

Il dissèque avec une fausse candeur les effets « médico-politiques » de ses alertes de santé : **« Vous vous rendez compte de tous ceux qui ont frisé l'infarctus en pensant que mon heure, donc la leur, était arrivée ? J'en connais trois ou quatre dans l'opposition. À peine plus au PS. Je mesure leur déception, mais je n'arrive pas à regretter, il faut me comprendre[4]... »**

Les visites que certains lui rendent l'amusent dès lors beaucoup : **« Ce matin, j'ai vu M. Balladur puis M. Delors : deux non-candidats à la présidence dans la même journée !... Je me suis offert le plaisir de laisser passer Balladur devant moi en lâchant tout haut : "Après vous, Monsieur le non-candidat !" – Vous auriez vu sa tête[5] ! »**

Il se permet même de jouer au conseiller auprès d'Édouard Balladur, Premier ministre de sa seconde alternance, en le taquinant : **« Si j'avais seulement cinq ans de moins, je serais candidat et je vous battrais tous car je sais encore comment faire[6] ! »**

D'ailleurs, il n'exclut pas de rempiler... pour des raisons thérapeutiques, puisqu'à la question de savoir si le pouvoir est un « élixir de vie », il répond malicieusement : **« Qui sait ? Peut-être... Dans ce cas, il faudrait que je me fasse réélire[7] ! »**

En interview télévisée, pour la date anniversaire de sa première victoire présidentielle :

Question : **« Est-ce que cela n'a pas été trop long pour vous, quatorze ans ? »**

François Mitterrand : **« Cela l'a été surtout pour ceux qui auraient préféré en voir d'autres à ma place[8] ! »**

À droite, *quid* d'un retour de Valéry Giscard d'Estaing, « barré » en 1988 ? Un euro-député UDF, *fan* de Johnny et de VGE, ne cache pas un enthousiasme précoce : **« Giscard est le seul aujourd'hui au niveau des solutions. Les autres sont au niveau du problème[9]. »**

Cette hypothèse amuse beaucoup le chiraquien Philippe Séguin : **« En 1974, les Français voulaient un jeune : ils ont eu Giscard. En 1995, ils voudront un vieux : ils auront Giscard[10] ! »**

Pourtant, l'ex-Président s'y voit déjà : **« Balladur ne pourra pas être candidat. Il a horreur de l'affrontement. Mais Chirac le sera. Et je le battrai ! Quant à Rocard, je vais l'écrabouiller[11] ! »**

Mais s'il finit par renoncer, c'est moins en raison des appétits des « jeunes loups » (tels que François Léotard, François Bayrou, Alain Madelin et Michel Noir) qui ne font pas encore le poids, qu'à cause de la séduction exercée par **« sire Édouard »** sur le centre et la droite de l'échiquier politique français, ce que **« l'Ex »** déplore : **« Ce n'est pas l'UDF qui met la pagaille au gouvernement [Balladur], mais l'inverse[12] ! »**

En effet, les cinq principales composantes de l'UDF* se rallient à Balladur, d'autres (comme Alain Madelin et les UDF de Paris) à Chirac, et un dernier groupe (avec VGE, Charles Millon, René Monory et Raymond Barre) poussent à une can-

* Le Parti républicain, le Parti radical, le Parti social-démocrate et le centre des Démocrates sociaux.

didature venue de l'UDF, ce qui fait dire à Giscard que **« la holding UDF n'est pas d'accord avec ses filiales**[13] **».**

Hervé de Charette partage le même point de vue : **« Ce n'est pas parce que nous sommes un parti-charnière qu'il faut nous prendre pour des gonds**[14] **! »**

Indéniablement, les centristes ont un faible pour Édouard Balladur, et le mouvement ne cesse de s'amplifier. Le ministre centriste et ancien barriste Edmond Alphandery s'emmêle lors d'une réunion du Centre des démocrates sociaux (CDS) en lui déclarant sa flamme : **« C'est donc sans le moindre des états d'âme que je soutiens Raymond Balladur… euh… Édouard Balladur**[15]**. »**

Ce débauchage au centre-droit n'a échappé ni au chiraquien Pierre Mazeaud – **« C'est un curé qui caresse un petit garçon en lui disant : "Ne fais pas ça tout seul, ce serait un péché mortel**[16] **!" »** – ni au giscardien Charles Millon, tout aussi frustré de candidature que son mentor : **« L'UDF avait la spécialité de se vendre au plus offrant, voilà qu'elle se donne au moins offrant**[17]**. »**

« Il va y avoir du sang à droite[18] ! »

Avec sa mise impeccable et son goût pour les costumes anglais de bonne coupe, **« sir Édouard »** est devenu au fil du temps un incontournable **« vice-roi »**. Les caricaturistes, à l'instar de Plantu et Cabu, le croquent en Bourbon avec perruque et chaise à porteurs, et cela ne date pas d'hier…

Depuis son séjour de 1986 à 1988 au ministère des Finances, **« le petit Louis XIV »** s'est signalé par son goût pour les fastes : vins fins et service à ses initiales accueillaient les hôtes de Rivoli. **« Sire Édouard »** se montre très attaché à l'étiquette, exigeant d'être appelé **« Monsieur-le-ministre-d'État-ministre-de-**

l'Économie-des-Finances-et-de-la-Privatisation » entre 1986 et 1988. Désormais Premier ministre de la seconde cohabitation, il est surnommé en conséquence : « **Sa Courtoise Suffisance** », « **Sa Suffisance Ballamou Ier** », voire « **Sa Majesté** » ou le « **Grand Ballamouchi*** ».

D'autres louent au contraire son exquise politesse et son raffinement, à l'instar d'un ami écrivain : « **Chez lui, le velouté de l'homme de cabinet est rehaussé par la civilisation de la confiture de rose**[19]. »

En tout cas, qu'on l'apprécie ou qu'on le déteste, le « **Prince de Matignon** » est devenu un rival sérieux pour Jacques Chirac. Or, dans un premier temps, ce dernier semble ignorer les ambitions de son « **ami de trente ans** ».

Chirac, dit le « **météore à lunettes** » selon son intime, l'écrivain Denis Tillinac, a d'ailleurs commencé sa campagne bien avant de s'être déclaré officiellement, suivant en cela son principe : « **Dans une campagne, il faut aller chercher les électeurs avec les dents**[20]. »

Il affiche un optimisme à tous crins au sujet de sa troisième candidature : « **Autant j'étais certain d'être battu les deux premières fois où je me suis présenté, autant je n'envisage pas de perdre cette fois-ci**[21]. »

Même au plus bas dans les sondages, il pratique la méthode Coué : « **Je ne pense qu'au travail qui m'attend à partir du 8 mai 1995 et de mon élection**[22]. »

Tout à sa précampagne, il ignore les avertissements qui se multiplient, comme cette anecdote glissée à Chirac par la députée de Paris Françoise de Panafieu – « **la pintade à roulettes**[23] » selon Xavière Tiberi – avant les législatives qui allaient conduire Balladur à Matignon : « **Vous connaissez la réponse de Pompidou à la question : "Quand avez-vous pour la**

* Référence aux origines turques d'Édouard Balladur, né à Smyrne, devenue Izmir, en 1929.

première fois pensé à l'Élysée ?" – "La première fois que j'ai franchi le seuil de Matignon"[24]... »

Ou encore la mâle objurgation lancée par Charles Pasqua en plein déjeuner de la majorité : **« Toute la France – sauf toi – a compris qu'Édouard Balladur sera candidat[25]. »**

François Mitterrand, au contraire, a bien vu venir le danger. Au début de leur cohabitation, il se montrait plutôt élogieux : **« Balladur a une telle image que, comme Philippe Noiret, il peut se permettre de jouer dans de mauvais films[26] ! »**

« Laissez s'entretuer vos rivaux de la majorité. De tous, c'est vous que je préfère[27]. »

Mais **« Tonton »** durcit le ton à mesure que les ambitions de **« sire Édouard »** s'affirment, et il retrouve les accents de Georges Pompidou décrivant son rival centriste Alain Poher en 1969* : **« Je crois que, de ma vie, je n'ai jamais rencontré quelqu'un de plus hypocrite. Tout est faux chez lui. Chaque fois qu'il ouvre la bouche, avec ses airs pudibonds, je pense à Tartuffe : "Couvrez ce sein que je ne saurais voir !"[28] . »**

Les origines orientales du **« Grand Ballamouchi »** lui inspirent des métaphores inquiétantes : **« Balladur ? Un bourreau chinois aux lacets de soie[29]. »**

« Maintenant je vois clair avec Balladur. Avec lui, c'est la technique de l'étrangleur ottoman[30]. Il est tout doux, il s'insinue, il vous neutralise, et puis, le moment venu, couic[31] ! »**

Le banquier Jean-Yves Haberer, éjecté en novembre 1993 par Édouard Balladur du Crédit lyonnais qu'il avait mis en faillite, emboîte le pas à François Mitterrand dans un portrait sans concession : **« Balladur est un Ottoman de manière caricaturale [...] sous ses airs de placide bourgeois français, il incarne la perfidie du sérail[32]. »**

---

* Voir p. 43.

** C'est, semble-t-il, le vieux gaulliste Joseph Comiti qui a « baptisé » Balladur **« L'étrangleur ottoman »**.

En fin de règne, François Mitterrand n'a pas de mots assez durs pour décrire la duplicité de son Premier ministre, qui multiplie les courbettes, tout en cherchant à affaiblir celui qu'il traite par-derrière de **« vieille frappe »** : **« Cet homme est un formidable dissimulateur. Plaise au ciel qu'il n'ait jamais le pouvoir[33] ! »**

« Il trahira tout le monde comme il a trahi Chirac. Il ne le fait pas exprès, vous savez. C'est plus fort que lui. Il a la trahison en lui[34]. »

Bref, le Président, au soir d'une vie politique d'une quarantaine d'années, ne peut se retenir de lâcher : **« J'ai rarement vu des types pires que moi, en politique. Là, j'ai vu[35]... »**

Après les échecs de 1981 et 1988, le rêve présidentiel de Jacques Chirac va-t-il à nouveau se briser à cause d'Édouard Balladur ?

La grande trahison

La campagne fratricide de 1995 est d'une rare violence. Elle fait son miel des petites phrases qui fusent à mesure que l'amitié le cède à la rivalité puis à la trahison...

Édouard Balladur caracole loin devant Chirac dans les sondages, fort de sa pondération et de son expertise affichées. Le panégyrique de l'ancien maoïste et toujours germanopratin Philippe Sollers témoigne de cet engouement : **« Les Français voient un individu réservé, poli, têtu, temporisateur, distant, calme, violent rentré, encaisseur de coups, impassible en surface, mais évidemment émotif[36]... »**

Or le **« délicieux Édouard »** évite soigneusement et systématiquement de rencontrer celui qui lui a permis d'arriver à Matignon, ce qui chagrine Chirac : **« Jamais d'explication d'homme à homme avec Balladur. Je ne l'ai d'ailleurs pas cherchée[37]. »**

Le maire de Paris est de plus en plus isolé et replié autour d'un petit noyau de fidèles qui font grise mine. Il y a là, outre Jean-Louis Debré et Jean Tiberi, Alain Juppé (surnommé par certains « **l'asperge défraîchie** ») et Philippe Séguin – un « **Pavarotti modèle grognon et grossier** »[38] qui se détestent cordialement.

Jacques Chirac est donc en plein dans « **l'épreuve qui forge les caractères ou qui les brise** » que lui avait annoncée Mitterrand en 1988* : « **C'est dur, toutes ces trahisons, très dur. Je garde bien quelques fidèles, mais je vois bien que ça se "clairsème"... Je suis trop naïf. C'est ça, mon problème. Je n'avais pas prévu tout ça**[39]**.** »

Dépité, il s'explique sur ce laconique « **tout ça** » auprès de Jean Tiberi, confident des mauvais jours : « **J'ai été naïf sur Balladur. Mais je lui avais posé la question sur l'Élysée. Il m'avait arrêté en me disant : "Ce serait une infamie !**[40]**".** »

Son plus fidèle grognard, Jean-Louis Debré, qui en a pourtant vu d'autres, tempête : « **Quand je pense que Balladur, après avoir été nommé Premier ministre, disait à Chirac : "C'est pour votre campagne présidentielle que je fais ça !"**[41] **.** »

Même François Mitterrand en vient à s'indigner du traitement réservé à son adversaire malheureux de 1988 : « **Ces gens de droite, ils ne sont vraiment pas chics avec Chirac. Je croyais avoir tout vu en matière de trahison, mais là, avec Balladur, ça dépasse les bornes**[42] **!** »

Cette période est donc difficile pour Chirac, et Jean-François Probst, qui l'a vécue à ses côtés, témoigne dans ce sens : « **L'automne 1994 est le juin 40 des Chiraquiens**[43]**.** »

Mais Philippe Séguin, qui se rallie officiellement à Chirac le 19 janvier 1995, y croit dur comme fer : « **Ces épreuves l'auront définitivement forgé. Comme cet acier que notre Lorraine a si longtemps trempé**[44] **!** »

---

* Voir p. 115.

Et c'est vrai que Chirac a le cuir épais et de la ressource. Il s'est livré, dès le printemps 1994, à un vigoureux exercice intellectuel, même s'il ne semble guère lui convenir : « **Je noircis des montagnes de papier pour préciser ma pensée, fixer mes idées, cerner mes idées... puis tout va au panier**[45] **!** »

Il en sortira cependant *Une Nouvelle France* à l'été 1994, et quelques aphorismes bien sentis dont il épicera ses discours, comme : « **Je suis venu dire, redire que la politique n'est pas seulement l'art du possible. Et qu'il est des moments où elle devient l'art de rendre possible ce qui est nécessaire**[46]**.** »

C'est donc un Chirac sûr de son fait qui confie à sa garde rapprochée sa botte secrète : « **Allons, ne craignez rien ! Vous serez surpris par ma démagogie...** »

Pendant ce temps, Édouard Balladur continue de cacher son jeu en public lorsqu'on aborde la question de sa candidature : « **J'en parlerai quand j'aurai quelque chose à dire, si j'ai quelque chose à dire... mais, enfin, on a toujours quelque chose à dire**[47]**...** »

En privé, il est bien plus explicite lorsqu'il évoque les deux chefs historiques de la droite (Chirac et Giscard) comparés aux personnages un peu stupides du dessinateur Christophe : « **Je sauve la France de Plic et de Ploc**[48]**.** » Son bras droit Nicolas Sarkozy n'est guère plus tendre envers Chirac qu'envers Giscard, deux *has been* à ses yeux : « **Deux êtres nous manquent et rien n'est dépeuplé**[49]**...** »

Acteur politique essentiel dans le dispositif de Balladur, Nicolas Sarkozy se voit rappeler par son mentor les dangers de sa situation : « **Mon cher Nicolas, vous avez, semble-t-il, joué le bon cheval. Mais n'oubliez pas que vous être entre l'arbre et l'écorce**[50]**.** »

Sarkozy persiste cependant dans son choix et le justifie : « **Je ne vais pas lâcher Balladur au soleil alors que je l'ai rejoint dans l'ombre**[51]**.** »

La défection du quasi-fils adoptif des Chirac, qui n'en ont jamais eu, met Bernadette au bord de la syncope : « **Et dire qu'il nous a vus en robe de chambre[52] !** » Il est vrai que « **le petit salaud** », « **le petit voyou** »[53] est soupçonné d'avoir fait fuiter dans la presse la confortable plus-value foncière (1,4 million de Francs) réalisée par la famille de Bernadette, les Chodron de Courcel, à l'occasion de la vente d'un terrain à Paris[54]...

Alain Juppé, lieutenant de Jacques Chirac, en rajoute sur son collègue Sarkozy, omniprésent ministre du Budget, porte-parole du gouvernement Balladur et porte-flingue du candidat : « **Lorsque Madame Balladur n'a pas le temps d'effectuer elle-même ses courses, elle envoie Sarkozy faire le marché[55] !** »

Mitterrand, en connaisseur, décerne alors une mention spéciale à Nicolas Sarkozy : « **Du talent pour mordre et pour trahir chez ce garçon doué. Mais ce n'est pas suffisant[56].** »

Les ralliements des gaullistes à Balladur se multiplient et s'accélèrent : sept ministres RPR sur douze (dont Charles Pasqua, le 12 janvier), une centaine de députés, dont le député-maire RPR Jacques Baumel, compagnon de la Libération, qui s'extasie : « **J'ai identifié dans les propos du Premier ministre des aperçus formidablement lucides et précis. J'ai fait mon miel[57].** »

Plus étonnant encore, le départ en Balladurie de Michel Roussin, d'abord commandant militaire de l'hôtel Matignon sous Chaban-Delmas avant d'être intégré par Chirac à la Mairie de Paris. Bernadette n'apprécie guère : « **On n'aurait jamais dû sortir ce gendarme de sa guérite[58] !** »

Il y a enfin le cas assez typique de Dominique Perben, longtemps indécis : « **Moi, j'ai 48 ans, je suis pour celui qui gagne, Chirac ou Balladur. Mais si tous les deux sont en position de gagner, ça va être atroce. Je serai en voyage[59]...** »

Puis le ministre des Dom-Tom assure Chirac de « **son amitié et de son affection** »... avant de filer chez Balladur, déchaînant la vindicte chiraquienne : **« Cette salope de Perben, il ne va quand même pas me faire ça[60] ! »**

Dans l'entourage de Balladur, l'autre Nicolas s'appelle Bazire. Directeur de cabinet du Premier ministre, il est aimablement portraituré par Chirac *himself* : **« C'est un petit merdeux qui fait encore dans ses couches et qui pense chaque matin qu'il a chié le monde[61]. »**

Autre sujet de mécontentement pour les chiraquiens : le tandem contre-nature formé par le policé Balladur et le policier Pasqua, désormais rallié au **« redoutable casse-couilles »** (terme utilisé naguère par le second à propos du premier) : **« Le problème de Balladur, c'est qu'il se croit maître-penseur, mais il n'a que Pasqua comme maître à penser[62]. »**

Néanmoins, Jacques Chirac reste persuadé que son rival ne tiendra pas la distance : **« Balladur n'est pas très courageux. Il n'a jamais souffert. C'est un grand bourgeois qui ne supporte pas le choc de la critique[63]. »**

Voire…

« Au premier sang »…

Chirac, entré comme d'habitude le premier en campagne, se déclare officiellement le 4 novembre 1994 dans les colonnes de *La Voix du Nord*, grand quotidien de Lille, patrie du général de Gaulle, le jour de la Saint-Charles.

Cette annexion symbolique n'inquiète pas outre mesure le placide Édouard Balladur : **« Il n'y aura qu'un candidat chiraquien… mais il peut y avoir plusieurs candidats gaullistes[64]. »** Charles Pasqua, lors d'un déjeuner à Matignon, reprend les bons mots de Pierre Juillet et de Poniatowski sur Chaban-Delmas à vingt ans d'intervalle* : **« Ce qui est bien**

---

* Voir p. 69.

avec Chirac, c'est que, comme les perdreaux, le moment le plus facile pour le tirer, c'est quand il s'envole[65]**. »**

Cela n'altère en rien la détermination de Jacques Chirac, bien décidé au combat, fût-il fratricide : **« Au premier sang, Balladur se retirera. Et moi, j'irai jusqu'au bout**[66]**. »**

Si l'on en croit Marie-France Garaud, ni l'un ni l'autre n'a la moindre chance.

De l'un, elle dit : **« Balladur est intelligent et respectable. Mais il a la politique de son tempérament. Il n'est pas à l'aise avec l'affrontement [qu'il considère comme] une méthode de primate**[67]**. »**

Et de l'autre, qui fut longtemps son poulain, elle prédisait dès septembre 1993 : **« Chirac est mort, mais il ne s'en aperçoit pas. Il continuera à courir, comme les canards à qui l'on vient de couper la tête**[68]**. »** Elle précise même sa pensée par une métaphore culinaire qui régale tout Paris : **« Balladur aime le gigot de sept heures. C'est comme ça qu'il aime Chirac : à la cuillère**[69]**. »**

À mesure que la campagne de Chirac se poursuit et que celle de Balladur prend forme, ce dernier prend soin d'oublier leur passé commun, sans doute pour éviter qu'il serve d'argument électoral contre sa candidature : **« Un ami de trente ans, Chirac ? C'est ce qu'il dit que nous sommes**[70]**... »**

Il justifie son lâchage par la médiocrité de son rival : **« Après 1988, j'ai pensé qu'il [Chirac] pouvait changer, modifier son image. J'ai d'abord été déçu, puis inquiet, et enfin résigné**[71]**. »** De la même manière, il n'a plus aucun souvenir du **« contrat qui nous lie**[72] **»** passé entre lui et Chirac au début de la seconde cohabitation : **« Le pacte ? On est dans le domaine de la fable... Je suis un homme libre**[73]**. »**

Ce n'est pourtant pas du tout l'avis de proches de Jacques Chirac, comme Bernard Pons : **« Chirac a passé un pacte avec Balladur entre 1988 et 1993. Pasqua, Juppé et moi sommes les notaires de cet accord. »**

Le « **bébé-Chirac** » François Baroin se montre tout aussi catégorique : « **Le contrat moral existe entre Balladur et lui : on ne donne pas le pouvoir sans garantie**[74]. »

Mais la loyauté est-elle dans la nature d'Édouard Balladur ? Comme l'avait indiqué Pierre Joxe dès la fin octobre 1987 : « **La faille de Balladur est psychologique : il est insensible**[75]. » Au sujet de cette « trahison », Nicolas Bazire, désinhibé depuis longtemps, s'exprime crûment : « **Il y a des situations où n'existent ni marché ni loyauté. Avec Chirac, Balladur n'a jamais passé de pacte. Et ce n'est pas Chirac qui a nommé Balladur à Matignon. Donc, il fonce**[76]. »

Même tonalité chez William Abitbol, proche d'un Pasqua rallié à Balladur, qui considère que le traître est plutôt Jacques Chirac et le dit en forme de zeugma : « **En 1974, Chirac a trahi sa famille, en 1981 son camp, en 1988... ses limites. Et en 1993, sa crédulité**[77] ! »

Le terrain étant ainsi préparé, les derniers doutes sont levés le 20 janvier 1995, quand Édouard Balladur annonce à son tour sa candidature sur le perron de l'hôtel Matignon. Jacques Chirac en tire la leçon : « **Qui a trahi trahira... Il y a en tout cas des gens auxquels je ne ferai plus jamais confiance**[78]. »

Claude, fille et proche conseillère de celui qu'elle appelle « Chirac », entre en campagne à ses côtés, avec un mot d'ordre qu'on croirait tout droit sorti de la bouche paternelle : « **On va les mettre avec du gravier, ceux-là [les Balladuriens]**[79] ! »

Dans les premiers temps, sur la foi de sondages flatteurs (Balladur est à 29 % contre 17 % pour Chirac), les balladuriens paraissent certains de la victoire de leur champion et le claironnent : « **Chirac est au fond du trou. Il ne manque que quelques pelletées de terre et on pourra l'oublier**[80]. »

« **On pensait que c'était jouable, on n'aurait jamais cru que ce serait aussi facile. À ce rythme-là, Chirac finira derrière Le Pen**[81]. »

Philippe Séguin s'enflamme contre un éditorial très « balladurophile » du sondeur en chef de la Sofres[82], et pique une de ces colères qui justifient son surnom de **« Seguinix[83] »**, celui qui terrifie ses entourages : **« Circulez, il n'y a rien à voir ! Le vainqueur a déjà été désigné. Proclamé. Fêté. Encensé. Adulé. Il est élu. Il n'y a pas à le choisir. Il n'y a qu'à le célébrer[84] ! »**

L'engouement général pour son concurrent suscite cette remarque incrédule de la part de Jacques Chirac : **« Si ce pays a vraiment envie de se fader Balladur pendant sept ans, après tout, c'est qu'il ne mérite pas mieux. Ce type, c'est quand même un remède contre l'amour, non[85] ? »**

Il est vrai que les balladuriens eux-mêmes sont déçus quand leur champion fait connaître ses *Ambitions pour la France* : **« C'est de la verveine tiède. À côté de lui, Barre est un rigolo[86]. »** Commentaire de Raymond Barre lui-même : **« À côté de Balladur, Pompidou était un novateur, Giscard un révolutionnaire[87] ! »** Quant à François Mitterrand, il s'amuse à l'avance d'une victoire éventuelle du soporifique **« Docteur Tsé Tsé[88] » : « La France se shootera à la camomille[89]. »**

Insensiblement, le fringant chouchou des sondages se métamorphose dans l'opinion en **« Rahat-Loukoum »**, **« Ballamou »**, **« Petit Mammamouchi »**, aboutissant à une féroce contraction (**« Ballamouchi »**)... À partir de la mi-février 1995, les courbes des sondages se rapprochent puis se croisent, à l'avantage de Chirac, cette fois-ci...

Delors s'efface, Jospin remplace

À gauche, le grand favori des sondages était initialement et indiscutablement Jacques Delors, président de la Commission européenne. Mais certains doutent de sa volonté présidentielle, non sans raison...

Ainsi l'ancien Président Giscard d'Estaing, expert en faux départs : **« Delors est à un bon niveau. Il peut briguer la fonction présidentielle... mais son problème, c'est qu'il ne sait pas ce qu'il veut[90]. »**

François Mitterrand ne se prive pas de dauber sur son ancien ministre : **« Delors ? Il hésiterait même entre l'aspirine et l'euthanasie[91]. »**

« Il aimerait bien être Président sans être candidat[92]. »

Ces diagnostics ne sont pas sans fondement, tant il est vrai que Jacques Delors paraît en proie au doute : **« Je suis trop vieux. Je ne veux pas y aller. Il pourrait m'arriver un pépin[93]. »** Il confie même son désarroi à Jack Lang, qui s'empresse de le rapporter à François Hollande : **« Tu as quel âge, toi ? Tu peux être Président, contrairement à moi. Et puis, ta femme est formidable ! Si j'avais eu la même, je n'en serais pas là[94]... »**

Son côté « chrétien de gauche » coincé alimente les commentaires ironiques dans la famille socialiste : **« Pourquoi ce congrès est-il le moins érotique de toutes les annales [*sic*] du PS ? Parce que les socialistes, après avoir essayé toutes les positions, ont fini par adopter celle du missionnaire[95] ! »**

Le chiraquien Philippe Séguin, surnommé par Xavière Tiberi **« l'obèse en ville »**, s'en amuse : **« Avec Delors, les socialistes passent de Léon Blum à Léon XIII*[96] ! »**

Personne n'est donc vraiment surpris quand Jacques Delors jette l'éponge en direct au cours de l'émission *7 sur 7* d'Anne Sinclair, le 11 décembre 1994. François Mitterrand solde la **« mise en scène minable »** en quelques commentaires, réglant ses comptes avec la « deuxième gauche » et ses champions : **« Delors vient enfin de révéler sa véritable nature politique : un type sans volonté politique, sans véritable cou-**

* Philippe Séguin juxtapose Léon Blum, figure de la SFIO et du Front populaire, et le pape réformiste Léon XIII (1878-1903).

rage… On s'extasie devant tant de probité. Mais ce n'est qu'une comédie médiatique. Le moteur de cette opération, c'est sa vanité[97]. »

« Il a dévoilé un pan de son caractère : une mesquinerie teintée d'un côté donneur de leçons[98]. »

Et pour conclure, il ne manque pas de faire d'une pierre deux coups : **« Delors aurait fait un bon candidat mais un mauvais Président ! Les gens de droite qui s'enthousiasment pour lui […] n'aiment que la gauche qui perd. C'est pour cela qu'ils ont toujours aimé Rocard, et maintenant Delors[99]. »**

Reste tout de même à savoir qui, du premier secrétaire Henri Emmanuelli ou de Lionel Jospin, ira défendre les couleurs socialistes. C'est finalement celui que la droite surnomme **« le petit fonctionnaire de la politique[100] »** puis **« Darry Cowl »**[101] qui s'y colle le 5 février 1995, avec l'assurance d'une neutralité élyséenne assez bienveillante : **« Ce n'est pas un mystère, je voterai pour lui et j'espère que ceux qui m'ont suivi agiront comme moi[102]. »**

Mais les mitterrandiens regimbent, tel son vieux rival Laurent Fabius, qui l'appelle **« le dingue[103] »**. Il faut dire que Jospin a osé revendiquer un « droit d'inventaire » sur le bilan de Mitterrand. Par ailleurs, il a brutalement rejeté la plateforme programmatique socialiste pour l'élection présidentielle, adoptée le 1er février : **« Ce programme, c'est de la merde[104] ! »** Et, offense suprême, il frustre Jack Lang, qui s'y voyait déjà : **« Il aurait fallu un coup de théâtre que j'aurais pu incarner. Il faut briser les frontières, casser les tabous, faire sauter les verrous[105] ! »** Finalement soutenu par 66 % des adhérents du PS, Jospin impose début mars ses *Propositions pour la France*.

Il prend pour slogan **« Une France plus juste »**. Celui qu'il avait initialement retenu était **« Avec Jospin, c'est clair »**, pour bien marquer la différence avec Chirac : « [Ce] **conservateur démagogue** [qui] **parle à gauche mais agit et propose à droite**[106]**.** »

Face à Jospin, le PCF présente Robert Hue, brocardé en « **nain de jardin** » par Jean-Marie Le Pen[107] en raison de sa ressemblance avec « Prof » dans *Blanche-Neige*.

Le candidat communiste possède cependant un atout : le soutien idolâtre et tapageur de Roger Hanin, car le « beauf » de Mitterrand est en mal de candidat. Le très populaire « Inspecteur Navarro » (série diffusée sur TF1 depuis 1989) jette tout son poids dans la balance, ce qui n'est pas rien : « **Robert Hue est tellement fort qu'il suffit qu'il ressente pour que cela passe !** »

Le radical de gauche Jean-François Hory – vent debout contre « **la provocation** » d'une candidature Jospin – se déclare le 23 février mais jette l'éponge le 31 mars, avec une pensée émue pour ses amis radicaux qui lui ont savonné la planche : « **En fait, je me suis fait baiser par Tapie, par Crépeau, puis par tout le monde**[108]**.** »

Membre influent du Parti radical, Bernard Tapie, qui a arbitré les élections européennes à gauche en faisant chuter la liste PS de Rocard, justifie son ralliement à la candidature Jospin : « **Ce Hory, il est maboul ! Il a collé trois pancartes à trois cons et il croit qu'il est candidat du parti démocrate [nord-américain]**[109] **!** »

Les écologistes se déchirent eux aussi sur des candidatures multiples (Dominique Voynet, Antoine Waechter), conduisant au retrait de Brice Lalonde (Génération écologie) avec fracas et une formule prémonitoire : « **L'écologie est une chose trop importante pour la confier à des gauchistes**[110]**.** »

Quant à Jean-Marie Le Pen, fort de sa percée aux présidentielles de 1988, il se lance à nouveau dans la bataille, au son du refrain habituel de la victimisation : « **Moi, je cours le 100 mètres avec un boulet au pied, et on me tire dessus depuis les tribunes**[111]**...** »

Mais c'est surtout le duel entre les deux « amis de trente ans » qui marque et anime la campagne du premier tour.

« Le Chi » contre Louis-Philippe

Pour le chiraquien François Baroin, le choix est clair, au détriment du Premier ministre et au nom de l'Histoire : « **Les Français, avec le duel Balladur-Chirac, auront à choisir entre Saint Louis avec son petit chêne portatif, et Bonaparte au pont d'Arcole**[112]**.** »

Bonaparte peut-être, mais pas seulement... Chirac se veut désormais l'apôtre (fraîchement converti) de la « **fracture sociale*** » qu'il recycle dès son premier discours de campagne, le 17 février 1995 : « **La France fut longtemps considérée comme un modèle de mobilité sociale. Or... une fracture sociale se creuse, dont la Nation supporte la charge. La machine France ne fonctionne plus.** »

On croirait entendre Arlette Laguiller, la plus à gauche et aussi la plus capée des candidats, quand elle évoque « **deux classes dont les intérêts sont diamétralement opposés**[113] ».

Jacques Chirac joue à fond la carte d'une droite progressiste et audacieuse. Il est loin, le temps où il confiait à Yves Mourousi : « **Je sais que j'ai une gueule de droite, mais on ne peut pas se refaire**[114] **!** »

Il se métamorphose sous les yeux des Français en « **Chi** » (sa marionnette coiffée du célèbre béret aux *Guignols*) et n'hésite

* Un terme emprunté à Marcel Gauchet et aux travaux du club « Phares et balises », animé par Emmanuel Todd, Régis Debray et d'autres intellectuels plutôt à gauche.

pas à conceptualiser l'identité de gauche, ce serpent de mer de la science politique : **« Bien sûr que je suis de gauche ! Je mange de la choucroute et je bois de la bière[115] ! »**

Voilà donc Chirac en champion de la « question sociale », à la différence de son concurrent : **« Il [Balladur] pense que c'est un pourboire que l'on donne à des domestiques[116]. »** Autre pique, cette fois sur le terrain de ces mondanités dont Balladur a toujours raffolé : **« Il adore astiquer les parquets des riches[117]. »**

Le Premier ministre-candidat, placé sur la défensive, se voit contraint d'adopter un vocabulaire plus agressif à l'égard de Chirac et de ses partisans : **« Des agitateurs, des faux espoirs, des fausses promesses[118] ! »**

Il raille l'ardeur du néophyte pour **« la gravité de la question sociale »**, comme la soudaine prédilection des penseurs de gauche pour **« le Chi »**. Sans le nommer directement, Balladur le désigne par son plat préféré, qui est aussi celui que s'offrent les républicains endurcis chaque 21 janvier (date anniversaire de l'exécution de Louis XVI) : **« La gauche caviar découvre la tête de veau. C'est très bon, mais il ne faut pas en abuser. À la longue, c'est indigeste[119]. »** Balladur ne manquera pas d'en faire servir à Matignon dès le lendemain, en prenant soin d'en reprendre ostensiblement, et de le faire savoir[120]...

Chirac n'en a cure ! Il continue de cultiver sa différence avec le conservatisme libéral de Balladur, et lance au **« peuple de gauche désemparé [et] qui a perdu confiance »** de puissants aphorismes en rafale :

« Lorsque la prudence est partout, le courage n'est nulle part[121]. »

« Tout se rassemble et tout se ressemble dans une espèce de consensus mou[122]. »

« Les Français ne voteront jamais sur un bilan mais sur la part d'espoir qu'ils ont au fond d'eux-mêmes[123]. »

« Je suis venu dire aux Français qu'il est temps de renoncer au renoncement[124]. »

Le 24 mars, dans son discours à Bordeaux (fief de son lieutenant Alain Juppé), Chirac précise les attaques, égratigne le *Livre blanc de la Défense* en cours de rédaction et compare implicitement Balladur à Louis-Philippe Ier, ce « roi bourgeois » des Français (1830-1848), physiquement proche de son adversaire, et renversé par une révolution républicaine : **« Certains attendent peu de la politique. Ils s'en remettent aux experts, aux livres blancs. Mais les experts, sous Louis-Philippe, auraient sûrement conclu que le suffrage universel était impossible, que le travail des enfants était inévitable... »** À l'approche du premier tour, décidément insatiable, il délivre une parole d'expert : **« La France a besoin de passion – celle de l'amant – et de constance – celle du mari[125]. »**

Marie-France Garaud, pour une fois, partage son avis. Elle expédie Balladur d'une formule choc, le renvoyant à ses responsabilités antérieures de secrétaire général de l'Élysée sous la présidence Pompidou : **« Balladur, c'est la face de Pompidou qui n'a pas été imprégnée par de Gaulle[126]. »** Sur ce point, le portrait peu flatteur qu'elle dresse rejoint celui du Président en exercice : **« Quand je parle avec Balladur, j'ai l'impression de parler avec le fantôme de Pompidou [...]. La même culture vaguement moderniste pour masquer un conservatisme impitoyable[127]. »**

Chirac le compare dans ses *Mémoires* (*Chaque pas doit être un but*) à l'une de ses précédentes victimes, un certain... Valéry Giscard d'Estaing, en connaissance de cause apparemment : **« Pleinement conscient de sa valeur intellectuelle, il ne fait pas mystère près de moi de se sentir supérieur à tous ceux qui l'entourent. »**

Et il parachève ce portrait sans pitié et assez expressif : **« La grande force d'Édouard, c'est le génie de la paresse et de son petit confort personnel. Il se lève tranquillement, jette**

un vague coup d'œil aux journaux, ne lit jamais un dossier, ne reçoit jamais un emmerdeur, mange un filet de sole avec un verre d'Évian, c'est le régime Giscard... et à huit heures sonnantes rentre chez lui pour dîner avec sa femme et se mettre dans son lit douillet avec *Connaissance des arts* ou *La Gazette de l'hôtel Drouot*[128]. »

Or, précisément, Édouard Balladur revendique haut et fort son statut **« d'amateur en politique »** et sa détermination à mener campagne comme il l'entend, avec le slogan « La France avec Édouard » : **« Je ne suis pas entêté, mais je suis comme Dieu m'a fait, et je ne vais pas changer[129]. »**

Charles Pasqua se charge d'instiller le doute sur les capacités de Jacques Chirac, le ramenant à ses premières ambitions avant d'entrer en politique et lui donnant le même sobriquet qu'Adolphe Thiers : **« Ce n'est finalement qu'un va-de-la-gueule et un foutriquet. Il aurait fait un bon directeur de l'aviation civile*[130]. »**

Balladur lui-même, d'ordinaire si policé, utilise des mots très forts pour dénoncer l'esprit de clan des chiraquiens : **« Je ne laisserai pas la France à ces gens-là et à une certaine mafia-RPR[131]. »** On retrouve chez lui les accents mitterrandiens de la campagne présidentielle de 1988 contre Chirac et **« l'État-RPR »** : **« On ne peut tout de même pas laisser la France à ces gens-là ! La haine est leur seul moteur, le parti est leur seule référence, la revanche leur seule culture[132]... »**

Même son de cloche chez Simone Veil, qui soutient Balladur sans réserve au nom du salut public : **« C'est l'Élysée transféré rue de Lille [siège du RPR]. C'est les copains analphabètes dans les ministères. C'est le pays rançonné, mis en coupe réglée[133]. »** Et de la même : **« Chirac au pouvoir, c'est bien pire que le socialisme. »**

---

* Allusion à la carrière que le père de Chirac, proche de Marcel Dassault, envisageait pour le jeune Jacques.

C'est pourtant lui qui croque la campagne à belles dents...

« Mangez des pommes ! »

Nicolas Sarkozy résume ainsi la campagne de l'équipe adverse : **« Séguin pour les dépenses, Madelin pour les impôts, Juppé pour l'Europe, et la sauce, c'est Chirac. Le tout, c'est pire que les socialistes[134]. »**

Il est d'ailleurs prêt à le combattre sur son terrain favori : **« S'il s'agit d'être plus démagogique que les autres, moi aussi je sais faire, je suis imbattable[135] ! »** D'ailleurs, il le voit déjà – mais un peu vite – mort politiquement : **« L'électro-encéphalogramme chiraquien est plat. Ce n'est plus l'Hôtel de Ville, c'est l'antichambre de la morgue[136]. »**

Ce à quoi Philippe Séguin rétorque, dans le même registre morbide : **« Chirac est peut-être un pantin, mais même un pantin, c'est plus sympathique qu'une momie[137]... »**

Brice Hortefeux, envoyé par Nicolas Sarkozy pour débaucher les plus fidèles chiraquiens, tel Éric Raoult, se veut tout aussi macabre : **« Chirac pardonne mais Balladur tue... »**

Éric Raoult répond du tac au tac : **« Tant pis, je suis mort ![138] »**

Raoult a fait le bon choix : début mars, Jacques Chirac dépasse son rival dans les sondages. D'où son commentaire d'esthète, grand amateur d'arts orientaux : **« Édouard me fait penser à un général chinois. Comme les faïences : ça supporte les décorations mais jamais le feu[139]... »**

Jacques Chirac dispose d'un allié de choix en la personne du Président en exercice, qui loue ses qualités de battant : **« Je ne peux pas dire que du mal de Chirac. C'est un homme intelligent, qui comprend vite, très vite, et dont l'énergie, l'activité sont débordantes, exceptionnelles[140]... »**

C'est aussi l'avis de son ex-conseiller en communication Jacques Pilhan, parti rejoindre Chirac : **« C'est quelqu'un qui peut tout affronter... Rien ne lui fait peur. On se dit que, même mort, il continuera à se battre... Quel malheur que ce soit une bourrique[141] ! »**

Partageant au même moment le même isolement – l'un au sein de la droite, l'autre au sein de l'État – et surtout le même ennemi, les deux hommes en sont venus à s'échanger quelques douceurs par l'entremise de Michel Charasse :

Mitterrand à Chirac : **« Dites-lui que je ne suis pas son ennemi. »**

Chirac à Mitterrand : **« Vous lui direz que j'ai cru m'en rendre compte[142]. »**

Jean-Louis Debré rappelle d'ailleurs que lors du cinquantième anniversaire de la libération de la capitale, le 25 août 1994, François Mitterrand avait tenu à passer un moment seul avec le maire de Paris dans son bureau, faisant poireauter le Premier ministre, et lui avait glissé un laconique mais encourageant : **« C'est votre tour[143] ! »**

Il est vrai que Jacques Chirac ne manque pas d'atouts. Il a de l'énergie à revendre, comme ne cessera de le répéter sa femme Bernadette, que ce lièvre a surnommé **« la tortue »** : **« Avec Jacques, j'ai toujours l'impression d'assister au départ de la fusée Ariane[144]. »**

Autre terrain sur lequel Chirac est difficile à battre : le contact direct avec les Français, qui fait de lui l'incontestable **« roi du toque-menotte[145] »**. Denis Tillinac le souligne : **« Si vous voulez détester Chirac, ne le rencontrez jamais[146] ! »**

D'ailleurs, toujours selon Tillinac, en Corrèze, **« Chirac est le mot le plus prononcé après "Qu'est-ce que tu bois ?[147]" »**.

Même en public, il sait adopter un langage de corps de garde. Une question économique l'embarrasse-t-elle ? Sa réponse gicle aussitôt : **« C'est une question d'intellectuel tourmenté qui**

s'est branlé tout seul dans son coin pour mieux en éclabousser les murs[148]... »

Invité le 6 mars 1995 à la Fondation Saint-Simon et s'adressant à Alain Minc, converti et prosélyte notoire du balladurisme, Chirac en rajoute dans la gouaille, mettant les rieurs de son côté : **« Écoutez, M'sieur Minc, vous savez ce qui se passe quand un chef de famille peut plus payer son loyer ? Non, vous savez pas, m'sieur Minc... On les expulse. On met les enfants à la Ddass. Et vous savez combien ça coûte un enfant placé à la Ddass ? 500 francs par jour. Alors s'il a trois enfants, ça fait 45 000 francs par mois[149]... »**

Dans les médias, Chirac, longtemps crispé, progresse beaucoup et manifeste plus souvent sa bonne humeur et son sens de la repartie. Le présentateur du JT de France 2 s'enquiert par exemple de son interlocuteur : **« Qui nous parle ? Le maire de Paris, le président du RPR, ou le prochain présidentiable ? »**

Jacques Chirac : **« C'est Jacques Chirac qui vous parle. Je sais que vous êtes un jeune journaliste, mais je croyais quand même que cette information était parvenue jusqu'à vous[150]... »**

Quand le journaliste Alain Duhamel l'interroge sur le choix d'un pommier en guise de couverture de *La France pour tous*, paru le 10 janvier 1995, Chirac est loin de se douter que sa réponse va infléchir sa campagne : **« J'aime les pommes. Je suis un mangeur de pommes et puis j'ai trouvé que c'était joli[151]. »**

Chirac est-il donc devenu le biblique et tentateur « serpent au fruit défendu », en invitant à voter pour lui ? Les *Guignols de l'info* se saisissent aussitôt de sa déclaration pour résumer le slogan chiraquien à **« Mangez des pommes ! »**, exploitant toutes ses déclinaisons possibles, et identifiant implicitement l'électeur chiraquien à l'une d'entre elles : **« Qui veut mes pommes ? »** ; **« Prenez mes pommes ! »** ; **« C'est bon les pommes ! »** ; **« Croquez la pomme »**...

L'effet produit sera un peu différent de celui escompté : la pomme deviendra moins un argument qu'un outil de campagne, car bientôt il n'y a plus un meeting du candidat sans distribution de pommes et de ses dérivés (jus, cidre) dans la bonne humeur, Chirac faisant figure d'homme simple.

Invité ensuite sur le plateau de Canal + par Michel Field pour la promotion de son ouvrage de campagne, Jacques Chirac se laisse chambrer et pratique volontiers l'autodérision :

Jacques Chirac (*s'adressant à Michel Field*) : **« Vous êtes contaminé par le politiquement correct. Réfléchissez deux minutes… C'est pas excessif… »**

M. Field (*rigolard*) : **« C'est à peu près le temps qu'il m'a fallu pour lire votre livre ! »**

J. Chirac (*sourire aux lèvres*) : **« Je sais bien… Malheureusement, dans celui que je vous ai envoyé, j'avais pas mis les images à colorier… Désolé[152] ! »**

Il peut être bien moins coulant avec d'autres, comme l'état-major de TF1 en général et Gérard Carreyrou en particulier, qu'il juge trop ouvertement balladuriens. Juste avant de passer sur *Face à la Une*, le 15 mars 1995, il les désigne du doigt et les menace du verbe : **« Vous : les mines de sel ! »**

Au fond, tout ne reposerait-il pas sur un malentendu avec l'opinion, comme l'indique l'intéressé dans *Femme* en janvier 1995 : **« Pendant vingt ans, on m'a pris pour un parfait ignorant parce que j'avais fait courir le bruit que je n'aimais que les romans policiers et la trompette militaire… »** ?

Chirac en fait d'autant plus sur ce registre que son adversaire à droite n'a jamais été très à l'aise dans le contact direct avec les Français, ce que Nicolas Sarkozy avait déjà remarqué, non sans humour :

Édouard Balladur (*s'adressant à lui*) : **« Savez-vous ce que je vais faire à 18 heures ? Je vais dans le métro ! »**

N. Sarkozy : **« Ah bon ! Vous savez où c'est ? »**

É. Balladur : « **Ne soyez pas impertinent**[153] ! »

En fin de campagne, Édouard Balladur force sa nature et s'essaye à « faire peuple » pour regagner le terrain perdu. Au meeting du Bourget, le 25 mars 1995, il mange son méchoui sans couverts, monte sur les tables et distille quelques méchancetés à l'encontre de son adversaire, amateur réputé de bière *Corona* : « **Moi, monter sur les tables, ça m'amuse. Remarquez, Chirac lui, son genre, c'est plutôt rouler sous la table**[154]. » Mais il l'avoue avec une certaine candeur, en marge d'un déplacement électoral en province : « **Il est étonnant qu'il y ait beaucoup de questions sur la vie de tous les jours auxquelles je ne sais pas répondre. Donc, en revenant à mon bureau, je demande qu'on me fasse des fiches sur ces sujets**[155]. »

Par ailleurs, la campagne d'Édouard Balladur est perturbée par les ennuis judiciaires de certains de ses ministres (corruption, abus de biens sociaux, trafic d'influence, comptes du Parti républicain), ce qui ravit un chiraquien : « **Ce n'est plus un gouvernement, c'est une annexe du Palais de justice**[156]. »

Le ministre de l'Industrie Gérard Longuet, impliqué dans ces affaires, réplique en évoquant les filières de financement occulte de la mairie de Paris sous Jacques Chirac : « **Je n'oublierai pas les petites bassesses des chiraquiens, dont chacun sait qu'ils se financent uniquement par cotisations**[157]... » Une allusion à peine cryptée notamment à la « **Lyonnaise des os***[158] » qui, grâce à l'ami Jérôme Monod, financerait le candidat Chirac...

Mais on parle aussi beaucoup des investigations du juge Halphen sur des affaires de fausses factures dans les Hauts-de-Seine, fief de Charles Pasqua, principal allié d'Édouard Balladur**. Bientôt commentaires et contrepèteries fusent

* La Lyonnaise des eaux possède le marché funéraire en Côte d'Ivoire.

** Ministre de l'Intérieur, Pasqua fait alors mettre sur écoute le Dr Jean-Pierre Maréchal, beau-père du juge Halphen, afin de compromettre ce dernier.

dans la presse contre ce véritable **« poulet à traîner »** pour Balladur qu'est devenu **« Charlie Pascouac »** : **« Comme de mal entendu »** ; **« Pasqua nous brouille l'écoute »**...

Ce contexte agité éclaire ce dialogue en marge d'un déplacement en Dordogne entre deux ministres soutenant Balladur :

Nicolas Sarkozy : **« Pour la première fois depuis dix jours, on n'a pas d'emmerdes... »**

François Bayrou : **« Attention ! Il n'est que quatre heures moins vingt ! »**

N. Sarkozy : **« C'est vrai ! Comme Charles [Pasqua] nous rejoint à 18 heures, il nous reste deux heures vingt[159]. »**

Le répit est de courte durée car, quelques jours plus tard, le Premier ministre-candidat, prétendument empêché de rejoindre les journalistes en hélicoptère pour cause de brouillard près de Tarascon, se vante d'avoir été pris en auto-stop : quelle meilleure preuve de sa simplicité, de sa débrouillardise et de sa popularité ? Or l'automobiliste – une certaine Claire Lacaille – roule en Mercedes et n'est autre qu'une parente du député Georges Tron, collaborateur du Premier ministre, qui se voit bientôt affublé d'un nouveau surnom : **« L'homme-Tron »** !

C'est le coup de grâce ! La **« campagne positive, sereine et optimiste »** que Balladur s'était promis de mener vire au cauchemar... Le **« Chi »** semble parti pour une deuxième finale !

Résultats du premier tour (23 avril 1995)[160]

Candidats	% des suffrages exprimés	En nombre de voix
Lionel Jospin (PS)	23,3 %	7 097 786
Jacques Chirac (RPR)	20,84 %	6 348 375
Édouard Balladur (droite et centre)	18,58 %	5 658 796
Jean-Marie Le Pen (FN)	15 %	4 570 838
Robert Hue (PCF)	8,64 %	2 632 460

Candidats	% des suffrages exprimés	En nombre de voix
Arlette Laguiller (LO)	5,3 %	1 615 552
Philippe de Villiers (MPF)	4,74 %	1 443 186
Dominique Voynet (Les Verts)	3,32 %	1 010 681
Jacques Cheminade (Fédération pour une nouvelle solidarité)	0,28 %	84 959
Blancs ou nul	2,82 %	
Abstention		8 647 118 (21,62 % des inscrits)

Cinq ans avec Jospin ou sept avec Chirac ?

Une fois de plus, à l'instar de Jacques Chaban-Delmas en 1974 ou de Raymond Barre en 1988, celui qui partait favori des sondages ne sera pas au second tour de l'élection présidentielle ! Un duel inédit va opposer Chirac à Lionel Jospin, que personne n'attendait quelques mois plus tôt, et qui vire pourtant en tête !

Jacques Chirac a réussi son pari : éliminer Balladur, mais de justesse, comme il l'exprime dans son langage fleuri : **« J'ai encore les poils qui sentent le roussi ! »**

En effet, Philippe Séguin souligne une constante des scores chiraquiens depuis 1981 : **« Chirac pèse définitivement un Français sur cinq[161]. »** Ce n'est pas le seul motif d'inquiétude pour cet indéfectible soutien de Chirac : **« Dès qu'il sera élu, le principal ennemi de Chirac, ce sera lui-même. S'il retombe entre les mains des imbéciles qui ont toujours constitué sa garde alors tout, très vite, sera foutu[162]... »**

En attendant, le maire de Paris tient sa revanche sur les temps où Balladur fuyait son contact. Il se moque de son rival défait qui cherche désormais à le joindre au téléphone de toute urgence :

Jacques Chirac : **« C'est bien vous, Édouard ? Vous êtes sûr que c'est bien vous ? »**

Édouard Balladur : **« Pourquoi me dites-vous cela ? »**

J. Chirac : **« Parce que, depuis quelques jours, quelqu'un m'appelle sans arrêt en imitant votre voix et en se faisant passer pour vous[163]... »**

Mais la politique reprend vite ses droits. Pour l'emporter au second tour, Chirac a besoin de faire le plein des voix à droite, ce qui passe par le soutien d'Édouard Balladur. C'est loin d'être gagné, si l'on en juge par ce qui s'est passé au QG du Premier ministre le soir même du premier tour. Les Balladuriens ont longuement hué le nom de Chirac, et poussé le candidat vaincu à sortir (enfin) de ses gonds avec une injonction mémorable : **« Je vous demande de vous arrêter ! »**

Le lendemain se déroule un dialogue édifiant entre les deux hommes :

Jacques Chirac : **« Je vous assure qu'il n'y aura ni purgatoire ni représailles. »**

Édouard Balladur : **« J'ai peine à vous croire[164]. »**

Nouvel avertissement de Balladur, en marge du meeting de Bagatelle le 29 avril 1995 : **« C'est parce que je vous connais que je vous préviens : ne touchez pas à un cheveu d'un de mes fidèles[165] ! »**

Ces craintes paraissent fondées, si l'on s'en tient aux intentions de Bernadette Chirac à l'égard de Nicolas Sarkozy : **« Ce petit monsieur peut serrer les fesses. Je les lui battrai tant et si bien qu'il n'en aura plus jamais[166] ! »**

Simone Veil, qui n'attend rien de son ancien Premier ministre des années 1974-1976, n'est pas disposée à se rallier sans réserve : **« Chirac est entouré de trois sortes de types : des cons, des salauds et des fachos[167]. »**

La plupart des centristes, dont l'électorat a massivement voté Balladur, n'ont pas de tels états d'âme, et Chirac le sait : « **Ces UDF, ils sont parfois difficiles à trouver quand il s'agit de se battre, mais jamais pour devenir ministre**[168]**...** » L'un d'entre eux, le député balladurien Hubert Bassot, le reconnaît : « **Les centristes ont toujours une main dans la trahison, l'autre dans le bénitier**[169]. »

Nicolas Sarkozy reprend la belle image lepéniste de 1988* pour faire monter les enchères d'un ralliement net au candidat Chirac, ce qui lui éviterait la fessée promise par Bernadette : « **À 19 %, on est respectés et indispensables. Ils s'apprêtaient à nous cracher à la gueule, ils vont être obligés de nous mettre la main au cul**[170]. »

Chirac sait bien avant le tour décisif qu'il « **n'aura droit à aucune voix du FN**[171] », car Le Pen (15 %) a remporté le duel mené à l'extrême droite contre Philippe de Villiers (4,74 %), candidat du Mouvement pour la France (MPF).

Le « **Menhir** » Le Pen a fait de Chirac son adversaire principal dès le premier tour, et couvre de horions un « **Zigoto, penche-à-gauche, spécialiste de la trahison des siens** ».

En vue du second tour, le chef du Front national laisse son électorat libre de son choix, mais déclare lors de la fête de Jeanne d'Arc le 1er mai : « **Chirac, c'est Jospin en pire !** »

En revanche, les reports s'annoncent plutôt bien au centre et à droite, puisqu'à la fin du mois d'avril, à quelques jours du second tour, Chirac dispose de six à huit points d'avance sur Jospin dans les sondages. Il aborde donc le duel télévisé du 2 mai 1995 avec le même confort que Mitterrand contre lui sept ans plus tôt... Lionel Jospin, de son côté, table sur la « discipline républicaine » à gauche. Le débat sera plus feutré, une sorte de « **débat de gentlemen candidats** » selon la

* Voir p. 111.

presse, ou de **« grand oral un peu fade entre deux anciens élèves de l'ENA »**[172].

Retenons tout de même cette formule de Lionel Jospin, favorable au quinquennat : **« En somme je voudrais dire en badinant bien sûr, mais avec un fond de sérieux, qu'il vaut mieux cinq ans avec Jospin que sept ans avec Jacques Chirac... ça serait bien long ! »**

Chirac riposte un peu plus loin : **« C'est vrai qu'il y a deux France, et c'est vrai que fracture ou faille, cela s'écarte... C'est vrai qu'il y a [...] de plus en plus de Français qu'on est obligé d'assister ; et que l'autre France est de plus en plus taxée pour permettre d'aider les premiers. C'est un système diabolique et, je m'excuse de vous le dire, mais c'est un système socialiste... »**

Jospin reprend l'offensive sur les comptes de campagne de son adversaire : **« En ce qui concerne le train de vie de l'État, je suis un peu inquiet quand je vois celui de la campagne de Jacques Chirac. Il ne donne pas l'exemple ! »**

François Mitterrand juge avec dédain la prestation des deux prétendants à son trône : **« Chirac n'était pas stimulé, il n'en avait pas l'air. Quant à Jospin, il s'en est plutôt honnêtement tiré [dans] un bon débat de ministres gestionnaires[173]... »**

Dans les derniers virages de l'entre-deux-tours, Lionel Jospin discerne chez son adversaire, soucieux de ne pas effrayer l'électorat de centre-droit, une évolution sémantico-politique annonciatrice de lendemains qui déchantent : **« Le Chirac social-républicain a discrètement quitté la scène et s'est totalement recalé à droite[174]. »**

Juste ce qu'il fallait pour gagner...

« Chirac gagne au Jacques-potes[175] ! »

Résultats du second tour (7 mai 1995)[176]

	Nombre de voix	% des suffrages exprimés
Jacques Chirac	15 763 027	52,64 %
Lionel Jospin	14 180 644	47,36 %
Blancs ou nuls		5, 97 %
Abstention		20,33 % des inscrits

Chirac l'emporte somme toute assez facilement, mais son triomphe est entouré d'un certain scepticisme, jusque dans son entourage.

À l'annonce des résultats, l'intéressé laisse éclater sa joie, inaugure le *gimmick* de la randonnée automobile et médiatisée de l'Hôtel de Ville de Paris (tremplin de sa carrière politique) vers le QG de campagne du « Chi », avenue d'Iéna, puis déclare avec un lyrisme de circonstance qu'il sera **« le Président d'un État vigoureux, impartial, exigeant pour lui-même et soucieux de la bonne utilisation des fonds publics ; d'un État qui n'isole pas ceux qui gouvernent du peuple qui les a choisis ».**

On trouve bien ici ou là un thuriféraire pour dresser un portrait du vainqueur empruntant aux codes de la *tontonmania* : **« Jacques Chirac s'est forgé une culture d'exil impérieuse, lointaine, insatiable [...] c'est un exotique des temps et des espaces peu connus, où il règne en souverain[177]. »**

À l'inverse, on se doutait bien que les félicitations de Charles Pasqua seraient plutôt mesurées : **« J'en suis heureux pour lui, moins pour la France... »**

Sachant déjà qu'il ne sera pas choisi comme Premier ministre, Philippe Séguin lâche, le jour même de la victoire : **« Ce soir**

je fais la fête. Demain, je dors. Après-demain, je rentre dans l'opposition [...] parce qu'avec Juppé, les conneries vont commencer très vite[178]**.** » Le maire d'Épinal s'inquiète en effet de l'avantage pris par son homologue bordelais auprès de Jacques Chirac dans la course à Matignon : « **Quand donc Chirac s'arrêtera-t-il de juppéter**[179] **?** » On retrouvera Philippe Séguin à la fin de l'été, encore plus morose : « **On a l'impression de vivre une fin de septennat, alors que ça fait trois mois qu'il a commencé**[180]**...** »

Malgré la maladie qui le ronge, François Mitterrand s'offre la peine et le plaisir de châtier « **Édouard le Traître** », en recevant très longuement son Premier ministre démissionnaire, le 11 mai 1995 : « **Je l'ai gardé aussi longtemps que j'ai pu. Trente-cinq minutes. Ce fut un vrai supplice pour lui, car il vit très mal son échec. C'est la première fois qu'il n'a pas croisé les jambes pendant un entretien avec moi**[181] **!** »

En dépit du rapprochement opéré contre Balladur, François Mitterrand ne retire pas un mot à sa sentence de 1998 sur Jacques Chirac : « **Cet homme est fou. Il dit et fait n'importe quoi. Il peut se faire élire après moi, mais il sera vite la risée du monde**[182]**.** »

Quant à l'intéressé lui-même, qui a mis en garde les Français dix ans auparavant : « **Je suis loin, malheureusement, d'avoir les qualités d'un homme d'État**[183]**.** » Une fois élu, il continue de laisser transparaître quelques doutes, même un an après sa victoire : « **Je n'arrive pas à être Président**[184] **!** »

2002

« Peur sur les urnes »

A priori, l'élection de 2002 est partie pour ressembler à celles qui l'ont précédée. Comme en 1981 et en 1988, le Président sortant entend bien se représenter, lui qui n'a vraiment gouverné que de son élection (1995) à la désastreuse dissolution de 1997, ainsi commentée par Patrick Devedjian : **« On était dans un appartement avec une fuite de gaz. Chirac a craqué une allumette pour y voir clair[1]. »**

Challenger de Mitterrand en 1988, puis de Balladur en 1995, Jacques Chirac se retrouve dans la position du favori face à Lionel Jospin, Premier ministre durant l'essentiel (1997-2002) du mandat présidentiel ! Les deux hommes se connaissent donc bien et sont aussi différents qu'on peut l'être, l'un manipulateur mais jovial, l'autre intègre mais cassant.

Chirac pense bénéficier de la « prime au sortant » conférée par la majesté de la fonction présidentielle. Lionel Jospin – dont le passage à Matignon a bénéficié d'une réelle embellie économique créatrice d'emplois – occupe la tête des sondages d'intention de vote, mais doit vite faire face à une multiplicité de candidatures de gauche, qui chacune grignote une part de son périmètre politique.

Deux nouveautés importantes marquent ce rendez-vous présidentiel. D'une part, il engagera les Français non plus pour sept mais pour cinq ans, en raison de la loi sur le quinquennat votée en 2000. D'autre part, une ombre plane sur l'élection, celle du candidat du Front national, Jean-Marie Le Pen, dont la cote progresse régulièrement dans les sondages.

Bienvenue dans l'élection de la peur !

« Ce Jospin, je ne le sens pas »

Entre Chirac et Jospin, la cohabitation (1997-2002) n'est pas un chemin semé de roses.

Dans un premier temps, Jacques Chirac s'est résigné à une cohabitation qui possède quelques avantages : **« La cohabitation plaît notamment parce que c'est un système qui ne demande pas que l'on ait la bave aux lèvres et le poing tendu[2]. »**

Cela n'empêche pas ce pronostic du président de la République sur son Premier ministre : **« Il se plantera. C'est la loi de Matignon, et je suis bien placé pour le savoir[3]. »** Ou encore ce commentaire un peu amer sur la *dream team* (Martine Aubry, DSK, etc.) que Jospin a constituée autour de lui au gouvernement : **« Jospin a assez de gens pour lui cirer les pompes, il n'a pas besoin de moi[4]. »**

À la suite de la victoire de l'équipe de France de football à la Coupe du monde 1998, alors que le Tour de France se profile, les poings se resserrent : **« Comment ne serais-je pas satisfait d'avoir un Premier ministre si satisfait de lui et pourtant si modeste ?... Il se prend pour Jacquet-Zidane, c'est une question de dates, dans quinze jours, il se situera entre Jalabert et Jeannie Longo[5]. »**

Confidences non moins amènes de Lionel Jospin, lors de sa nomination à Matignon en juin 1997 : **« C'est terrible à dire, mais j'ai été plus impressionné par le bureau que par son locataire[6]. »** Lors d'un déjeuner avec les membres de son gouvernement, le 4 novembre 1999, Jospin a dû réprimander ses ministres, séduits par la bonhomie du Président : **« Arrêtez d'être sympas avec Jacques Chirac. Chirac n'est pas sympathique, lui. En rien[7]. »**

À partir de la crise de la « vache folle » à l'automne 2000 – où le chef de l'État critique ouvertement l'inertie du gouvernement Jospin en la matière –, les relations entre les deux hommes deviennent exécrables. En témoignent ces jugements du Premier ministre sur son partenaire institutionnel : **« Mitterrand me l'avait bien dit, ce type est un menteur ! Ce n'est pas un homme d'État[8]. »**

« Moi, je gouverne, lui se contente de parler... Chirac est devenu le commentateur numéro un de l'actualité[9]. »

On peut donc croire ce pronostic de Nicolas Sarkozy : **« Entre eux, vous verrez, le combat sera physique. »** Ou cet avertissement à Lionel Jospin d'un fin connaisseur, Édouard Balladur : **« Chirac a tué Chaban-Delmas, il a ensuite tué Giscard, puis il a tué Barre, et enfin il m'a tué. Méfiez-vous[10]... »**

Jospin et Chirac engagent une longue partie de **« cache-candidat »** (Alain Madelin), qui laisse prospérer et se déclarer toutes sortes d'autres candidatures. La **« mascarade des sortants »** (François Bayrou) indigne bien sûr Noël Mamère, candidat des Verts : **« Les grands comiques, faux candidats avec leurs faux nez ! »**

Entre leurs entourages, la lutte sera pareillement rude, Dominique Strauss-Kahn opposant le **« carré d'as »** qui soutient Jospin au **« carré de valets »**[11] qui entoure Chirac.

Embouteillage au portillon présidentiel

Seize candidats en 2002 : un record ! Encore faut-il rappeler que le vieux grognard du gaullisme Charles Pasqua, le poète écologiste Pierre Rabhi, l'humoriste plus tellement drôle Dieudonné M'bala M'bala ou encore l'écrivain pas drôle du tout Renaud Camus ont renoncé à concourir pour n'être pas parvenus à recueillir les cinq cents signatures nécessaires.

À l'extrême droite, le « **Menhir** » du Front national Jean-Marie Le Pen, pour sa quatrième candidature, voit se dresser face à lui son ancien bras droit, le dissident Bruno Mégret, candidat de son groupusculaire Mouvement national républicain (MNR).

Ce dernier, condamné à l'outrance pour se faire entendre, promet de « **remettre la France en ordre** ». L'un de ses clips de campagne, qui le montre en « **Super-Dupont** » sortant de l'ombre pour chasser deux voleurs de voitures, franchit indéniablement un sommet dans le ridicule. Dans un autre, il change de station de radio pour diffuser de la musique classique plutôt que la musique orientale, avec ce commentaire « **Restons maîtres chez nous** », ce qui suscite l'indignation des associations antiracistes.

À côté de son ancien directeur de campagne, Jean-Marie Le Pen, qui brode sur le thème de « **la France retrouvée** », aurait presque des allures centristes. D'ailleurs, son affiche officielle le souligne : « **Je suis socialement à gauche, économiquement à droite, et plus que jamais nationalement de France.** »

À droite, l'ancien ministre Alain Madelin, président de Démocratie libérale (DL) et « **vraie migraine à lui tout seul** » (N. Sarkozy), s'est lancé dès novembre 2000 dans la campagne présidentielle par un coup de com' sous le chapiteau du cirque Zig-Zag, où il s'est présenté comme le candidat « **anti-Jospin** », mais « **à la place de Chirac** ». Puis il propose un *show* à l'américaine lors de son premier grand meeting électoral au cinéma le Grand Rex, le 23 janvier 2002, avec ce slogan publicitaire assorti d'une rime riche : « **Pour vivre avec son temps, Madelin Président !** »

Dans un registre nettement moins avant-gardiste, Christine Boutin, madone des valeurs chrétiennes, et fer de lance des opposants au Pacs en 1999, s'est fait exclure de l'UDF parce qu'elle se présente contre son président, François Bayrou. Certains, comme Philippe de Villiers, laissent entendre qu'elle serait téléguidée par l'Élysée pour affaiblir la candidature du député centriste : **« Boutin est un boudin d'urgence, tels ceux de l'*Erika**[12]... »**

Interrogée à ce propos par LCI le 14 janvier 2002, elle se récrie, toute d'humilité : **« Je ne suis pas dépendante de Jacques Chirac, je suis une femme indépendante, je n'ai pas de militants, je n'ai pas de parti, je n'ai pas d'argent, mais j'ai une très grande richesse qui est ma liberté et je n'aliénerai jamais ma liberté. Quand on a un joyau, on ne le gaspille pas. »**

Autre candidat atypique d'une autre « droite éternelle », Jean Saint-Josse, candidat du parti Chasse, nature, pêche et traditions (CNPT). Porte-parole de la ruralité et des chasseurs, cet ancien membre du RPR devenu député européen en 1999 avoue des ambitions modestes : **« Attention ! Moi je veux rentrer dans mon village après. J'ai rien à vendre, moi, je veux pas [*sic*] être Président. Je veux juste faire passer un message, faire entendre à tous les faux-culs de la politique professionnelle la voix excédée de la France rurale, la France profonde, la France des terroirs et des beaux accents qui chantent comme le mien[13]. »** Néanmoins, le résultat de sa liste aux européennes de 1999 (6,77 %) lui autorise quelques ambitions : **« Si je fais moins d'un million deux cent mille, on peut plier nos gaules et nos fusils ! »**

Maire de Coarraze, dans les Pyrénées-Atlantiques, non loin des terres de François Bayrou, on lui prête (à tort, dit-il) cette boutade à l'encontre de son prestigieux voisin, auteur d'une biographie d'Henri IV : **« Bayrou, c'est Henri IV et demi. »**

---

* Ce procédé avait permis de contenir les nappes de fuel échappées du navire en perdition.

François Bayrou est pourtant le seul candidat en mesure de disputer à Jacques Chirac les voix du centre et de la droite modérée. Son programme est très gaullien : unir « **la droite moderne et la gauche réaliste** » en proposant d'établir « **une France humaine** ». En d'autres termes, selon un de ses proches : « **Si, en plus, nous séduisons les gogos de gauche qui se sont laissé abuser par Chirac en 1995, ce sera tout bénef**[14]**...** »

Début septembre 2001, il entame une tournée de treize semaines dans tous les départements français à bord d'un bus écologique fonctionnant au colza, modestement baptisé *Air Force One*, comme l'avion du président des États-Unis. Jean-Louis Borloo, son porte-parole de campagne, est sûr de la victoire : « **Je suis extraordinairement frappé par la mue de François Bayrou. Il refuse le salmigondis des discours tactiques et le Meccano des petits jeux du microcosme. Il assume, il choisit, il tranche. Il a désormais l'épaisseur d'un Raymond Barre ou d'un François Mitterrand... Il va gagner**[15] **!** »

Pourtant, son démarrage poussif dans les sondages (entre 3 et 5 % après son investiture au congrès d'Amiens en décembre 2001) lui attire des remarques assassines, comme celle-ci, d'André Santini : « **La seule chose qui décolle chez Bayrou, ce sont les oreilles**[16] **!** »

En outre, il est lâché par une bonne partie de l'UDF, à commencer par le maire de Toulouse Philippe Douste-Blazy, qui le prévient courageusement par téléphone : « **Fais gaffe, François. Si Chirac perd, tu en seras tenu responsable pendant vingt ans**[17]**.** »

Mais la détermination de François Bayrou impressionne. Il vient courageusement braver les chiraquiens lors du rassemblement de l'Union en mouvement, le 23 février 2002, sur les terres de Douste-Blazy et lance, provocateur : « **Si nous**

pensons tous la même chose, c'est que nous ne pensons plus rien. »

À gauche, c'est encore plus compliqué. Même chez les trotskistes, Arlette Laguiller, dont c'est la cinquième candidature, est confrontée à deux autres postulants : Daniel Gluckstein, du microscopique Parti des travailleurs (PdT), et surtout le jeune facteur de Neuilly-sur-Seine, Olivier Besancenot, candidat de la Ligue communiste révolutionnaire (LCR)... Ce dernier, révélation du premier tour de la campagne, incarne **« la révolution à visage poupin »**[18].

Interrogé sur son voyage au Forum social mondial de Porto Alegre – qu'il effectue dans le même avion que Noël Mamère et Jean-Pierre Chevènement – le **« facteur-candidat »** explique sur RTL le 31 janvier 2002 pourquoi ils ne se sont pas parlé : **« Ils étaient devant et moi derrière, donc on n'a pu échanger plus de paroles que cela. Même dans l'avion, je continue à faire une campagne en "deuxième classe". »**

Il a du mal à dépasser 1 % des intentions de vote, tandis qu'« Arlette » remplit les salles, explose les sondages, le poing levé et l'*Internationale* à gorge déployée. Cette figure désormais incontournable des présidentielles caracole bientôt à plus de 8 %. Bref, comme l'écrit *Le Canard* : **« C'est Arlette à Malibu ! »** De sorte que Besancenot en appelle à l'unité lors d'un meeting, le 3 avril 2002 : **« Je ne suis pas l'adversaire d'Arlette Laguiller, et on n'est pas à la LCR pour régler, par candidature interposée, un vieux compte entre la Poste et le Crédit lyonnais [où travaille Arlette Laguiller]. »** Un projet d'alliance que DSK commentera ainsi : **« C'est l'union d'un postier et d'une timbrée[19]... »**

Menacé par la poussée de l'extrême gauche, Lionel Jospin, surnommé **« Yo-yo »** ou **« Oui-oui »**, l'est aussi au sein même de sa « majorité plurielle », constituée pour les législatives victorieuses de 1997, mais qui tangue trois ans, après sous le choc des ambitions. D'où de multiples velléités de candidatures, issues du PS et de ses marges, et n'allant pas toutes jusqu'au bout...

François Hollande, premier secrétaire du PS, réussit par exemple à dissuader Jack Lang, ministre de l'Éducation nationale et qui piaffait déjà en 1995*, de récidiver : **« Jack Lang avait toutes les qualités pour briguer la Présidence de la République. C'est pour cela que je l'ai chaudement encouragé à se retirer. »**

Beaucoup plus sérieuse est la candidature de Jean-Pierre Chevènement, dit **« le Che »**, candidat du Mouvement des citoyens (MDC). Il a quitté le gouvernement Jospin en 2000 avec pertes et fracas sur la question corse et entre en lice officiellement le 4 septembre 2001, date symbolique de la proclamation de la IIIe République en 1870 et de l'annonce de la Constitution de la Ve par le général de Gaulle en 1958. Suit un grand discours à Vincennes, le 9 septembre : **« Ensemble nous relèverons la République. Celle-ci sera demain comme hier, si vous le voulez, la force de la France ! »**

Jean-Pierre Chevènement est ambitieux pour sa candidature comme il l'est pour la France, dont il veut faire **« turbuler le système »** : **« Il suffit que j'atteigne en mars la barre des 15 % et que l'un ou l'autre des sortants descende au-dessous de la barre des 20 % pour que le système tout entier entre en turbulence[20]. »**

Crédité de 13 % des voix (sondage Louis Harris, 13 février 2002), il se présente en **« troisième homme »** sur une candidature **« ni de droite, ni de gauche »**. Mais son **« Pôle républicain »** apparaît au chiraquien Philippe Séguin, pourtant proche des idées souverainistes de Chevènement, comme une **« auberge espagnole »**[21].

---

* Voir p. 132.

Il est vrai qu'il agrège aussi bien des personnalités de gauche (Régis Debray, Max Gallo, Edmonde Charles-Roux) que des transfuges de la droite, tel le député européen William Abitbol. Ce dernier porte un jugement glacial sur l'entourage du « Che » : **« Ce doit être le pôle Sud, vu le nombre de manchots qu'on y compte[22]... »**

Quant au socialiste Jean-Christophe Cambadélis, il est vent debout contre cette candidature qui divise la gauche : **« Le souverainisme de Jean-Pierre Chevènement est le même que celui de Jean-Marie Le Pen. »**

Mais une autre trouble-fête se présente, en la personne de Christiane Taubira, candidate du Parti radical de gauche (PRG). Au nom de **« la France fraternelle »** – formule cryptée quand on connaît les liens historiques des radicaux avec la franc-maçonnerie –, son éloquence littéraire tranche avec le reste de la campagne : **« Nous instruirons nos fils des merveilles du respect et de la confiance, nous apprendrons à nos filles les chemins de l'exigence, nous leur enseignerons à tous les secrets de l'audace pour cadencer leur pas à la conquête de mondes aux couleurs de leurs rêves[23]. »**

Ce lyrisme débridé ne l'empêche pas d'être conseillée par l'ineffable Bernard Tapie, ex-président de l'Olympique de Marseille, et dont la métaphore sent bon la Canebière : **« On est une petite usine. Il ne faut pas essayer de pêcher tous les poissons, mais il faut pouvoir dire : "Dans la crevette, je suis la meilleure[24] !". »**

Dans la même catégorie des petites usines (à gaz ?), n'oublions pas l'avocate Corinne Lepage, ancienne ministre du gouvernement Raffarin, et candidate du mouvement Cap 21. Elle s'empresse d'imiter Alain Madelin, en organisant elle aussi un meeting dans un cirque, celui de Lydia Zavatta, le 13 avril 2002. Entre deux numéros de jonglage et de haute voltige, elle s'explique sur France 3, le 13 avril 2002 : **« Nous avons choisi le cirque par référence au cirque médiatique comme au cirque politique.**

Nous sommes dans un cirque, mais nous parlons sérieux. Les autres sont dans des palais, mais ils font du cirque. »

Corinne Lepage s'est choisi une tête de turc : le député-maire de Bègles Noël Mamère, qu'elle qualifie de **« candidat de l'écologie virtuelle »**. Mais l'ancien présentateur-journaliste d'Antenne 2 – bien que choisi en catastrophe par les Verts après le retrait d'Alain Lipietz en novembre 2001 – se révèle excellent communicant. Interrogé en campagne par un petit garçon qui lui demande quand il est devenu écologiste, il répond du tac au tac le 19 avril 2002, révélant une conception tout à fait particulière de la maternité : **« Tout petit déjà dans le ventre de ma maman, je réclamais du bon lait… »**

Il sait aussi durcir le ton lorsqu'il est en visite dans les « quartiers difficiles » en banlieue parisienne, et lance, le 7 février 2002 : **« L'heure est venue de choisir contre ceux qui veulent nous faire subir. »**

Ces airs de faux dur font néanmoins sourire Robert Hue, candidat du Parti communiste français, qui se moque du candidat écologiste… **« dont les coups de gueule irrévocables sont suffisamment dosés pour ne jamais couper les ponts avec le grand frère socialiste[25] ! »**

Même ironie du candidat communiste à l'encontre de Jean-Pierre Chevènement : **« Quels que soient aujourd'hui ses accents gaulliens, il retournera demain au bercail socialiste… »**

Certains reprochent à Robert Hue de ménager Lionel Jospin : **« Hue coco[26] ! »**, l'encourage Frédéric Beigbeder, qui accepte de lui prodiguer ses conseils de communicant. Le très branché publicitaire a conçu les affiches du candidat communiste, et voilà **« Prof »** métamorphosé en **« Robin Hue* »**, **« dernier descendant de Robin des Bois »**… Beigbeder dézingue à tout-va les autres candidats de gauche :

* Un « à-peu-près » qui évoque *Robin Hood* (chez les Robin des Bois en anglais).

Arlette Laguiller ? **« Elle révolutionne dans le vide. »**

Jean-Pierre Chevènement ? **« Il se recroqueville sur sa patrie menacée. »**

Lionel Jospin ? **« Chaque bulletin glissé dans l'urne avec marqué Robert Hue dessus, sera un coup de coude dans les côtes de Lionel Jospin, s'il est élu, pour lui rappeler sa jeunesse, le temps où il croyait encore que la politique ne servait pas à partager la modernité, mais à transformer le monde[27]. »**

Pendant que Beigbeder étrille la gauche, Robert Hue, lui, s'occupe de Jacques Chirac, brocardé lors de sa visite rituelle au salon de l'agriculture en février 2002 : **« Il ne suffit pas de tâter le cul des vaches pour être populaire[28] ! »**

Il faut dire que le Président – ancien ministre de l'Agriculture et longtemps élu d'une circonscription rurale (la Corrèze) – raffole depuis toujours de cette manifestation, et rien ne peut gâcher son plaisir lorsqu'il s'y rend :

Un visiteur (*lui tendant la main*) : **« Bonjour, connard ! »**

Jacques Chirac (*tout sourire*) : **« Enchanté ! Moi c'est Chirac[29]... »**

« Les fauves sont lâchés »

C'est par cette prédiction un brin résignée que le président du Conseil constitutionnel Yves Guéna annonce en conférence de presse le 4 avril 2002 l'ouverture officielle de la campagne présidentielle.

Chevènement appelle au « sursaut républicain », et compare la présidence qui vient de s'écouler avec le règne d'un Mérovingien : **« Un roi fainéant et un maire du Palais*. »**

---

* Sous les Mérovingiens (v^e-viiie siècles ap. J.-C.), le roi, peu actif, était issu de la dynastie de Clovis, et tout le pouvoir était exercé par un maire

Jean-Marie Le Pen fait l'ouverture de la chasse au Chirac-Jospin, trophées majeurs de cet « **établissement** » exécré : « **[C'est une] chasse à courre : il y a deux cerfs qui courent devant moi, et que je voudrais acculer à l'étang[30]...** »

Le candidat d'extrême droite fait émerger la thématique de l'insécurité et axe sa campagne dessus, non sans influer sur d'autres candidats, ce qui le conduit à affirmer, dans une interview accordée au *Monde* : « **Si gouverner c'est prévoir*, c'est à moi de gouverner.** »

Christiane Taubira réagit avec son style inimitable : « **La frénésie sécuritaire de ces temps électoraux nous donne à entendre une parole publique rétrécie parce qu'elle a laissé fuir la lucidité et la générosité.** » Elle retrouve les accents d'Émile Zola pour occuper à sa manière le terrain sécuritaire : « **J'accuse les pouvoirs publics d'avoir déserté les cités et les zones rurales et d'avoir livré les populations vulnérables aux bandits et aux caïds[31].** »

Philippe Séguin souhaiterait, quant à lui, que son champion injecte un peu plus de fond dans sa campagne : « **La République, dans le discours de Jacques Chirac, ne doit pas être une pièce parmi d'autres dans un patchwork, mais une dimension intégrale. Pas une petite pincée de sel républicain à côté d'un peu de sucre ultralibéral. Il faut cuisiner un mets comestible[32].** »

Lionel Jospin s'en prend au bilan du Président, qu'il juge très maigre et met en équation : « **Deux ans de présidence infidèle, cinq ans de présidence passive font sept ans de présidence contestée[33].** » Encore faut-il ne pas aller trop loin. Lionel Jospin se prend lui-même au piège du *off*, lorsque le

---

du Palais, qui allait finir par le renverser et placer les Carolingiens sur le trône. Bref, le rêve de Jospin et le cauchemar de Chirac...

* Citation empruntée à Émile de Girardin, qui fonda le journal *La Presse* en 1836.

10 mars, en marge d'un déplacement, il décrit son principal adversaire en ces termes : **« Il est fatigué, vieilli, victime d'une certaine usure du pouvoir. Il est marqué par une certaine passivité. »**

Le Premier ministre s'est-il laissé contaminer par les vacheries du secrétaire général de l'Élysée à l'encontre de son patron ? En effet, aimablement surnommé **« Néron »** par Bernadette Chirac pour avoir poussé à la dissolution ratée de 1997, Dominique de Villepin définit ainsi sa fonction : **« Je gère le cerveau de Chirac... À supposer que Chirac ait encore un cerveau[34] ! »** Toujours est-il que *Le Parisien* titre immédiatement **« Jospin s'en prend à l'âge de Chirac »**, et le chef de l'État réagit de manière faussement indignée* : **« C'est une technique qui s'apparente un peu au délit d'opinion, même presque au délit de sale gueule[35]... »** S'ensuit le repli un peu honteux du Premier ministre, qui s'avoue « désolé » : **« Ce n'est pas moi, cela ne me ressemble pas[36]. »**

Jacques Chirac, de son côté, joue sur un autre registre beaucoup plus payant : au quartier du Val-Fourré de Mantes-la-Jolie le 4 mars 2002, il dénonce **« une culture de la permissivité et du laxisme »**. Puis à Lille, le 18 avril suivant, il déclare, sur le ton de l'évidence : **« Le gouvernement socialiste a laissé s'aggraver la violence. Je veux donner un coup d'arrêt à l'insécurité. »**

En matière de lutte contre l'insécurité, c'est de manière un peu inattendue le candidat centriste François Bayrou qui applique la tolérance zéro et une paire de gifles à un jeune garçon qui tentait de lui faire les poches lors d'un déplacement à Strasbourg (le 8 avril 2002). Il s'en justifie sans état d'âme : **« J'ai agi en père de famille. »**

C'est le point d'orgue de sa campagne, partie de très bas et qui le porte en position de « troisième homme » à la veille

---

* À l'instar de Lecanuet contre de Gaulle en 1965, Chirac avait lui-même tenu des propos comparables à l'encontre de Mitterrand en 1988.

du premier tour, avec cette ambition nouvelle et cette formule incantatoire, comme il les affectionne : **« Il ne suffit pas de changer le gouvernement, il faut changer la manière de gouverner[37]. »**

Lionel Jospin, qui fait encore la course en tête début avril, redoute plus cette position qu'il ne la souhaite. Sa campagne a connu bien des ratés, à commencer par cette formule mal reçue par sa base électorale, et prononcée le jour même de son annonce de candidature : **« Je suis socialiste d'inspiration, mais le projet que je propose au pays n'est pas socialiste[38]. »**

Riposte immédiate de Georges Sarre, soutien historique de Chevènement : **« Lionel Jospin n'est pas à gauche, il est au marché[39]. »**

Même tonalité le 3 avril 2002 chez Arnaud Montebourg, déjà amateur de formules : **« Le programme de Jospin ? C'est le programme de Bayrou en moins bien ! Je l'ai dit à ma femme : "Vote Jospin, tu seras carrément à droite !" Bayrou, c'est un peu centriste. »**

Pierre Mauroy, *alias* **« Rougeaud de Lille[40] »**, s'en désole également, sur l'air de : **« Il y a un problème. Tu ne cites pas le mot "ouvrier". »**

Ensuite, Lionel Jospin est embarrassé par son passé militant au sein de l'Organisation communiste internationaliste (OCI), entamé dans les années 1960 et poursuivi même après son adhésion au PS : **« Il s'agit là d'un itinéraire personnel, intellectuel et politique dont je n'ai eu en rien à rougir... Je croyais que cela n'intéressait personne[41]. »**

Commentaire amusé du **« facteur-candidat »** Olivier Besancenot en meeting à la porte de Versailles, sous le regard de Monseigneur Gaillot et du comédien Philippe Caubères, le 13 avril 2002 : **« L'extrême gauche n'a jamais été aussi**

importante dans une élection présidentielle. Tellement forte que même Lionel Jospin – c'est vous dire – est obligé de se souvenir depuis quelques jours qu'il y a un électorat de gauche. »

Résultat des maladresses jospinistes et des divisions de la gauche : le candidat socialiste dégringole à 17 % une semaine avant le scrutin ! Ses soutiens s'affolent et bidouillent le vieil axiome – « On choisit au premier tour et l'on élimine au second » – dans le sens du non moins fameux « vote utile », ce qui donne chez DSK : **« On choisit le Président dès le premier tour ! »**

Mais, à trois jours du scrutin, Jean-Pierre Chevènement persiste à renvoyer dos à dos Chirac et Jospin et, jouant sur leur commun désir de garder le pouvoir, il les traite de **« candidats de la reconduction »** à tous égards : **« Entre Chirac et Jospin, il n'y a pas l'épaisseur d'un papier d'Alain Duhamel ! »**

Sa cible préférée reste le Président, et il adresse un clin d'œil appuyé aux concepteurs de **« Supermenteur »**, marionnette de Chirac qui fait fureur aux *Guignols de l'info* : **« Le Fregoli de l'Élysée, qui n'en a jamais été à une énormité, à un mensonge ou à un déguisement près, revêt à la demande l'uniforme du premier flic de France, la panoplie du parfait écologiste, la blouse et les bottes du paysan, la tenue bleu horizon du patriote. C'est le parfait caméléon qu'il a toujours été. Les pigeons ont-ils la mémoire courte ? Jacques Chirac avouait récemment que son héros préféré était Cyrano. À cause du nez peut-être mais le sien n'est pas celui de Cyrano, c'est celui de Pinocchio qui s'allonge à chaque nouveau mensonge... »**

... **« Le Che »** n'épargne pas plus cet **« austère qui se marre »**, dont il fut le camarade de parti et le ministre : **« À l'école de "Supermenteur", Lionel Jospin a progressé à pas de géant.**

Le front du démagogue jovial perce désormais en maints endroits le masque de l'austère[42]. »

Bruno Mégret, en meeting à Marseille le 13 avril 2002, les voit en « **politiciens interchangeables** », et sulfate bien au-delà…

À gauche d'abord : « **Il y a trois candidats trotskistes. Non, quatre avec Jospin. C'est vrai qu'il est moins sexy qu'Arlette ! Pour les besoins de l'élection, le loup socialiste s'est fait agneau-candidat, mais sous la peau de mouton, pointent les oreilles du loup.** »

À droite, Jacques Chirac est sa cible de prédilection : « **L'homme qui a passé les cinq dernières années de son septennat à regarder passer les réformes socialistes, comme les vaches regardent passer les trains.** »

Sans oublier son principal adversaire, Jean-Marie Le Pen, décrit en « **candidat de la gauche plurielle déguisée** » : « **Le Pen, parce qu'il a un compte personnel à régler avec Chirac, veut faire passer Jospin qui va régulariser les clandestins.** »

Mais le Breton du Front national a le vent en poupe, surfant comme toujours sur la vague des inquiétudes et de la protestation : « **Si vous trouvez que tout va bien et que demain cela ira encore mieux, alors votez Chirac ou Jospin, c'est la même chose ! Si en revanche vous craignez pour votre avenir, celui de vos enfants et celui de la France, je suis le seul candidat qui soit en mesure d'être au deuxième tour et de pouvoir ainsi changer la vie[43].** »

Dans ces conditions, comment ne pas saluer des paroles aussi prophétiques que celles de Robert Hue, qui encourage avec aplomb à voter pour lui sans nul risque pour la gauche, puisque, à l'en croire, « **il n'y a pas de danger Le Pen** » ?

C'est aussi l'opinion de Bruno Mégret, qui évoque déjà la retraite politique de son ancien mentor, la place qu'il laissera et qu'il guigne : **« C'est sa dernière élection. Au lendemain de dimanche, l'élection est finie, c'est fini pour lui ! Soyons sérieux pour le deuxième tour[44]. »**

Mais la palme du pronostic raté revient sans conteste au socialiste Julien Dray, qui plastronne devant les caméras de télévision, juste avant le premier tour du 21 avril 2002 : **« L'affaire est pliée, avant même d'avoir commencé... pour Chirac ! Elle est pliée pour lui, elle est gagnée pour nous. On sera devant lui, je prends les paris ! »**

Résultats du premier tour (21 avril 2002)[45]

Candidats	Nombre de voix obtenues	% des votants
Jacques Chirac (Rassemblement pour la République)	5 666 440	19,88 %
Jean-Marie Le Pen (Front national)	4 805 307	16,86 %
Lionel Jospin (Parti socialiste)	4 610 749	16,18 %
François Bayrou (Union pour la démocratie française)	1 949 436	6,84 %
Arlette Laguiller (Lutte ouvrière)	1 630 244	5,72 %
Jean-Pierre Chevènement (Mvt des citoyens)	1 518 901	5,33 %
Noël Mamère (Verts)	1 495 901	5,25 %
Olivier Besancenot (Ligue communiste révolutionnaire)	1 210 694	4,25 %
Jean Saint-Josse (Chasse, pêche, nature et traditions)	1 204 863	4,23 %
Alain Madelin (Démocratie libérale)	1 113 709	3,91 %

Candidats	Nombre de voix obtenues	% des votants
Robert Hue (Parti communiste français)	960 757	3,37 %
Bruno Mégret (Mouvement nationaliste révolutionnaire)	667 123	2,34 %
Christiane Taubira (Parti radical de gauche)	660 576	2,32 %
Corinne Lepage (Cap 21)	535 837	1,88 %
Christine Boutin (Forum des républicains sociaux)	339 142	1,19 %
Daniel Gluckstein (Parti des travailleurs)	132 702	0,47 %
Abstention	11 698 330	28,4 % des inscrits

« Votez escroc, pas facho* ! »

La **« petite surprise »** qui fait la joie (puis l'inquiétude) de Jean-Marie Le Pen, qualifié pour le second tour, provoque un séisme dans l'opinion.

Au soir du 21 avril, la réaction la plus émouvante vient du centriste Jacques Barrot, partisan de Jacques Chirac, qui ne peut retenir ses larmes devant les caméras de France 3 : **« C'est dur pour des gens comme moi, qui font de la politique avec leurs tripes [...]. Et pour la France, merde ! »**

C'est un cataclysme pour les partis traditionnels de gauche (PS, PCF), une déception pour le turbulent **« Che »**. Commentaire désabusé du premier secrétaire du PS, François Hollande : **« La gauche plurielle c'est bien... sauf quand elle est trop plurielle... »**

* Slogan lors de la manifestation du 1er mai 2002.

La seule solution pour les socialistes, s'ils veulent empêcher la victoire de l'extrême droite, consiste pour eux à se rallier au second tour à la candidature de « **Supermenteur** ». D'où ce constat amer dans l'entourage de François Hollande : « **On aura réussi l'exploit de faire réélire le plus mauvais président de la Ve République. Et en plus, ce Président sera le mieux élu de la Ve**[46]**.** »

Dans le camp chiraquien, l'élimination de Lionel Jospin au premier tour est une divine surprise, que seule Bernadette semblait avoir prévue, si l'on en croit son mari : « **C'est incroyable ! Il n'y a que Bernadette qui avait vu venir le coup ! Depuis quinze jours, elle me disait que Le Pen ferait un gros score et que je me retrouverais au second tour face à lui**[47]**.** » Épaté par sa « **tortue** », il lâche ce compliment : « **Ma femme est un homme politique**[48] **!** »

L'une des premiers petits plaisirs que s'accorde Jacques Chirac est un coup de fil à François Bayrou, au soir même du premier tour. La grande classe : « **Allô, François ? Je voulais te dire que je t'emmerde**[49] **!** » Autre grande satisfaction, dans le même registre : « **On a quand même bien niqué les socialistes**[50] **!** »

Puis, avec la gravité qui sied à l'homme d'État convoqué par l'Histoire : « **Ce qui se passe est très grave. Personne ne peut s'en réjouir**[51]**.** »

« **C'est le combat de toute ma vie ! C'est un combat moral**[52] **!** »

Le souci pour Chirac vient moins des sondages – tous les instituts le créditent d'un score supérieur à 75 % – que de la tenue du débat télévisé devenu rituel entre les deux finalistes. Comme Roselyne Bachelot ou Michèle Alliot-Marie, imprudemment engagées dans l'acceptation du combat, le député de Paris Claude Goasguen conseille à Jacques Chirac d'affronter Jean-Marie Le Pen : « **On aurait tort de redouter Le Pen. Il**

a en effet un péché : il a besoin d'apparaître respectable. Quand on lui passe la brosse, c'est un mouton. Quand on lui rentre dedans, c'est un tigre[53] **! »**

Mais Jacques Chirac refuse finalement un débat où il n'y aurait que des coups à prendre : **« Face à l'intolérance et la haine, il n'y a pas de transaction possible, pas de compromission possible, pas de débat possible**[54]**. »**

Oubliées les manœuvres d'approche de ses entourages – Pasqua en tête – auprès de Le Pen entre les deux tours de la présidentielle de 1988 ! Le candidat multiplie dans son discours de Rennes les envolées lyriques : **« La République ne transige pas quand l'âme même du peuple français est en question ! »**

Donc pas de duel télévisé, mais une mobilisation spectaculaire entre les deux tours, avec des manifestations monstres contre l'extrême droite dans toutes les grandes villes, notamment les 27 avril et 1er mai. Un mouvement, lancé par des militants de gauche et d'extrême gauche sur Internet, invite à aller voter pour Jacques Chirac malgré tout : **« Avec des gants ou une pince à linge sur le nez ! »**

Comme cette mobilisation vient plutôt de la gauche, cela embarrasse un peu Roselyne Bachelot et les caciques du chiraquisme : **« La meilleure des manifestations, c'est le bulletin "Jacques Chirac" le 5 mai**[55]**. »**

Le Pen qui, au soir du premier tour, avouait **« se délecter à l'avance »** du débat télévisé qui l'opposerait à Chirac, dénonce bien sûr la **« piteuse dégonflade »** d'un adversaire qui s'est dérobé au duel. Il lance depuis le siège du FN à Saint-Cloud… **« un appel à un véritable rassemblement national contre le front populaire que Chirac essaie de mettre en place pour se sauver et échapper aux juges »**. Dans la grande tradition de l'extrême droite populiste, il dénonce **« le syndicat général**

des mafias, des lobbies, les syndicats politiciens et économiques de tout poil[56] ».

Il espère cette fois-ci une « **grande surprise** » au second tour, et exhorte dans ce sens l'électorat qu'il veut mobiliser : « **N'ayez pas peur de rêver, vous, les petits, les sans-grade, les exclus !** »

La suite de son appel s'écarte de la tirade de *L'Aiglon* (Jean Rostand) pour venir piétiner franchement sur les plates-bandes d'un PCF démonétisé par sa participation gouvernementale et disqualifié par les urnes (3,37 %) : « **Vous les mineurs, les métallos, les ouvrières et les ouvriers de toutes les industries ruinées par l'euromondialisme de Maastricht... Vous les agriculteurs aux retraites de misère et acculés à la ruine et à la disparition, vous aussi qui êtes les premières victimes de l'insécurité...** »

Fort de ce potentiel électoral, le chef du Front national l'assure : « **En dessous de 30 % des voix, ce serait un échec personnel**[57]**.** »

Quant aux manifestants anti-Le Pen, il leur donne ce conseil lors de son dernier grand meeting à Marseille : « **Qu'ils aillent voter avec une casserole sur la tête, ils auront ainsi l'air de ce qu'ils sont !** »

Le chef de l'État en prend aussi pour son grade dans une diatribe où Le Pen retrouve les accents poujadistes des débuts de sa carrière politique, dépeignant son adversaire en « **Parrain des clans qui s'offrent la belle vie avec l'argent des Français** »...

Chirac, accusé sans relâche de « **traîtrise** » par Le Pen, répond en convoquant le souvenir de l'Occupation, attaquant une extrême droite dont « **les dirigeants assument aujourd'hui avec arrogance un passé de honte, de lâcheté, de compromission et de trahison**[58] ».

Résultats du second tour (5 mai 2002)[59]

Candidats	Nombre de voix obtenues	% des votants
Jacques Chirac	25 537 956	82,21 %
Jean-Marie Le Pen	5 525 032	17,79 %
Blancs ou nuls	1 769 307	
Abstention		19,6 % des inscrits

Un « Président miraculé[60] »

Jacques Chirac obtient la plus large victoire de notre histoire présidentielle, toutes Républiques confondues, explosant même le score de Louis-Napoléon Bonaparte, qui n'avait obtenu aux présidentielles de décembre 1848 « que » 74,2 % des suffrages…

Le Président réélu, euphorique, l'assure avec emphase : **« J'ai entendu et j'ai compris votre appel pour que la République vive, pour que la nation se rassemble, pour que la politique change[61]. »**

Mais en fait, qu'est-ce qui change, si ce n'est la création de l'Union pour la majorité présidentielle (UMP) à laquelle s'était attelé l'ancien giscardien Jean-Pierre Raffarin ? Son concours actif lui rapporte le poste de Premier ministre mais, dans son **« équipe de pur-sang[62] »**, divers ministres ne tardent pas à ruer contre **« Jean-Pierre Ne-Fait-Rien »** (Nicolas Sarkozy), qualifié par un autre poids lourd du gouvernement (Dominique de Villepin) de **« Raffa-Rien »**…

En attendant d'être traité de **« sale petit trou du cul[63] »** (par Jean-Louis Borloo), le chef du gouvernement régale d'emblée l'hémicycle avec l'une de ses plus célèbres **« raffarinades* »** : **« Notre route est droite, mais la pente est forte[64] ! »**

---

* Référence aux « *papinades* », gestes techniques spectaculaires de l'attaquant international de l'OM, le footballeur Jean-Pierre Papin, prénommé comme le Premier ministre Raffarin.

Inchangées, les invectives que s'envoient quelques jours plus tard Marine Le Pen, la fille de son père, et Jean-Luc Mélenchon, alors membre du Parti socialiste, en guise de bilan d'élections aussi largement perdues par les socialistes au premier tour que par le FN au second :

Marine Le Pen : **« Qui a contribué à faire croire aux Français que l'intégralité des hommes politiques étaient malhonnêtes ? C'est vous ! »**

Jean-Luc Mélenchon : **« Moi ? Moi ? Moi ? Mais qui elle est celle-là ? Qu'est-ce que j'ai fait, moi[65] ? »**

La suite au prochain épisode...

2007

Bonaparte face à Jeanne d'Arc

L'élection de 2007 se présente d'abord comme celle du renouveau, après quatorze ans de mitterrandisme et douze de « chiraquie ». D'abord, les présidentielles reviennent vite, puisque l'on est passé au régime du quinquennat. De plus, une nouvelle génération accède au vote, et l'on note un *boom* des inscriptions sur les listes électorales*. Ce renouvellement générationnel se traduit dans le casting des candidats, car seuls quatre des douze postulants en lice étaient déjà là cinq ans plus tôt ! On trouve dans cette « bande des quatre » les doyens des extrêmes – Arlette Laguiller et Jean-Marie Le Pen, tous deux issus de la promotion 1974 – plus le benjamin surdoué Olivier Besancenot, sans oublier le centriste François Bayrou, qui se rêve en rassembleur des Français.

Les autres ne sont certes pas des inconnus : l'écologiste Dominique Voynet et la communiste Marie-Georges Buffet ont fait partie du gouvernement de « gauche plurielle » de Lionel Jospin. Viennent s'ajouter deux croisés de l'antimondialisation, José Bové et Philippe de Villiers, dissemblables au possible, ainsi que deux petits nouveaux issus du terroir, le trotskiste Gérard Schivardi et le chasseur Frédéric Nihous, là aussi de styles très différents.

---

* On compte 1,8 million d'inscrits supplémentaires sur un an, et 3,3 millions d'électeurs supplémentaires par rapport à 2002.

À quelques mois de l'élection, l'incertitude règne encore pour connaître les candidats des deux grands partis pouvant seuls prétendre au pouvoir : situation inédite sous la Ve République… Mais bientôt va se former le couple vedette et inédit « Sarko-Ségo », invités d'honneur au grand banquet électoral.

On installe la Cène pour les douze apôtres

Le doyen de la campagne est encore Jean-Marie Le Pen, presque octogénaire, mais toujours « bon pied bon œil », et plus excité que jamais à l'idée de retourner dans l'arène pour combattre **« Sarko la girouette »** et **« Ségo la gaffette »** : **« À la pensée du combat qui nous attend, je me sens rajeunir, je n'ai même jamais été aussi jeune[1]. »**

En confiance depuis son score de 2002, et toujours friand de provocations, c'est à Valmy, le 20 septembre 2006 – date et lieu emblématiques entre tous de l'histoire républicaine – qu'il lance sa campagne **« Révolution bleu, blanc, rouge »**, inspirée par sa fille et nouvelle « boîte à idées » Marine, sur un air de *Marseillaise* et des paroles… d'Alain Soral : **« Si j'ai choisi Valmy, c'est qu'à travers ces diverses épopées, je crois à la continuité de la grandeur de notre peuple. De Gergovie à la Résistance en passant par la monarchie capétienne et l'épopée napoléonienne, je prends tout ! Oui, tout ! »**

En guise d'apéritif pour le festin de bons mots et de « boules puantes » que sera cette nouvelle campagne, le discours de Valmy est un véritable tir aux pigeons qui n'épargne personne :

« D'un côté Royal, ou le changement par le recours au féminin, et j'oserai dire, tant c'est visible sinon risible, le féminin pour tout changement… »

… **« De l'autre, Sarkozy la rupture, une rupture dans le ton assurément, mais dans le ton seulement ! »**

« À gauche, le joufflu Besancenot, révolutionnaire-fonctionnaire, qui doit passer plus de temps à tracter dans les manifs qu'à distribuer son courrier, préposé au bac à sable des post-ados gauchistes » ;

« À droite, le vicomte islamo-pourfendeur de Villiers, caricature sponsorisée de ce qu'il croit être Le Pen, là, pour tenter de diviser et rabattre les voix des nationaux trahis à Sarkozy. »

« Enfin, au milieu, pour parachever le tableau, François Bayrou, préposé au report des voix centristes – ce fameux "mystère des voix centristes" – dont la seule fonction fut toujours d'aller se vendre au plus offrant, un coup à droite, un coup à gauche selon le ballottage, et ce dans le seul but d'assurer à un parti inexistant un ou deux postes de ministres ! »

Chacun en prend pour son grade, comme toujours avec Le Pen. Sur son clip de campagne, tribun immergé dans la foule (où apparaît au passage la jeune Marion Maréchal-Le Pen), le **« Menhir »** en appelle **« au bonheur retrouvé d'être Français »**, et **« invite au printemps de la France »** (16 avril 2007).

Le ton est donné, comme sur les affiches imaginées par Marine, qui déclinent une série de thèmes (« national », « ascenseur social », « assimilation », « laïcité ») associés à chaque fois au slogan : **« Ils ont tout cassé ! »** L'une de ces affiches fait couler beaucoup d'encre parce qu'elle présente une jeune métisse... Mais comme on ne se refait pas, Jean-Marie Le Pen répond du tac au tac à un journaliste qui lui demande quel premier voyage à l'étranger il ferait s'il était élu Président : **« Montfermeil[2]... »**

À rebours des relents racistes et xénophobes, le candidat des écologistes José Bové ne croit pas à cette ébauche de dédiabolisation, et parodie la formule frontiste d'un slogan : **« On va tout réparer ! »**

Dans la surenchère populiste, Le Pen doit croiser le fer avec le vicomte de Villiers, candidat du Mouvement Pour la France (MPF). « **L'agité du bocage***[3] » a été le premier à se déclarer (le 11 septembre 2005), avec le credo suivant : « **Quand on va m'entendre et que l'on va me voir, ça va se voir et ça va s'entendre**[4] **!** »

De Villiers entame un tour de France ponctué de déclarations fracassantes et de clips énervés : « **La France à 100 %, ce n'est pas le CAC 40, les technocrates de Bruxelles, les gnomes de Francfort ou de l'ONC, ce sont les Français qui souffrent, qui voient ahuris autour d'eux l'usine qui se démonte, la mosquée qui s'installe, le porte-monnaie qui se vide et les politiciens qui pérorent, qui promettent, qui trahissent, qui mentent, qui se trompent et qui nous trompent !** »

Le créneau anti-européen est également guigné par Frédéric Nihous (CPNT), dont le directeur de campagne n'est autre que Jean Saint-Josse, candidat à la précédente élection**. Opposant « **l'écologie des ruraux à l'écologie des bobos** », la principale cible de ce grand chasseur est donc « **l'écologie à la sauce verte, à la sauce Voynet ou à la sauce Hulot, une écologie punitive qui va faire des zones rurales des réserves d'Indiens**[5] ».

À gauche, aux marges du PS, on s'achemine comme en 2002 vers une myriade de candidatures, d'autant que certaines n'ont pas si mal marché la fois précédente…

Nicolas Hulot, crédité de plus de 11 % dans les sondages d'intentions de vote, se contente de faire signer son pacte écologique par les principaux candidats, le 31 janvier 2007 : son renoncement précoce, ainsi que son peu de goût pour les agapes, lui valent d'être qualifié de « **commandant couche-tôt** »…

* En référence au surnom jadis donné à Sartre et au paysage dominant dans son fief vendéen. Le philosophe français avait été traité par L.-F. Céline d'« agité du bocal ».

** Voir p. 155.

Nicolas Hulot laisse donc le champ libre à Dominique Voynet pour représenter les Verts. Mais celle qui ambitionne d'être **« la surprise du 22 avril »** (date du premier tour) ne décolle pas dans les sondages.

C'est qu'en matière d'écologie politique, Dominique Voynet est rudement concurrencée par José Bové, candidat indépendant. Condamné à quatre mois de prison pour avoir fauché du maïs transgénique, il se flatte d'être **« le premier prisonnier politique à être en même temps candidat à l'élection présidentielle ! »**. Il a en effet lancé sa campagne présidentielle dans l'arrière-pays marseillais quelques heures à peine après sa condamnation, ce qui l'autorise à un jeu de mots subtil : **« Ce soir, ou j'étais au bagne, ou j'étais à Aubagne[6] ! »** Il se montre pragmatique – voire flegmatique – quant au risque d'incarcération encouru : **« Ça réglera le problème du QG de campagne[7]. »**

Conseillé par le très médiatique Karl Zéro, qui sort pendant la campagne un documentaire intitulé *Ségo et Sarko sont sur un bateau*, Bové l'altermondialiste crève l'écran avec sa moustache de Gaulois et ses diatribes contre la malbouffe et **« la France à deux vitesses »**.

Avec la candidature de José Bové, on frise la saturation à gauche ! Mais voilà qu'arrive encore Marie-Georges Buffet, la candidate choisie par le PCF pour effacer les désastres électoraux de Robert Hue, et qui entend représenter **« la gauche de combat et de responsabilité »**. Pour son premier grand meeting au Zénith, **« Buffet de campagne »** gomme toute référence au communisme, mais garde toute sa combativité, se souvenant qu'elle a été ministre de la Jeunesse et des Sports au moment de la Coupe du monde de football de 1998 : **« C'est avec la même soif de "gagne" que je suis ici ce soir[8]. »**

Elle renvoie dos à dos les deux favoris de la compétition, **« Sarko »** et **« Ségo »**... **« Celui qui se fait passer pour un**

agneau et celle qui en porte devant les caméras* ! » Des deux, la communiste n'oublie pas que c'est le candidat de la droite qu'il lui faut battre à tout prix, car il est « **héritier de ceux qui ont dénoncé les "salopards en casquette" lors du Front populaire** ».

À l'extrême gauche, l'inoxydable Arlette Laguiller entame un sixième et dernier tour de piste, toujours au nom de Lutte ouvrière, et forte de son bon score en 2002. « **Mes idées n'ont pas pris une ride[9] !** », affirme celle que le psychanalyste Gérard Miller appelle « **la fille cachée que Trotski a eue avec Nounours[10]** ».

« Arlette » conserve donc son fameux *gimmick* – « **Travailleuses, Travailleurs !** » – mais avec un nouveau slogan, pour l'augmentation de tous les salaires, en référence à la finale de la Coupe du monde 1998 : « **Et un, et deux, et trois... cents euros !** »

Face à elle, Olivier Besancenot, révélation de 2002, séduit les militants avec son slogan de campagne : « **Nos vies valent plus que leurs profits !** »... ou avec des petites phrases bien senties comme : « **Moi, mon drapeau, c'est plutôt le drapeau rouge... Ma carte d'identité, c'est ma fiche de paie[11].** »

Mais la casquette (de facteur) de ce révolutionnaire n'impressionne plus depuis longtemps le camarade Mélenchon, venu lui aussi du trotskisme : « **Il ne faut pas confondre les chars de l'Armée rouge avec la bicyclette d'Olivier Besancenot[12].** »

Enfin, il y a le petit nouveau, Gérard Schivardi, du Parti des travailleurs (PdT), un ancien du parti socialiste (PS) qui se présente comme « **le candidat des maires**** », faisant le bonheur des chansonniers et des caricaturistes avec sa carrure de rugbyman, son accent rocailleux et son goût pour le vin rouge.

C'est le trop-plein à gauche, à qui il manque un « petit caporal » !

---

* Le 14 janvier 2007, Ségolène Royal se fait photographier avec un agneau dans les bras en Poitou-Charentes.

** Il est en effet maire de Mailhac, dans l'Aude, mais ce slogan sera sanctionné et les affiches interdites par la commission de contrôle de la campagne.

Déjà « Sarkoléon » perçait sous « Bonainparte »...

Nicolas Sarkozy, qui cumule des fonctions de premier plan tant au sein du gouvernement que de l'UMP, ne fait pas mystère de ses intentions présidentielles. Il les exprime alors que Jacques Chirac n'a pas encore atteint la moitié de son second mandat...

Au journaliste Alain Duhamel, qui lui demande le 20 novembre 2003 s'il lui arrive – à l'instar de Laurent Fabius – de penser à l'élection présidentielle le matin lorsqu'il se rase, Nicolas Sarkozy répond sans détour : **« Pas simplement quand je me rase. »**

Aussi amuse-t-il fort le microcosme, au point de remporter haut la main le prix Press Club 2005 « Humour et politique » avec cette simple déclaration : **« Je ne suis candidat à rien ! »**

Son engagement ultralibéral irrite la gauche, et notamment le communiste Robert Hue : **« Si Bush et Thatcher avaient fait un enfant ensemble, ils l'auraient appelé Sarkozy[13]... »**

Mais la cote de popularité de **« Sarko »** ne cesse de grimper dans les sondages, au rythme de ses coups d'éclat médiatiques. À La Courneuve, le ministre de l'Intérieur bombe le torse le 20 juin 2005 : **« Les voyous vont disparaître. Je mettrai les effectifs qu'il faut, mais on nettoiera la cité des 4 000 ! »** Une dizaine de jours plus tard, de retour au même endroit, il lâche : **« Le terme "nettoyer au Kärcher" est le terme qui s'impose, parce qu'il faut nettoyer cela. »** Le 26 octobre 2005, alors qu'il est insulté par des jeunes d'une cité à Argenteuil, il déclare à un habitant du quartier : **« Vous en avez assez, hein ? Vous avez assez de cette bande de racailles ? Eh bien on va vous en débarrasser ! »**

Certains dans son entourage s'inquiètent de cette débauche d'énergie : **« Nicolas pilote son action et sa carrière sans connaître l'usage du frein et à peine celui du volant[14]... »**

Sa démagogie de fier-à-bras se révèle néanmoins payante : au lendemain des émeutes de la fin octobre 2005, un sondage Ipsos indique que 68 % des personnes interrogées lui sont favorables. Jacques Chirac, qui ne lui pardonne toujours pas d'avoir choisi Balladur en 1995, tente bien de rassurer Villepin en janvier 2006 : « **Nicolas Sarkozy ne sera pas élu tout simplement parce qu'il n'a pas les qualités pour ça.** »

Paradoxalement, la seule chiraquienne alors favorable à Sarkozy n'est autre que… la propre femme du Président, qui lui adresse ses plus affectueux encouragements : « **Heureusement qu'on vous a ! Et, en plus, je suis sincère**[15]**.** »

À l'inverse, la majeure partie du camp chiraquien continue de l'affubler de surnoms comme « **Bonainparte** », « **le petit salaud** », « **le petit enculé** » – dixit Jacques Chirac lui-même –, ou « **le nain** » selon Dominique de Villepin.

D'autres ressuscitent « **le Shadok des Carpathes** » utilisé par un Charles Pasqua très en colère de s'être fait souffler la mairie de Neuilly en 1983 et d'être passé pour un « **Niqué Maousse** »…

Mais Dominique Galouzeau de Villepin – celui « **qui porte un nom de cheval de course, mais n'a jamais couru** », selon le socialiste François Loncle – se laisse embarquer dans les méandres de l'affaire *Clearstream*. Au début, « **Galouzeau** » jubile en découvrant des listings qui semblent impliquer Sarkozy dans une affaire de fraude fiscale à grande échelle : « **On le tient, le nain ! Il ne survivra pas**[16] **!** »

Mais Nicolas Sarkozy écume et promet de se venger avec éclat : « **Le salopard qui a inventé et monté cette affaire, il finira sur un croc de boucher**[17]**.** »

La falsification apparaît assez rapidement, et Sarkozy rétablit vite la situation à son avantage : Dominique de Villepin, très affaibli par l'affaire *Clearstream* comme par l'échec du Contrat première embauche (CPE), se voit contraint de remiser *sine die* ses ambitions présidentielles. Le Premier ministre, chahuté par la jeunesse en révolte, a beau fanfaronner – « **Nous sommes en 14, c'est la guerre des tranchées ! Moi, j'ai des couilles !** » –, Sarkozy se fait un plaisir de rappeler « **Galouzeau** » à ses origines nobiliaires : « **En France, ce ne sont pas les couilles qu'on coupe, mais la tête[18]...** »

Le chef de l'UMP, désormais seul en lice, se porte candidat dans une interview à la presse régionale le 29 novembre 2006. Villepin est bien dépité : « **Ce que les Français veulent, c'est un Ben-Hur sur son char, pas ce nabot de Sarko qui passe son temps à inaugurer des usines de Ricin[19].** »

Et pourtant Sarkozy, investi par 98,1 % des suffrages de l'UMP le 14 janvier 2007, a le vent en poupe. Il avait d'ailleurs confié son assurance au journaliste Denis Jeambar dès février 2006 : « **Tu sais, dans un an je serai élu président de la République, ça ne fait aucun doute. Mais j'étonnerai tout le monde. Je transformerai le pays en un immense chantier et je n'effectuerai qu'un mandat. Après, je ferai du fric[20].** »

Même conviction un an plus tard, en tournée électorale à La Réunion, le 16 février 2007 : « **Cette campagne, je commence à pas trop mal la sentir...** »

Et de fait, il s'y entend pour séduire et rassembler ses partisans. Son directeur de campagne David Martinon exprime son addiction après avoir basculé dans « **une drogue dure à accoutumance immédiate[21]** », drogue douce dans les délires de Bruno Beausir – *alias* Doc Gynéco –, drogue de laquelle il peine à se désaccoutumer : « **Sarkozy, il fait plaisir à la France comme on fait plaisir à nos meufs. C'est une chouette carotte[22].** »

Ce genre de médication n'est pas du goût de Philippe de Villiers qui commente ainsi l'université d'été de l'UMP : « **Mister Sarko et Doc Gynéco, bras dessus-bras dessous, c'est la com et la came[23] !** »

Autre forme d'addiction, cette contrepèterie signée Roselyne Bachelot, pour qui Sarko est « **L'élu de mon camp[24] !** »

Addiction partagée pour la **« petite reine »**, qui fait dire à Richard Virenque, plus vrai que nature : **« Quand il parle, on comprend tout[25] ! »**

« Madone du Poitou » ou « Dame aux caméras » ?

Alors que Nicolas Sarkozy se préparait à affronter un « éléphant » du PS comme DSK ou Laurent Fabius, voilà qu'une adversaire imprévue se dresse devant lui : Ségolène Royal ! Peu connue du grand public deux ans plus tôt, la présidente de la région Poitou-Charentes fait la une de tous les magazines depuis qu'un sondage de février 2006 l'a donné victorieuse du chef de l'UMP en cas de duel au second tour…

Les « éléphants » socialistes sont sur le flanc, catastrophés, à l'image de Claude Allègre : **« De tous les candidats à l'investiture socialiste, c'est la pire ! Elle a été ma ministre déléguée. Elle ne pense qu'à faire des coups médiatiques[26] ! »**

Lionel Jospin, mentor d'Allègre, s'imaginant revenir comme candidat socialiste, il ne lui faut rien de moins qu'un double conditionnel pour s'exprimer à ce sujet, si délicat depuis 2002 : **« S'il apparaissait que je suis le mieux placé, alors je me poserais la question[27]… »** Mais les espoirs jospiniens de *come-back* sont vite douchés par certains socialistes, qui lui opposent une sèche fin de non-recevoir. Malek Boutih salue en ces termes la venue de Jospin à un congrès du PS : **« Ça fait toujours plaisir de revoir ses grands-parents[28]… »**

Le député de l'Ardèche, Pascal Terrasse, lance une pique qui mêle subtilement l'initiative jospinienne de réhabilitation des mutins de 1917 avec son brusque retrait de la vie politique au soir du premier tour de 2002 : **« C'est la première fois qu'un déserteur passe en revue ses troupes… »**

Exit donc Lionel ! Mais il reste Jack Lang qui, comme en 1995 et 2002, songe un temps à l'investiture ; donc, il n'en revient pas de la candidature de Ségolène : **« Elle n'a aucune expérience ni à l'international ni dans un grand ministère. On ne peut pas jouer uniquement de son charme, ne rien dire et espérer devenir présidente ! »**

Autre remarque méprisante d'un socialiste d'influence, Pascal Lamy, directeur de l'Organisation mondiale du commerce (OMC) : **« Elle a construit son image en abordant de grands sujets de société, du genre : les filles doivent-elles porter un string à l'école ? Mais pourquoi avoir voulu ensuite parler de politique internationale ? Elle aurait dû rester dans son registre[29]... »**

De son côté, Laurent Fabius se sent menacé par la popularité de sa rivale et veut démentir l'inquiétant pronostic du député européen socialiste Bernard Poignant sur ses chances : **« L'an dernier, les carottes étaient râpées ; cette fois, elles sont cuites ! »** Il décroche haut la main la palme du machisme, avec cette fine allusion au *surbooking* du couple formé par Ségolène Royal et François Hollande, premier secrétaire du PS : **« Qui va s'occuper des enfants[30] ? »**

A-t-il inspiré Jean-Marie Le Pen, qui déclare un peu plus tard : **« Vous avez une bergère qui est énarque, qui a été plusieurs fois ministre, et qui méprise tellement les institutions qu'elle se permet d'avoir quatre enfants sans être mariée... Pour Madame Plumeau, les enfants de Madame Ségolène sont des bâtards[31] ! »**

Laurent Fabius récidive, mais cette fois-ci contre le programme de la candidate à l'investiture. Jugeant Ségolène beaucoup trop présente en couverture de la presse *people*, Guillaume Bachelay, son fournisseur attitré en bons mots, lui souffle alors celui-ci : **« Je préfère dire "Voici mon projet" que "Mon projet c'est *Voici*"[32] ! »**

Variante par Martine Aubry, tout aussi sceptique vis-à-vis de la chouchoute socialiste des médias : **« Le problème n'est pas**

de plaire ou de savoir si l'on a les bonnes mensurations, mais de proposer un autre modèle aux Français[33]**.** »

Il est vrai que la présidente de la région Poitou-Charentes prête le flanc à l'accusation quand elle déclare, candide et ravie : « **Même quand je ne dis rien, ça fait du bruit**[34]**...** »

Surprise : malgré toutes ces attaques, Ségolène Royal l'emporte largement lors des primaires socialistes du 16 novembre 2006, réunissant 60,65 % des voix, contre 20,69 % pour Dominique Strauss-Kahn et 18,66 % pour Laurent Fabius !

Parallèlement, sa popularité s'accroît : on la surnomme affectueusement « **Ségo** », ou encore « **la reine blanche** », en référence à ses tailleurs immaculés. Elle-même ne se prendrait-elle pas un peu pour « **Jeanne d'Arc, hérétique pour ses juges, héroïque pour son peuple** », comme elle le confie lors d'un entretien avec Marie-Françoise Colombani ? « **Jeanne d'Arc avait revêtu un habit d'homme pour remplir sa mission. Moi, je crois qu'on peut revêtir un habit de femme pour être candidate à l'élection présidentielle**[35]**.** »

De fait, elle semble en mesure de faire face au rouleau compresseur sarkozyste, de l'aveu même de Dominique Paillé, l'un de ses adversaires politiques en Charente, qui respecte « **une combattante comme on en voit peu, surtout dans notre génération. Une mousquetaire, une chasseuse de voix infatigable**[36] ».

Elle inspire la sympathie amusée de l'humoriste Jamel Debbouze : « **Moi, je suis royaliste ! Je voterai pour vous juste pour voir François Hollande en première dame de France**[37] **!** »

Un enthousiasme lyrique s'empare en revanche de la dramaturge Yamina Benguigui, jamais en manque d'hyperbole : « **Elle s'est avancée, Minerve moderne, armée de cette force incroyable, quasi mystique**[38]**...** »

Et voilà que Jack Lang lui-même semble transformé, depuis qu'il a été foudroyé par le discours de Ségolène Royal à

Villepinte, le 11 février 2007 : **« Elle a été éblouissante, habitée par une sorte de lumière[39] ! »**

On lui pardonne même ses gaffes, comme lorsqu'elle se perd un peu dans les statistiques de la mortalité conjugale – qui indiquent un meurtre tous les trois jours – et hasarde : **« En France, une femme sur trois meurt sous les coups de son conjoint[40]. »** Ou lorsque, pendant sa visite en Chine, elle s'exclame, en voyant l'imposant édifice et les tee-shirts floqués d'un « Qui n'est pas venu sur la Grande Muraille n'est pas un brave » : **« Qui n'est pas venu sur la Grande Muraille n'acquiert pas la bravitude[41] ! »**... un néologisme que Jack Lang, docteur ès-**« jacktance »** et ancien ministre de l'Éducation nationale, se fait un devoir de justifier et d'expliciter : **« "Bravitude" est un beau mot qui exprime la plénitude d'un sentiment de bravoure[42]. »**

En revanche, la plupart des éléphants du PS ne la soutiennent que du bout des lèvres : ils sont nombreux à brocarder **« La Rosse aux poings »**, qui veut créer des mini-internats pour collégiens décrocheurs et n'exclut pas des formes militaires d'encadrement des jeunes...

Jean-Pierre Raffarin, fort d'une longue et difficile cohabitation avec l'intéressée en région Poitou-Charentes, l'affirme d'expérience : **« Ségolène ? Elle séduit au loin et irrite au près[43]. »** L'un des collaborateurs socialistes de la candidate ne dit pas autre chose : **« Pour l'aimer, il ne faut pas travailler avec elle, pas la contredire, et pas trop la connaître[44]... »**

L'UMP Nadine Morano, qui fait ses premières armes dans la campagne de Sarkozy, s'exprime en des termes bien plus crus, qui ne vont pas tarder à lui servir de marque de fabrique : **« Son côté "Je suis belle, regardez-moi, j'ai quatre enfants !", ça bluffe quand on est caissière à Mammouth[45]. »** Son protecteur n'est pas en reste, quand il laisse filer sa plume sous le pseudo de « Mazarin » : **« Mention particulière pour Ségolène**

Royal, la plus hystérique, absolument hors concours ! C'est Édith Cresson en plus jeune[46]. »

Depuis longtemps, Philippe de Villiers voit mieux la candidate PS cantonnée à un rôle régional : **« Elle a un nom subliminal pour la droite poitevine, un physique à déguster des langues-de-chat dans les salons de thé de Charente[47]. »**

D'autres, jusque dans son camp, doutent de sa stratégie, comme ce socialiste anonyme, et d'autant moins indulgent : **« En 2002, Jospin s'est trompé de tour. Il a mené une campagne de second tour avant d'avoir gagné le premier. En 2007, Ségolène se trompe d'élection. C'est d'une présidentielle qu'il s'agit, pas d'une régionale[48]. »**

Jean Glavany, conseiller de Jospin en 2002, est encore plus clair. Il appelle la candidate **« [à] faire une campagne de premier tour avant celle du deuxième [et pour cela] avant de rassembler les Français, rassembler son électorat[49]** ».

Tout cela fait dire à Jean-Marie Le Pen, qui aime étaler sa culture comme d'autres la confiture : **« Dame Tartine a déjà commencé à être dévorée par les prédateurs du PS ! »**

En effet, chacun peut observer que François Hollande, premier secrétaire du PS et compagnon de la candidate, ne s'engage pas comme il le pourrait dans la campagne. Entre **« La Madone »** et **« le Culbuto »**[50], rien ne va plus. D'où cette remarque très « marseillaise » du « ségoléniste » Patrick Mennucci, un peu embarrassé : **« La clef du parti [socialiste], elle l'avait dans son lit, mais, bon, elle ne pouvait pas trop s'en servir[51]... »**

Situation qui engendre cette réflexion plus acerbe d'Arnaud Montebourg, l'un de ses principaux soutiens, qui a peu apprécié les divergences ouvertes de François Hollande avec elle sur les plafonds de baisses fiscales : **« Le principal défaut de Ségolène Royal ? C'est son compagnon[52]. »**

Montebourg est temporairement suspendu de campagne pour cette phrase, mais le lapsus commis par Hollande peu après, lors de la présentation du « pacte présidentiel » de sa future ex-compagne, ne lui rend-il pas justice ? Qu'on en juge : **« Nous aspirons à un Président... euh... que dis-je : un Président ? Une Présidente[53] ! »**

Le 21 février 2007, elle est lâchée par l'un des principaux économistes du PS, Éric Besson, secrétaire national chargé du chiffrage de son programme et de la fiscalité. Avant de passer avec armes et bagages chez Sarkozy, il claque la porte du QG socialiste sur ces mots : **« La gauche va dans le mur comme en 2002, mais cette fois les yeux ouverts et en klaxonnant[54] ! »**

« Mais personne ne connaît Monsieur Besson ! » croit bon rétorquer Ségolène Royal, assaillie par les journalistes le lendemain à Dunkerque.

Cette humiliation inutile constitue une faute politique, que ledit Besson va exploiter en publiant dès mars 2007 chez Grasset un retentissant pamphlet. *Qui connaît Madame Royal ?* dénonce à longueur de pages **« une fuite vers le n'importe quoi »** : outre l'absence de chiffrage sérieux des mesures, c'est un réquisitoire contre **« une démocratie participative qui n'est qu'une mascarade »**, une candidate qui **« ne fait qu'accompagner l'opinion dans ses pulsions majoritaires »** et se présente aux présidentielles **« en caressant les foules et... en alignant des platitudes morales [comme] on ne l'avait jamais fait ! »**[55]. Le brûlot se vendra à plus de 100 000 exemplaires ! Maintenant, tout le monde connaît Monsieur Besson, ainsi que les failles du programme de Ségolène Royal...

L'épisode intensifie l'assaut contre le programme de **« la dame aux caméras »** (Pierre Lellouche).

Le centriste Jean-Louis Bourlanges y va de son refrain sur le même thème : **« Il y a du mérovingien dans cette femme-là : Ségolène Royal, c'est une Frédégonde*, qui serait passée à la *Star Ac*[56]. »**

---

* Reine mérovingienne sanguinaire.

Quant à François Baroin, il se montre peu sensible aux thèses ségolénistes sur « **l'ordre international juste** » : « **Ségolène Royal ne dit pas grand-chose et n'en pense pas plus.** »

Les temps préhistoriques à la moulinette hollywoodienne inspirent à Luc Chatel (UMP) une variante du refrain sur « l'archéo-socialisme » : « **Le pacte présidentiel de Ségolène Royal ressemble de plus en plus à Jurassic pacte**[57]**.** »

Obstacles et handicaps se multiplient donc pour Ségolène Royal. Elle a beau minimiser les « **petites tensions dans les débats internes** » qui l'opposent aux éléphants de son parti, ces désaccords et ces discordances ne passent pas inaperçus dans le camp d'en face.

Du reste, Sarkozy a donné le ton en déclarant : « **Les seules idées, dans le vide sidéral du discours de Madame Royal, ce sont celles qu'elle emprunte et qui prennent son électorat à rebrousse-poil**[58]**.** »

Roselyne Bachelot commente ensuite le tollé provoqué par la proposition de « **Sarkolène** » de pavoiser rues et maisons de drapeaux tricolores le jour de la fête nationale : « **Ségolène Royal n'est pas maladroite, mais mal à gauche**[59]**.** »

« **Sarkozette** » recule nettement dans les sondages dès la mi-janvier, passant de 34 % d'intentions de vote en novembre 2006 à 25,5 % début mars 2007. À partir de ce moment, elle doit faire face à la remontée du « troisième homme » de l'élection… Va-t-on vers un nouvel imprévu ?

« Henri IV et demi » en « troisième homme »

En effet, le centriste François Bayrou, bientôt crédité de 16 % d'intentions de vote, semble assuré d'une victoire au second tour, un sondage BVA-L'Express lui donnant 55 % des voix contre 45 % au candidat UMP… si toutefois il franchit le premier !

Refusant le dualisme UMP-PS – vaste « **machine à promesses** » perpétuellement remise en route – s'insurgeant contre le duel Sarko-Ségo « **choix préfabriqué [...] dicté à l'avance** [par] **les grandes puissances médiatiques** », le candidat de la « **Révolution civique** » et d'une « **République nouvelle** » flirte bientôt avec le score prêté à Ségolène.

Son partisan Azouz Begag, ancien ministre du gouvernement Villepin, l'assure : « **La France attendait une rencontre du troisième type. Ce troisième type, c'est François Bayrou**[60] **!** »

Lorsqu'il atteint 23 % des intentions de vote dans le sondage Ifop du 11 mars 2007, les surnoms ironiques déferlent : sous « **Henri IV et demi** », déjà inventé cinq ans plus tôt, perce bientôt « **l'astre du Béarn** » voire, plus méchamment, « **Le Béarniais** »...

Bien des formules assassines contre Bayrou viennent du socialiste André Labarrère, maire de Pau, qui décrit en connaisseur son éternel rival : « **Un pâtre grec mâtiné de tête de veau**[61]**.** »

Ses amis centristes reprochent à Bayrou sa manière d'être, à l'instar de Jean-Louis Borloo, qui pourtant fit campagne pour lui en 2002 : « **C'est un type très intelligent, mais incapable d'agir, incapable de travailler en équipe, obsédé par sa seule destinée**[62]**.** » Cela dit, Borloo en prend lui aussi pour son grade, de la part de son nouvel allié Nicolas Sarkozy : « **Il va me soutenir, mais je n'ai jamais vu une diva pareille. Il me gonfle**[63] **!** »

Lequel Sarkozy, en tête dans tous les sondages, remanie la cruelle sentence d'André Santini en 2002* : « **La seule chose qui enfle chez Bayrou, ce ne sont pas les sondages, mais les chevilles**[64]**.** »

Et dans la même veine, toujours dans la bouche du candidat UMP : « **J'ai le même problème que Ségolène. Les vieux de son camp l'emmerdent. Au moins Bayrou n'a aucun problème, puisque personne ne le soutient**[65]**...** »

---

* Voir p. 156.

De Bernard Tapie, devenu sarkozyste, cet arbitrage sans appel : « **Royal n'a pas l'expérience, mais Bayrou, ce serait pire**[66]**...** »

Et de Simone Veil, centriste elle aussi ralliée à Sarkozy début mars, ce portrait au vitriol de Bayrou : « **Un mégalo qui se fait une idée de lui-même complètement irréaliste**[67]. »

« **Il ne représente que lui-même**[68]. »

Pourtant le candidat du Mouvement Démocrate (Modem) entend faire amende honorable et, preuve d'autodérision, n'hésite pas à revendiquer le surnom de « **cabourut** » (« tête dure » en béarnais)[69]. Dans un autoportrait, il se moque de lui-même : « **J'ai longtemps été un jeune conformiste, et sans doute le "formiste" est-il de trop**[70]. »

En meeting, le candidat « **dérangeant plutôt qu'arrangeant** » aspire à devenir « **Président du peuple** » et, pour ce faire, il se dévoile avec une formule qui fait mouche : « **Je sais ce que c'est que de vivre avec 640 € par mois. C'est la retraite de ma mère**[71] **!** »

Sa campagne, dynamisée par les jeunes Modem, prend même un tournant inattendu, avec la campagne 2.0 « **Sexy centriste** », et une affiche qui représente deux d'entre eux s'échangeant un préservatif (orange) sous le slogan : « **Avec moi, osez... voter Bayrou**[72] **!** »

Insensible à ces frasques, André Santini annonce son ralliement à Sarkozy en raison de ses doutes sur l'indépendance centriste chère à Bayrou, et par perplexité envers sa « **social-économie** » : « **Nous sommes quelques-uns à nous interroger sur l'avenir d'un centre qui double la gauche par la gauche**[73]. »

Centriste lui aussi rallié au chef de l'UMP, Philippe Douste-Blazy ironise sur celui qui veut « sortir des camps » pour gouverner : « **Il a expliqué pendant deux ans que ni la droite**

ni la gauche n'étaient crédibles et, aujourd'hui, il faudrait gouverner avec la droite et la gauche[74]. »

La proposition un peu hasardeuse faite – un 1er avril – par l'agrégé de lettres Bayrou de supprimer l'ENA (d'où vient Ségolène Royal) pour la remplacer par une improbable « École des services publics » reçoit cette réponse de Sarkozy : **« Je ne suis ni énarque ni agrégé, ça me permet de ne pas être démagogique[75]. »**

Pendant que les ralliements au panache de **« Sarkoléon »** se multiplient au centre et à droite, la plume d'Henri Guaino donne à ses discours des accents lyriques insoupçonnés. Avec lui, la droite vibre à l'unisson pour **« la République réelle »**, **« la démocratie irréprochable »**, **« la société du maximum »**, **« le rêve de civilisation »**, et plus prosaïquement le **« travailler plus pour gagner plus »**...

S'adressant aux jeunes, catégorie votant plutôt pour sa rivale socialiste, Nicolas Sarkozy enfile perles et poncifs pour les appeler tous, quelles que soient leurs origines, à **« s'asseoir ensemble à la table de la fraternité »** : **« Vous avez de la chance d'être jeunes, parce que la jeunesse c'est la promesse des commencements, des soleils qui se lèvent sur un monde endormi[76] ! »**

Lors du meeting du 18 mars 2007 au Zénith, ce **« néo-conservateur américain à passeport français »** (selon Éric Besson, avant son ralliement) se prend même pour Martin Luther King, l'inventeur de l'anaphore historique : **« Je rêve que le peuple français tout entier se lève pour que la fraternité ne soit plus seulement un mot gravé sur le fronton des mairies mais devienne une réalité entre les hommes et les femmes de notre pays. Je rêve que tous les enfants de tous les quartiers, de toutes les couleurs, de toutes les religions qui habitent ce pays qui est le leur puissent partager la même fierté d'être français, les mêmes rêves**

et les mêmes ambitions, qu'ils aient le sentiment de vivre dans le même pays avec les mêmes chances et les mêmes droits. »

« Le petit Nicolas » vient s'inspirer du général de Gaulle, lors de son pèlerinage à Colombey-les-Deux-Églises, passage obligé de tout candidat de droite qui se respecte, surtout en période électorale : **« Être président de la République, c'est une ascèse, c'est l'oubli de soi et sans doute la mise entre parenthèses de son bonheur personnel, de ses sentiments, de ses intérêts, pour ne plus avoir en tête que le bonheur des Français[77]. »**

Au Mont-Saint-Michel, peut-être sous l'effet de la magie du lieu conjuguée aux embruns, il bascule dans le mysticisme : **« Je me sens proche des moines qui avaient défié l'Océan et le sable pour adresser à Dieu l'une des plus belles prières que les hommes aient adressé au ciel[78]. »**

Heureusement, Jean-Marie Le Pen se charge de le faire revenir sur terre, continuant de le désigner comme **« le chef de la racaille politicienne[79] »**. Méprisant, il lance au président de l'UMP, l'un des trois **« Pieds nickelés »** qui se partagent les faveurs des sondages : **« Vous n'avez qu'une nationalité : la nationalité sarkozienne[80] ! »**

On comprend l'amertume du vieux leader du Front national, qui entend ses thèmes et parfois ses mots dans la bouche de Nicolas Sarkozy, élève surdoué de la **« Le Pen Academy[81] »** promotion 2007 : **« Je veux clairement lier l'immigration qui va venir et l'identité qui est la nôtre. »**

« Je veux dire aux Français qu'ils auront à choisir entre ceux qui aiment la France et ceux qui affichent la détestation de la France »[82].

Que va nous apprendre ce premier tour, marqué par une participation exceptionnelle de 83,97 % (du jamais vu depuis 1965) et plein d'incertitudes sur les scores comparés de Bayrou/Royal et de Le Pen/Sarkozy notamment ?

Résultats du premier tour[83] (22 avril 2007)

	Nombre de voix	% des suffrages exprimés	% des votants
Inscrits	44 472 834		
Abstention	7 218 592	16,23 %	
Votants	37 254 242	83,77 %	
Nuls	534 846		1,44 %
Suffrages exprimés	36 719 396		98,56 %
Nicolas Sarkozy (UMP)	11 448 663	31,18 %	
Ségolène Royal (PS)	9 500 112	25,87 %	
François Bayrou (Modem)	6 820 119	18,57 %	
Jean-Marie Le Pen (FN)	3 834 530	10,44 %	
Olivier Besancenot (LCR)	1 498 581	4,08 %	
Philippe de Villiers (MPF)	818 407	2,23 %	
Marie-George Buffet (PCF)	707 268	1,93 %	
Dominique Voynet (Les Verts)	576 666	1,57 %	
Arlette Laguiller (LO)	487 857	1,33 %	
José Bové (Écologistes)	483 008	1,32 %	
Frédéric Nihous (CPNT)	420 645	1,15 %	
Gérard Schivardi (Trotskiste)	123 540	0,34 %	

« Il faut être calme »

Arrivée en deuxième position avec 21,36 %, Ségolène Royal a tout intérêt à se rapprocher du « troisième homme » de l'élection, François Bayrou, qui a recueilli 18,57 % des voix et triplé son score par rapport à 2002. Fait exceptionnel, un débat les réunit le 28 avril sur BFM TV. Ce tête-à-tête prélude-t-il à un mariage électoral inédit ?

En effet, Ségolène Royal ne s'arrête pas à ces préliminaires, et se rend au domicile de Bayrou le soir du 1er mai, une meute de journalistes à ses trousses ! Mais ce rendez-vous exceptionnel tourne court, car le chef du Modem refuse obstinément de rencontrer la socialiste chez lui : **« Ne montez pas, il y a du monde dans la rue[84] ! »**

Selon la candidate éconduite, cette dérobade montre que ses avances ont buté sur **« un amoureux qui craint la panne, ou un adultère risqué[85]... »**

Nicolas Sarkozy ne s'émeut pas outre mesure de ce rapprochement mort-né, souhaité initialement par Michel Rocard et quelques autres : **« Rocard appelle Bayrou, Bayrou remercie Rocard, Hollande conteste, Madame Royal dit "Peut-être, mais pas maintenant"[86]... »**

Amante éconduite par le candidat centriste, cette dernière s'était de toute façon résolue à prendre les choses en mère de famille : **« Je veux, en tant que mère, pour tous les enfants qui naissent ou qui grandissent en France, ce que j'ai voulu pour mes propres enfants[87]. »**

Ségolène Royal s'inscrit dans l'héritage de la « force tranquille » mitterrandienne face à un adversaire qui serait à l'entendre tout le contraire : **« Moi je vous propose de réformer avec vous la France sans brutalité. Je suis la force sereine d'un chan-**

gement efficace face à une brutalité agitée du passage en force[88]. »

S'adressant aux jeunes des quartiers, elle surjoue l'apaisement face aux positions clivantes de son adversaire : **« Vous n'êtes pas un problème, mais une partie de la solution[89]. »**

Mais le « siphonnage » d'une partie de l'électorat frontiste de 2002 a permis au candidat de l'UMP de virer largement en tête au soir du premier tour de l'élection présidentielle du 22 avril 2007, avec 31,18 % des suffrages exprimés. Fidèle à sa marque de fabrique, Sarkozy continue donc de ne pas faire dans la dentelle, comme lors de la visite du Cross de Plouarzel dans le Morbihan, le 1er mai : **« Qu'est-ce qu'on va foutre dans un centre opérationnel sinistre à regarder un radar ? Je vais être au milieu de dix connards en train de regarder une carte ! »**

Mais c'est son style de jouer les gros bras, et c'est surtout un choix stratégique de campagne établi par son conseiller Patrick Buisson, comme il l'explique en privé, un mois après avoir proposé la création d'un ministère de l'Immigration et de l'Identité nationale : **« J'ai réussi à installer la sécurité et l'immigration dans la campagne... Sur ce terrain, Ségolène n'est pas crédible[90]. »**

Et à propos d'un éventuel ralliement du chef du Front national, il répète sans complexe ce qu'il avait déjà dit lors de ses vœux de 2007, en tant que président de l'UMP : **« Ce n'est pas Le Pen qui m'intéresse, c'est son électorat[91]. »**

Un électorat lepéniste sur lequel Sarkozy a largement mordu au premier tour, ce qui n'a pas échappé à François Hollande, qui commente en ces termes le score du candidat frontiste, très inférieur à ceux de 1988, 1995, et surtout 2002 : **« Il me fait penser à un vieil avare qui court après Sarkozy en criant : "Ma cassette ! Ma cassette !"[92] »**

Déçu par son échec au premier tour, Jean-Marie Le Pen se console comme il peut : **« Nous avons gagné la bataille des**

idées : la nation et le patriotisme, l'immigration et l'insécurité ont été mis au cœur de cette campagne par mes adversaires, qui, hier encore, écartaient ces notions avec une moue dégoûtée. »

Il se fait une raison sur le dos de Sarkozy : **« Je préfère être battu sur mes idées plutôt que de gagner sur celles de mes adversaires. »**

C'est pourquoi il appelle ses électeurs à une abstention massive au second tour en recyclant un slogan… du communiste Jacques Duclos en 1969* : **« Royal et Sarkozy, [c'est] rose bonnet et bonnet rose[93] ! »**

Au contraire du natif de la Trinité-sur-Mer, l'ancien Premier ministre Jean-Pierre Raffarin est bluffé : **« C'est toi que je soutiens, Nicolas [...]. Ta météo personnelle est comme celle de la Bretagne, il fait beau plusieurs fois par jour[94] ! »**

De toute façon, si l'on en croit l'une de ses **« raffarinades »**, il n'y a pas trop le choix : **« Si on met la voiture France à l'envers, nous n'aurons plus la capacité de rebondir[95]. »**

Le traditionnel débat télévisé d'entre les deux tours a lieu le 2 mai 2007. Les deux candidats l'abordent à contre-emploi : Ségolène Royal, distancée dans les sondages, se départit de sa sérénité de campagne pour mener l'offensive contre Nicolas Sarkozy, qui, de son côté, force sa nature pour conserver son sang-froid face aux attaques et renforcer une stature d'homme d'État serein. Dans l'histoire des grands débats de la présidentielle, ce duel est l'un des plus intenses.

D'emblée, la candidate socialiste associe son adversaire au bilan de Jacques Chirac, dont il a été le ministre : **« La morale politique demande que les responsables politiques rendent des comptes. »** Réponse classique de Nicolas Sarkozy : **« Sur**

* Voir p. 50.

les défaillances de la République, gauche et droite confondues, nous avons chacun notre part. »

Comme il s'emmêle un peu les pinceaux à propos des réacteurs nucléaires, Ségolène Royal ne le rate pas : **« Vous venez de dire une série d'erreurs, cela peut arriver, mais il faudra que vous révisiez un peu votre sujet... »** Ce à quoi rétorque Sarkozy, grand seigneur : **« Vous n'avez pas besoin d'être méprisante pour être brillante. »**

Le débat se durcit vraiment à propos du handicap, quand Ségolène Royal lance à son adversaire : **« On a atteint le summum de l'immoralité politique : jouer avec le handicap comme vous venez de le faire est proprement scandaleux ! »**

C'est le moment attendu par Nicolas Sarkozy pour administrer une petite leçon de maintien soigneusement préparée sur le thème **« Pour être Président, il faut savoir se présider soi-même* »**, peut-être agrémentée du vieux poncif sur l'hystérie féminine : **« Ne me montrez pas du doigt. Quand on veut être président de la République, il faut être calme. »**

Ségolène Royal : **« Non je ne me calmerai pas... pas quand il y a des injustices. Il y a des colères saines ! »**

Nicolas Sarkozy (*prenant à témoin les journalistes*) : **« Je ne sais pas pourquoi Mme Royal a perdu ses nerfs... »**

S. R. : **« Je ne perds pas mes nerfs. »**

N. S. (*du tac au tac*) : **« Qu'est-ce que ça doit être quand vous êtes énervée ! »**

Il l'accuse ensuite : **« Vous avez la vision sectaire de la gauche qui ne supporte pas quelqu'un qui pense autrement. »**

S. R. : **« Vous êtes blessé ? »**

N. S. (*serein*) : **« Non, tout va très bien... »**

---

* Formule lancée par Laurent Fabius à Jacques Chirac, le 2 septembre 1993.

Ce débat, très disputé, va-t-il infirmer ou confirmer les tendances observées dans les sondages d'opinion ? La madone de la **« démocratie participative »** reviendra-t-elle *in extremis* sur le champion du **« Ensemble, tout devient possible ! »** ?

Résultats du second tour (6 mai 2007)[96]

	Nombre de voix	% des inscrits	% des votants
Inscrits	44 472 733		
Abstention	7 130 729	16,03 %	
Votants	37 342 004	83,97 %	
Nuls	1 568 426	4,2 %	
Suffrages exprimés	35 773 578	98,56 %	95,8 %
Nicolas Sarkozy	18 983 138	42,68 %	53,06 %
Ségolène Royal	16 790 440	37,75 %	46,94 %

« Sarkoléon » à l'Élysée, « Jeanne d'Arc » au bûcher...

Nicolas Sarkozy conserve l'avance qui était la sienne avant le duel et l'emporte avec une marge assez confortable sur sa rivale, dépassant même le score de Jacques Chirac en 1995.

Vu l'écart en suffrages, la vaincue prononce des paroles de réconfort un peu déroutantes pour ses supporters. N'évoque-t-elle pas cette... **« vigilance sans faille au service de l'idéal qui nous a rassemblés, qui nous rassemble et qui va, j'en suis sûre, nous rassembler demain pour d'autres victoires[97]... »**.

Arnaud Montebourg, l'un des lieutenants de campagne de Ségolène, ne cache pas sa déception à chaud : **« C'est quand même une grosse tatane[98] ! »** En guise d'explication, il ajoutera ensuite, d'un ton désabusé et dans le fil de sa déclaration iconoclaste du 17 janvier : **« L'attitude de Hollande en 2007 est d'une banale médiocrité : c'est l'histoire d'un mec qui**

ne veut pas que sa femme réussisse mieux que lui, c'est tout[99]**... »**

Manuel Valls, exaspéré d'avoir eu à arbitrer les disputes du couple Hollande-Royal durant la campagne, prend acte pour l'avenir : **« J'en ai assez que la vie politique de mon parti tourne autour de la vie d'un couple**[100]**. »**

Jean-Luc Mélenchon critique la stratégie de campagne arrêtée par Ségolène : **« Il était grotesque de vouloir tenter une élection comme celle-là en se coupant des partis. Comme si, en face, l'UMP était un club de bridge... Ils ont mené une bataille idéologique et culturelle. Nous, on a bricolé des petits trucs par-ci, par-là**[101]**. »**

Lionel Jospin (deux défaites électorales au compteur) porte en expert un jugement sans complaisance sur la candidate socialiste : **« La raison fondamentale de l'échec de Ségolène Royal réside en elle-même. Il était inscrit dans son style de campagne, comme dans ses choix politiques... enfermée [qu'elle était] dans une sorte de contemplation narcissique**[102]**. »** Ce que Fleur Pellerin, membre de l'équipe de campagne royaliste, traduit à sa manière, peu littéraire : **« Ségolène, au bout de quinze jours... je savais que c'était foutu. C'était le bordel, elle bossait pas assez, ça partait dans tous les sens**[103]**. »**

François Hollande, souvent visé, envisage les causes de la défaite sous un autre angle : **« Sarko a imposé ses thèmes au moment où Ségolène Royal était enfermée dans ses rendez-vous participatifs. Lui savait où il allait, quand elle demandait aux Français ce qu'ils voulaient**[104]**. »**

Jean-Pierre Raffarin, vieux rival charentais de Ségolène, diagnostique et savoure : **« Ségolène Royal n'avait pas de profondeur, et sa campagne a manqué de puissance**[105]**. »**

Mais Nicolas Sarkozy lui non plus n'est pas à l'abri des polémiques. La soirée au *Fouquet's* avec le gratin du CAC 40, puis la croisière sur le yacht de l'ami Bolloré, éclairent l'expression **« présidence bling-bling »** utilisée par *Libération* puis par François Hollande[106]. **« Ça commence Malte ! »**, ironise *Le Canard enchaîné.*

Reçue par le nouveau Président, Ségolène Royal fait de lui une description sans indulgence : **« Médiocre dans le comportement... pas de hauteur, d'allure, d'élan, de fair-play [...]. Il était là, les bras ballants, à m'offrir des chocolats, à essayer de me faire parler de ma séparation d'avec François Hollande, à dauber sur les journalistes, à exhiber sa montre... Pas méchant, mais pas d'allure... bien plus fade qu'on le croit... c'est vraiment un m'as-tu-vu... Un petit gamin heureux d'être au milieu de ses nouveaux jouets... avec sa petite étoile de shérif et son pistolet en plastique, son déguisement de cow-boy[107]... »**

Pour fermer le ban, ce commentaire désabusé de Jean-Marie Le Pen, poussé vers la retraite par un score en deçà du précédent et de ses espoirs : **« Les électeurs ont le Président qu'ils méritent. »**

2012

« Moi, Président... »

Le général de Gaulle, François Mitterrand, puis Jacques Chirac avaient en leur temps réussi le difficile pari de se représenter victorieusement. Mais le succès n'est pas garanti, et l'on se souvient de l'échec subi par Valéry Giscard d'Estaing. Le défi est d'autant plus hasardeux pour Nicolas Sarkozy que depuis 2008, il a dû faire face à une grande récession liée à la crise de la dette, à quoi s'ajoutent les critiques de gauche mais aussi de droite sur un style de gouvernance mêlant hyperprésidence et argent décomplexé, attitude vite qualifiée de **« bling-bling »**. D'un autre côté, aucune concurrence de poids ne se dessine à droite pour contrarier sa volonté de rempiler. Encore faut-il que les circonstances s'y prêtent, ce qui semble le cas...

Le « miracle de la suite 2806 »

Le premier imprévu (et de taille) se produit un an avant l'élection, quand le candidat « naturel » du Parti socialiste, archifavori des sondages, est arrêté à New York le 14 mai 2011. L'incroyable nouvelle de l'inculpation du directeur du FMI pour agression sexuelle se répand comme une traînée de poudre... **« Érections, piège à cons ! »**, s'amuse *Le Canard enchaîné*.

En dépit de gesticulations et de manœuvres désespérées de son entourage[1], l'embarras qui prélude au lâchage de DSK domine à gauche, comme l'exprime la candide perplexité de l'un de ses vieux et proches lieutenants, Jean-Marie Le Guen, qui ne craint pas le ridicule en déclarant à chaud sur Europe 1, le 15 mai 2011 : **« En aucune façon cet épisode ne ressemble au Dominique Strauss-Kahn que l'on connaît. »**

Quand débute ensuite une sordide coproduction franco-belge tournée au *Carlton de Lille* – mauvais feuilleton qualifié par Manuel Valls de **« *Feux de l'amour* version Dodo la Saumure »** – il y a belle lurette que DSK est hors-jeu.

Nicolas Sarkozy peut alors croire la voie dégagée pour un second tour victorieux, idée qu'il caresse, tout en affirmant sans rire à l'automne, sur l'air de « Je ne suis candidat à rien » : **« Qui imagine que j'ai une minute pour penser à la campagne électorale[2] ? »**

Au centre en revanche, c'est la pagaille, car outre François Bayrou, Jean-Louis Borloo et Hervé Morin semblent croire leur heure venue. André Santini est donc loin d'avoir conscience du bazar qui se prépare dans la petite épicerie centriste qu'il décrit ainsi en 2011 : **« Face aux grandes surfaces politiques, nous, centristes, faisons le pari de la petite boutique ; face aux grosses productions, nous vantons le cinéma d'auteur[3]. »**

François Bayrou, instruit par deux campagnes présidentielles, s'est déjà fait une raison : **« Rassembler les centristes, c'est comme conduire une brouette pleine de grenouilles : elles sautent dans tous les sens[4] ! »**

En effet, « chez ces gens-là », il y a d'abord Borloo – surnommé **« Bordeloo »** pour sa tenue négligée, ses discours à l'emporte-pièce et un goût supposément immodéré pour le cépage bordelais – raisons pour lesquelles Nicolas Sarkozy ne manifeste aucune inquiétude : **« Borloo à la présidence de la**

République ? Non, mais c'est de la rigolade… franchement, on rigole[5] **! »**

Il n'est pas le seul, car François Bayrou épelle le nom de son rival d'une façon qui ne prête pas à équivoque : **« Borloo, ça s'écrit B-O-R-L et double zéro**[6]**. »** L'intéressé exécute quant à lui Bayrou d'une formule : **« Le meilleur, mais trop fou**[7]**. »**

Dominique Paillé, vice-président du Parti radical, fait coup double dans une interview dont le titre – **« Ségolène Royal, folle du Poitou ? »** – vaudra au député des Deux-Sèvres des poursuites judiciaires : **« Elle et François Bayrou sont des gens très inquiétants, complètement illuminés, qui s'estiment investis d'une mission**[8]**. »**

Borloo se retire vite de la course présidentielle, ce qui ne pose pas de souci à Jean-Christophe Lagarde, vice-président du parti d'Hervé Morin. Il en profite même pour coiffer Paillé sur le fil, en faisant – comme au Scrabble – un bon « mot compte triple », touchant à la fois Borloo, Delors et sa fille : **« Borloo sera donc notre Delors à nous. Par chance, il n'a pas de fille à nous refiler en échange**[9] **! »**

Yves Jego s'amuse d'être soudain invité à l'Élysée, peu après le renoncement de son champion : **« Comme on est orphelins de Borloo, ils se disent peut-être qu'on est adoptables**[10] **! »**

Et Dominique Paillé de conclure, en habitué de ces petits jeux où les radicaux excellent : **« Je me sens orphelin de Borloo. Comme d'habitude, il va faire monter les enchères pour se vendre au plus offrant**[11]**. »**

Hervé Morin, président du Nouveau Centre et ancien bras droit de Bayrou, se dit persuadé que ce dernier va subir à son tour le « syndrome Borloo » : **« Il va abandonner avant terme, et ses électeurs vont se reporter à 50 % sur moi et 50 % sur Sarkozy**[12]**. »**

« Son positionnement va refaire de lui un spectateur du match pendant cinq ans[13]**. »**

Mais certains de ses amis ne donnent pas cher de la candidature du député de l'Eure : « **Hervé Morin est un peu court, il va sauter du pont de Normandie, mais je ne sais pas si l'élastique est bien fixé.** »

Même scepticisme chez Jean-Christophe Lagarde, pourtant vice-président de son parti : « **0 %, c'est bon pour la santé dans le fromage blanc, mais c'est très mauvais dans un sondage**[14] **!** »

Quant à Nicolas Sarkozy, il se soucie peu d'un ex-ministre de la Défense qu'il ne porte pas dans son cœur : « **Il a l'influence d'une punaise et le charisme d'une praire**[15]**.** »

Les militants d'Europe écologie-Les Verts (EELV) se déchirent d'abord entre deux candidatures : celle, médiatique, de Nicolas Hulot et celle, plus nordique, d'Eva Joly. La seconde l'emporte sur le premier, qui traînera ensuite une fâcheuse réputation de « **Peine-à-Ouïr**[16] »... L'avenir de la candidate d'EE-LV n'est cependant pas des plus assurés, selon les pronostics du sénateur UMP Pierre Charon : « **Eva Joly, c'est un pour tous, tous pour un, et deux pour cent**[17]**.** »

D'ailleurs, Daniel Cohn-Bendit a une façon pour le moins alambiquée de soutenir la candidate de son parti, au plus bas dans les sondages : « **Si tu te retires, ça crée un vide. Si tu continues, tu es dans le vide. Qu'ils choisissent le meilleur vide**[18] **!** »

Eva Joly est beaucoup plus directe envers Corinne Lepage, candidate écologiste plus à droite : « **Je l'emmerde**[19] **!** »

Au final, la candidate aux montures vertes en vient à se désespérer de sa propre situation : « **Je suis coincée entre la gauche molle qui ne promet rien, et la gauche folle qui promet tout**[20]**.** »

« Petits meurtres entre amis » rue de Solferino

La première étape de l'élection présidentielle de 2012, c'est avant tout la campagne pour la désignation du candidat des socialistes. DSK hors course, les jeux sont ouverts et l'issue très incertaine entre l'ex-candidate Ségolène Royal, les quadras qui montent (Arnaud Montebourg et Manuel Valls), le radical de gauche Jean-Michel Baylet, et surtout les deux favoris : Martine Aubry, première secrétaire du parti, et son prédécesseur au poste, François Hollande. On va vite s'apercevoir qu'il n'est pas de violence verbale plus vive qu'entre les compétiteurs d'une même famille politique…

François Hollande, distancé de plus de 20 points dans les sondages par Dominique Strauss-Kahn, est désormais en mesure d'occuper l'espace laissé vacant au centre gauche. Mais, bien qu'il soit resté pendant onze ans à la tête du Parti socialiste, il n'est pas encore très connu des Français. Même sa compagne, la journaliste Valérie Trierweiller, le reconnaît : **« Personne ne peut dire qu'il connaît Hollande. Pas même moi[21]. »**

L'avenir prouvera qu'elle avait raison d'exprimer quelques doutes. Son constat rejoint celui du député socialiste Malek Boutih : **« Hollande, c'est un mystère. Tous les journalistes qui le suivent depuis longtemps me disent : "C'est qui ce mec ?" Personne ne sait. Je vais te dire ma théorie : il n'existe pas. Il s'est déjà totalement dépersonnalisé pour incarner la fonction, ce que Sarkozy n'a jamais voulu faire[22]. »**

Pourtant, quelques rares « hollandais » ont détecté ses intentions dès les lendemains de l'échec de Royal en 2007 : **« Si François débarque, fin août [2007], à l'université d'été de La Rochelle avec quelques kilos en moins, on saura ce que cela voudra dire. Il sera candidat à la présidentielle de 2012[23]. »**

Et il se présente en effet, aminci et en candidat « **normal** », ce dont il entend faire un argument électoral : « **En 2007, nous avions des candidats de transgression. En 2012, il faudra un candidat normal. Pas banal, mais grave, stable et rassembleur**[24]. »

Plus tard, en marge du salon de l'Agriculture, il précise ce qu'il entend par « normal », tant le terme est décrié au sein de la gauche, comme à droite : « **Les Français veulent un candidat proche d'eux, non pas à leur image, mais qu'ils peuvent s'approprier… Ils veulent pouvoir le toucher […]. Normal, ça veut dire : accepter d'être accaparé, capté par les gens ; les considérer**[25]. »

Mais le rassemblement autour de sa candidature n'est pas gagné, si l'on en juge par les charges des « éléphants » socialistes contre lui. Les premiers barrissements avaient retenti en 2002 lors de la succession de Lionel Jospin par Hollande à la tête du PS, avec le soutien du premier. On l'avait alors appelé « **Potiron** », en référence à l'ami de Oui-Oui*.

Laurent Fabius en avait ajouté un autre un peu plus tard, en s'exclamant ironiquement en 2003 : « **A-t-on jamais caché un éléphant derrière une fraise des bois ?** » Le sobriquet lui est resté, décliné parfois en « **fraise Tagada** », selon le goût du jour…

Échaudé par le revers subi aux primaires de 2006 face à Ségolène Royal, l'ancien Premier ministre socialiste se garde cependant bien de défier à présent celui qu'il appelle « **Monsieur petites blagues** ». En effet, celui-ci a fait sienne la fameuse formule mitterrandienne : « **La politique, c'est du judo.** » Et quand Fabius moque les prétentions hollandaises, il est pris au mot par « **Culbuto** » :

* « Oui-Oui » : surnom donné à Lionel Jospin par *Les Guignols de l'Info.*

Laurent Fabius : « **Franchement, vous imaginez Hollande Président ? On rêve !** »

François Hollande : « **Eh bien, je garde le mot : c'est un beau rêve. Je suis content qu'il y participe**[26]. »

« **Petit Pierre** » Moscovici – strauss-khanien en mal d'allégeance et futur directeur de campagne de Hollande – rappelle que ce dernier, connu sous le nom de « **Babar** » (puisque roi des éléphants au temps où il dirigeait ceux du PS), fut premier secrétaire au moment du funeste référendum de mai 2005 et lors des présidentielles perdues par la gauche en 2002 puis 2007 : « **Hollande, c'est le premier secrétaire qui a tout raté** »...

Divers surnoms gastronomiques s'attachent à cet homme placide et jovial qui, comme Chirac et à l'inverse de Nicolas Sarkozy, apprécie les plaisirs de la table. « **Flanby** » est une trouvaille d'Arnaud Montebourg inspirée par le dessert mou et flageolant dont raffolent les enfants, ce qui appelle immanquablement ce complément... alimentaire : « **Le programme de Hollande, c'est du flan.** »

Ségolène Royal – désormais séparée d'un François Hollande parti vivre avec la journaliste politique Valérie Trierweiller – ne perd pas une occasion de tacler le candidat « normal » : « **Un président de la République, c'est forcément quelqu'un d'atypique, *a fortiori* quand on est dans une période anormale.** »

« **Moi, je crois au contraire que, pour postuler à la magistrature suprême, il faut des qualités anormales, exceptionnelles**[27]. »

Elle se répand à longueur d'interviews en déclarations tonitruantes : « **Ce n'est pas plus mal que ce soit une femme qui fasse le ménage !** »

« **Hollande, c'est un notable. Avec lui, c'est : "Dormez, braves gens !"**[28]. »

« Le point faible de François Hollande, c'est l'inaction. Est-ce que les Français peuvent citer une seule chose qu'il aurait réalisée en trente ans de vie politique ? Une seule[29] ? »

Cela dit, dans la même interview, elle s'en prend aussi à Martine Aubry qui lui a soufflé la présidence du Parti socialiste au congrès de Reims en 2008, dans des conditions plus que douteuses : **« Sa seule expérience électorale, c'est une législative perdue en 2002. Passer de rien à une campagne présidentielle, ce n'est pas facile[30]. »**

Ségolène fait mine d'oublier que Martine Aubry a tout de même gagné une législative en 1997, et deux municipales (2001, 2008). Mais la maire de Lille se montre magnanime à l'encontre de sa rivale… la moins dangereuse à ses yeux : **« Franchement, entre Ségolène et François, je la préfère elle. Au moins, elle dit des choses. Lui, rien, il profite du vide. »**

Les journalistes se plaisent à rappeler les noms d'oiseaux entendus rue de Solferino quand Martine Aubry évoquait son prédécesseur à la tête du Parti socialiste : **« Couille molle, enfoiré, niveau zéro de la politique. »** Ou ces jugements quelque peu excessifs : **« Arrêtez de dire qu'il travaille. François n'a jamais travaillé. Il ne fout rien[31]. »**

Martine Aubry, forte de sa participation à la *dream team* de Jospin en 1997-1999, attaque Hollande sur son point faible, l'absence totale d'expérience ministérielle, et même de bilan à la tête du PS : **« À mon arrivée en 2008, le Parti était un champ de ruines. Je vais devoir déboucher les chiottes moi-même… On lui a confié le PS, il nous a rendu la SFIO… Nous n'étions pas crédibles pour les Français… C'est un homme de coups, il n'est jamais sur le fond. Sous Jospin, il n'était pas au gouvernement et ne se sentait pas au niveau. »**

C'est d'ailleurs Guillaume Bachelay, plume de Fabius puis de Martine Aubry, qui trouve les surnoms les plus cruels pour

Hollande, natif de Rouen, par conséquent décrit sous les traits de **« Guimauve le Conquérant* »**, champion d'une **« Gauche molle »**[32].

Bachelay recycle même à propos du candidat socialiste le bon mot sarkozyste de la précédente campagne présidentielle** : **« Chaque matin, il pense à la présidence en nous rasant[33]... »**

Mais bien qu'il soit la cible des attaques venues de son propre camp, François Hollande entend réserver les siennes à Nicolas Sarkozy, comme s'il se voyait déjà face à lui au second tour. Il se rode en livrant quelques blagues sur le motif éculé, mais toujours efficace, des devinettes :

« Quelle est la différence entre Nicolas Sarkozy et la température ? Au printemps, la température est censée remonter... »

« Qu'est-ce qu'une sardine ? Une baleine qui a vécu cinq ans de sarkozysme. »

« Quelle est la différence entre le Concorde et Sarkozy ? Le Concorde s'est arrêté de voler, lui ! »

Quand on lui demande si le Président sortant ne coupe pas l'herbe sous le pied de la gauche en préparant une nouvelle taxe pour les plus riches, il répond, l'air de rien, le 24 août 2011 : **« L'herbe est haute, hein ? Et je crains que sa tondeuse soit à puissance limitée... »**

Évoquant le prix à payer pour voter à la primaire socialiste, la fameuse « contribution citoyenne », il met les rieurs de son côté le 6 octobre 2011 : **« Un euro, c'est pas cher pour se débarrasser de Sarkozy ! »**

Le « candidat normal » trouve un soutien inattendu en la personne de l'ancien Président Jacques Chirac, qui a décrit

---

* Duc de Normandie, Guillaume le Conquérant mena avec succès la conquête de l'Angleterre dans le dernier tiers du XIe siècle.

** Voir p. 181.

Nicolas Sarkozy – dans le second tome de ses *Mémoires*, opportunément publié en juin 2011 – en des termes peu flatteurs : **« Nerveux, impétueux, ne doutant de rien et surtout pas de lui-même... »**

Venu inaugurer son musée présidentiel de Sarran, en Corrèze, en compagnie du député et président du Conseil général du département (un certain François Hollande...), il en rajoute une couche le 11 juin 2011 : **« Je vais voter pour lui, sauf si Juppé se présente, parce que j'aime bien Juppé ! »** Et comme son entourage, effaré, l'invite à baisser le ton à cause des journalistes omniprésents, il s'écrie de plus belle : **« Je peux dire que je voterai Hollande ! »**

Commentaire dépité de Sarkozy, oubliant ses turpitudes passées vis-à-vis du **« roi fainéant »** : **« Jusqu'au bout, Chirac m'aura tout fait. »**

François Hollande semble tellement insubmersible que Manuel Valls le compare à **« un bouchon : quoi qu'il arrive, il flotte[34] »**. Le **« Culbuto »** résiste à tout, comme à cette pique de Martine Aubry lors du débat télévisé entre les six candidats au primaire, le 6 octobre 2011 : **« On ne pourra pas battre une droite dure si on est une gauche molle. »**

Ce qui inspire un à-peu-près à Henri Guaino, sur fond d'histoire de la IVe République : **« Ce n'est pas la gauche molle, c'est la gauche Mollet*[35] ! »**

C'est pourtant le nouveau Guy Mollet qui arrive en tête lors du premier tour de la primaire, le 9 octobre 2011, avec 39,17 % des voix, loin devant Martine Aubry, 30,42 % ! Pour Ségolène Royal, qui n'a réuni que 6,95 % des sympathisants socialistes, un choix cornélien se profile pour le second tour des primaires : **« Comment voulez-vous que je choisisse entre**

* Allusion à Guy Mollet, secrétaire général de la SFIO de 1946 à 1969, fort décrié par les gaullistes pour sa contribution au régime des partis.

celle qui m'a volé [les clés du PS en novembre 2008] et celui qui m'a trahie[36] ? »

Elle se ralliera cependant à François Hollande, tout comme Jean-Michel Baylet (0,64 %), Manuel Valls (5,63 %), et même Arnaud Montebourg (17,19 %), qui s'en justifie : **« Moi, je change d'alliés, pas d'idées[37]. »**

Martine Aubry tente bien de renverser la vapeur et met les participants en garde sur le flou du programme hollandais juste après le débat entre finalistes socialistes : **« J'ai bien compris qu'il essayait de passer entre les gouttes quand je lui posais un certain nombre de questions. [...] Ma grand-mère disait : "Quand c'est flou, c'est qu'y'a un loup"[38]... »**

Même si chez Martine Aubry, la politique se fait en famille, la formule doit en fait bien plus à Guillaume Bachelay qu'à la vénérable aïeule[39]... Cela ne change rien : **« Guimauve le Conquérant »** l'emporte nettement le 16 octobre 2011, avec 56,57 % des suffrages, devenant ainsi le candidat du Parti socialiste et du Parti radical de gauche.

Son discours d'investiture, le 22 octobre 2011, permet à François Hollande de décocher de nouvelles flèches contre Sarkozy, **« le Président de ceux qui gagnent plus sans travailler*... »**

Puis, après l'échauffement des devinettes, il attaque les choses sérieuses :

« Sarkozy, il devait aller chercher la croissance avec les dents. Mais qu'est-ce qu'il en a fait ? Il l'a mangée[40] ? »

« Candidat depuis cinq ans, à peine entré, déjà sortant[41] ! »

« Il connaît les erreurs à éviter. La preuve : il les a toutes commises. »

« Il devait être le Président de la rupture ! La seule qu'il ait réussie est celle avec les Français[42] ! »

* Allusion perfide au candidat du **« Travailler plus pour gagner plus »** en 2007.

Bientôt, reprenant le procédé de de Gaulle à propos de Mitterrand, qu'il ne nommait jamais, Hollande donnera à Sarkozy du **« candidat sortant »**, et même du **« Président sortant »**[43]...

Rassembleur et lyrique, il affirme, en convoquant le *I Have a Dream* de Martin Luther King : **« C'est le rêve français que je veux réenchanter, celui qui a permis à des générations, durant toute la République, de croire à l'égalité et au progrès. »**

Commentaire de Claude Bartolone, rallié de la dernière heure au panache du vainqueur : **« François, c'est celui qui avait toujours le prix de camaraderie, mais il ne rêvait que du prix d'excellence[44]. »**

Le socialiste Malek Boutih, un ancien de SOS Racisme, le soutient avec plus d'assurance que d'élégance : **« Sarkozy, à l'idée d'affronter Hollande, il chie dans son ben[45] ! »**

C'est une crainte que n'a pas Jean-Luc Mélenchon – surnommé **« méchant con »** par certains socialistes qui se sont sentis visés dans son ouvrage intitulé *Qu'ils s'en aillent tous !* (Flammarion, 2010). Associé à un Parti communiste qui n'ose plus présenter de candidat, l'ex-socialiste veut hisser très haut les couleurs du Front de gauche et marquer d'emblée sa différence *via* une publicité politique comparative, avec à la clé une allusion perfide au gouda, spécialité hollandaise : **« Si c'est l'heure des caractères, vous avez besoin de moi. Si ce n'est pas l'heure... c'est mieux d'avoir des gens plus tranquilles [...] des François Hollande et tous les autres fromages lyophilisés que vous pouvez trouver[46]... »**

L'intéressé suit cette recombinaison de la gauche du PS d'un œil amusé, confiant aux mandataires régionaux du PS, le 20 décembre 2011 : **« Les candidatures de gauche, c'est tout à fait normal qu'il y en ait, même si c'est la première fois que le PC présente un candidat socialiste... »**

Mélenchon adopte ensuite des slogans de campagne percutants, comme **« La France la belle, la rebelle »** et surtout **« Prenez le pouvoir ! »**… sans doute à la place de François Hollande, qu'il étrille dans une interview retentissante. **« Méluche »** renvoie dos à dos Hollande et Sarkozy, reprisant le **« bonnet blanc et blanc bonnet »** de Jacques Duclos en 1969 à propos de des **« Deux P »** (Pompidou et Poher)* : **« Hollande et Sarkozy sont deux hommes d'un autre temps, ils ne voient pas la faillite du système. »**

« Nicolas Sarkozy est pour la rigueur, et François Hollande est pour donner un sens à la rigueur. »

La conclusion de l'ancien sénateur socialiste est sans appel et fera date : **« À présent, à gauche, pourquoi choisir, pour entrer dans la saison des tempêtes, un capitaine de pédalo comme Hollande[47] ? »**

Puis il brocarde, au meeting de Talence, le 1er décembre 2011 **« le vote utile, vote futile qui se contente de l'emballage pour faire croire que le contenu s'y trouve »**.

En attendant, c'est François Hollande qui récupère et accommode sans vergogne le slogan de campagne de Mélenchon : **« Soyez les plus nombreux ! Prenez ce pouvoir qui vous est offert[48] ! »**

Voilà en tout cas le candidat socialiste bien habillé pour affronter les bons mots de ses adversaires de droite…

« Je balance pas, j'évoque[49]… »

La précampagne est désormais lancée… Les scuds volent parfois si bas et en formation si serrée que l'on se croirait déjà dans la dernière ligne droite de la campagne officielle…

---

* Voir p. 50.

C'est le sens des vœux adressés par le Premier ministre François Fillon à Nicolas Sarkozy lors du Conseil des ministres du 4 janvier 2012, conformément à la tradition : « **Vous avez accompli un quinquennat de combat. Cela sent aujourd'hui à la fois la nostalgie et la poudre. Nostalgie, parce que ce sont les derniers vœux du quinquennat. La poudre, parce que les artificiers sont déjà en place.** »

Et Sarkozy de filer la métaphore guerrière, y ajoutant celle du cycliste qu'il est : « **Le soldat qui a peur, il faut qu'il fasse un autre métier. Une campagne, c'est comme le Tour de France : il y a des étapes où il faut être au rendez-vous**[50]. »

Au garde-à-vous, Édouard Courtial, secrétaire d'État des Français de l'étranger, proclame sa foi en son candidat-Président : « **Moi, je n'ai pas de chapelle. J'ai une cathédrale : Nicolas Sarkozy**[51]. » Jean d'Ormesson rivalise de dévotion pour un Président qui a fait tant de miracles : « **Pendant cinq ans, avec courage, dans les pires conditions, Nicolas Sarkozy a tenu le pays hors de l'eau**[52]. » Gérard Depardieu, sarkozyste dévôt, se lamente : « **Je n'entends dire que du mal de quelqu'un qui ne fait que du bien**[53]. »

Et Alain Juppé, ministre des Affaires étrangères et patron d'une région littorale, renchérit sur son blog : « **Nicolas Sarkozy, c'est la vague puissante, sans cesse renouvelée, qui apporte chaque jour son lot d'idées neuves et de propositions fortes.** »

Guillaume Peltier, transfuge du FN et nouvelle tête dans l'équipe de campagne présidentielle, prolonge l'image au meeting de Versailles, le 31 mars 2012 : « **Nous sommes la foule, nous sommes la houle, nous sommes la génération Sarkozy !** »

Malmené par le Président-candidat, Patrick Devedjian le soutient quand même, sans illusion : « **Quand la maison brûle, la question n'est pas de savoir si le capitaine des pompiers est sympathique**[54]. »

Contre toute attente, Henri Guaino est moins idolâtre envers le prince, peut-être instruit par son expérience de conseiller spécial du Président : **« Nicolas Sarkozy gère tout à l'affect. La contrepartie de l'affect, c'est la brutalité[55]. »**

Jean-Pierre Grand, député UMP proche de Villepin, est carrément et prématurément pessimiste, allez savoir pourquoi : **« Les Français n'en veulent plus... Pour lui, les carottes sont cuites[56]. »**

Son mentor n'est pas d'un optimisme délirant : **« Il faut sortir du strip-tease présidentiel[57]. »** Se souvient-il qu'en septembre 2005 il exhibait son torse ruisselant d'embruns sur les plages de La Baule pendant qu'un Sarkozy tout habillé écumait en terrasse ? Toujours est-il qu'il renvoie dos à dos les deux favoris de la campagne dans un langage très chiraquien : **« Deux attrape-couillons qui vont à la pêche aux voix et prennent les Français pour des couillons[58]. »**

Nicolas Sarkozy lui-même en vient à douter de l'efficacité de ses soutiens et se prend pour Richard III, plus enclin cependant à réclamer un vélo qu'un cheval : **« Ils sont où les ministres ? Personne ne me défend ! Personne ne monte au créneau pour approuver ce que j'ai dit ! »** Et il menace : **« Je regarde tout, je me souviens de tout et je me souviendrai de tout[59]. »**

Autant dire qu'il se montre parfois fort vindicatif envers son équipe de campagne : **« Rappelez-moi qu'il faudra inclure dans la politique de réindustrialisation une usine à couilles. Beaucoup ont besoin de greffes[60]... »**

Mais l'urgence, pour le Président-candidat, c'est de répliquer à son adversaire socialiste, qui vient d'adresser aux Français une lettre publiée dans *Libération* sous le titre « Le changement, c'est maintenant » (3 janvier 2012).

D'où quelques attaques *ad personam* d'André Santini puis de Jean-François Copé : **« Il me rappelle les petits notaires de province. Il finirait par me faire regretter Ségolène[61] »**, assure le premier. **« Il incarne la couardise en politique[62] »**, renchérit le second.

Après cette préparation d'artillerie, l'on se porte sur les terrains de l'idéologie et de la rhétorique de **« Monsieur petites blagues »** : **« Il y a une forme de continuité entre Ségolène Royal et François Hollande, beaucoup d'idéologie et pas beaucoup d'idées[63]. »**

« Les Français ont-ils envie d'élire Guy Bedos[64] ? »

Nathalie Kosciusko-Morizet craint une « menace fantôme » à la *Star Wars* : **« Un discours lénifiant, qui a vocation à endormir, à baigner la France dans le Lexomil. Ce qui me frappe dans le discours de François Hollande, ce n'est pas tant ce qu'il dit que ce qu'il ne dit pas[65]. »**

Le Président prend de haut le petit député de Tulle et président… du Conseil général de Corrèze : **« Quand je dirai que j'en ai parlé à Obama, Hollande, lui, dira qu'il a vu ça avec Gérard Dugenou, ramasseur de champignons en Corrèze. »**

« Voyez ce sucre : il paraît solide. On le plonge dans l'eau. Voyez ce qu'il en reste. Voilà, c'est ça Hollande. »

Lionnel Luca, député Droite populaire des Alpes-Maritimes, poursuit le procès en compétence et en inexpérience du **« candidat édredon »** : **« On ne va pas mettre un employé de bureau à la tête de l'État. Les temps sont durs[66] ! »**

« Vous pouvez toujours taper dessus, il répondra toujours noir ou blanc[67]. »

Nicolas Sarkozy pointe aussi les contorsions du candidat socialiste à l'occasion d'une interview accordée au *Guardian* à la mi-février, où François Hollande a vanté le bilan d'une gauche française au pouvoir ayant « libéralisé l'économie et ouvert le marché à la finance et aux privatisations » : **« Thatcher à Londres, et Mitterrand à Paris[68]. »**

Christian Estrosi y revient régulièrement, de manière tout aussi laconique : **« Hollande dit blanc le matin, noir le soir[69]. »**

François Hollande en Janus, il fallait y penser…

À vrai dire, le chef de l'État et son entourage se sont sentis humiliés par les propos de François Hollande tenus lors d'une discussion *off* avec des journalistes, et qui ont fuité dans *Le Parisien*. Le candidat socialiste y parodiait Nicolas Sarkozy se présentant aux Français : « **Je suis le Président de l'échec, je suis un sale mec, mais dans cette période difficile, je suis le seul capable, j'ai le courage**[70]**...** »

Le candidat socialiste s'était déjà essayé à ce genre de prosopopée le 20 décembre 2011, mais rien n'avait alors fuité quand il avait déclaré devant les mandataires régionaux du PS : « **Voilà, je suis celui qui vous a tellement mis dans la m..., dans les miasmes, la boue, que maintenant, je suis celui qui peux vous tendre la main pour vous en tirer**[71] **!** »

Indigné par ces outrances, Olivier Biancarelli, conseiller politique de Sarkozy, bombarde de courriels les ministres et députés de la majorité : « **Hollande a fait une erreur. Le Président vous demande de cogner. Pas de quartiers ! Lâchez vos coups**[72] **!** »

Certains prennent les devants. Nadine Morano, qui a les oreilles sensibles, exige « **des excuses publiques** » pour des propos « **intolérables** » et « **inqualifiables** », et Gérard Longuet, ministre de la Défense, fustige François Hollande au sortir du Conseil des ministres : « **C'est un mauvais candidat parce que s'il démarre la campagne ainsi, il la rend médiocre. La France mérite mieux que ce type de formule.** »

Le même Longuet se permet quelques jours plus tard une « formule » comparant le candidat socialiste et sa promesse de 60 000 postes dans l'Éducation nationale au capitaine du paquebot *Costa Concordia* spectaculairement échoué sur les côtes italiennes : « **Il y a des capitaines qui frôlent trop les côtes et qui conduisent leurs bateaux sur les récifs. Je trouve que François Hollande côtoie et tutoie les déficits publics avec beaucoup de complaisance**[73]**.** »

Brice Hortefeux fait preuve d'indulgence et d'humour vis-à-vis du dérapage du candidat socialiste, rappelant sa propre sortie de route sur les étrangers, manière de glisser au passage que Hollande a bien commis une erreur : **« Quand on fait une connerie, c'est très difficile de savoir comment on s'en sort. C'est un spécialiste qui vous parle[74]. »**

Mais François Hollande mène bien sa barque, conscient des écueils à éviter face au Président sortant.

« Potiron » décolle au Bourget

Hollande prépare très soigneusement son meeting prévu au Bourget le 22 janvier 2012. Aquilino Morelle – sorte de Guaino de la « Hollandie » – se charge de trouver les mots capables de soulever la foule militante et d'emballer la campagne. Après quelques passages convenus, le candidat se dévoile un peu, et marque ses différences avec les concurrents de son bord, dont certains sont dans la salle et rient jaune : **« Tout dans ma vie, m'a préparé à cette échéance [et pas seulement l'épisode DSK]... Je suis socialiste [pas comme le programme de Lionel Jospin en 2002]... La gauche, je l'ai choisie [à Fabius ?]... Rien ne m'a été donné [à Martine Aubry, fille de Jacques Delors et protégée de Mauroy]. »**

D'une blague en rafale, il écarte ce procès en inexpérience qui continue de lui être intenté : **« Certains me reprochent de ne jamais avoir été ministre... Quand je vois ce qu'ils sont devenus, ça me rassure ! Clemenceau est devenu Président du Conseil à 65 ans. Mais je n'attendrai pas jusque-là, je vous le promets ! »**

Alors – sous les regards extatiques de Jérôme Cahuzac et de Thomas Thevenoud* – s'opère la mue de **« Flanby »** en che-

* Leur honnêteté sera plus tard mise en cause.

valier blanc de la transparence : **« Au délinquant financier, au fraudeur, au petit caïd, je les avertis... le prochain président de la République – oui, la République ! – les prévient : la République vous rattrapera ! »**

Porté par les acclamations, le **« Hollandais volant »** annonce ses propositions, et retrouve les accents de François Mitterrand, auteur d'une immortelle anaphore sur « l'argent » au congrès d'Épinay, le 11 juin 1971*. Recourant au vieux procédé de la confidence, prisé par l'orateur Mitterrand, le candidat socialiste lâche en guise de péroraison : **« Je vais vous dire un secret : j'aime les gens, quand d'autres sont fascinés par l'argent... Mon véritable adversaire, il n'a pas de nom, pas de visage, pas de parti, il ne présentera jamais sa candidature. Il ne sera jamais élu et pourtant il gouverne : cet adversaire, c'est le monde de la finance. »**

L'écrivain Laurent Binet, qui suit la campagne du candidat socialiste, garde un œil sur celle du Président sortant, qui flotte quelque part en Amazonie à ce moment-là, et note le contraste avec 2007 : **« En 2007, Ségolène caressait un petit mouton à la campagne le jour du grand meeting de Sarkozy. Aujourd'hui, c'est Sarkozy qui se retrouve dans une pirogue, en Guyane, pendant que son rival triomphe au Bourget[75]. »**

Après ce tour de force, **« Culbuto »** n'a aucun mal à retourner les critiques du camp adverse :

François Baroin : **« Dire "Je suis contre la finance", c'est aussi idiot de dire "Je suis contre la pluie". »**

François Hollande : **« Les parapluies, ça existe[76]. »**

---

* François Mitterrand dénonçait avec véhémence **« toutes les puissances de l'argent, l'argent qui corrompt, l'argent qui achète, l'argent qui écrase, l'argent qui tue, l'argent qui ruine, et l'argent qui pourrit jusqu'à la conscience des hommes ! »**.

Placé sur orbite, François Hollande se fend de formules très enlevées, que son mentor Mitterrand n'eût pas désavouées : **« La France nous attend, l'Europe nous regarde, le monde nous espère[77] ! »**

Il se moque des ralliements des candidats de second plan à Nicolas Sarkozy : **« Je tremble. Après la tempête Boutin, vous croyez qu'il y aura la tornade Morin[78] ? »**

Lors d'un débat télévisé, il corrige même un ancien Premier ministre, pas vraiment réputé pour sa modestie, et qui vient d'évoquer la passation de pouvoir entre Giscard et Mitterrand en mai 1981 :

Alain Juppé : **« Ne soyez pas trop arrogant. »**

François Hollande : **« En matière d'arrogance, chacun doit faire son examen de conscience. »**

Al. J. : **« Moi je l'ai fait depuis longtemps. »**

Fr. H. : **« Faites attention, une rechute est toujours possible[79] ! »**

Les caciques du PS donnent alors de la voix pour voler au secours d'une victoire qui se profile, sur la foi des sondages. Ils lâchent leurs salves au moment où Nicolas Sarkozy se déclare officiellement candidat, le 15 février 2012.

Guillaume Bachelay, ironique : **« Il est candidat à sa réélection depuis son élection. C'est un peu comme un épisode de *Colombo* : dès le début, on sait comment cela va se terminer[80]. »**

Bernard Cazeneuve, glacial et caustique : **« Le candidat Sarkozy est le plus cruel commentateur du président Sarkozy. »**

Laurent Fabius, récitant ses classiques : **« Les Français voulaient un Président de vision, ils ont eu un Président de division[81] »**... ou alors, jouant sur l'assonance, d'un trait laconique : **« Votre bilan, c'est votre boulet[82]. »**

Bruno Le Roux, sur la méthode du Président-candidat, en mode métaphorique : **« Il y a toujours une technique, avec Nicolas Sarkozy, qui est un peu celle du micro-ondes. On prend quelque chose que l'on avait déjà dit, on ne l'a pas fait et puis on le réchauffe quand il y a un problème[83]. »**

Porte-parole du candidat Hollande, Najat Vallaud-Belkacem n'y va pas de main morte... Après avoir traité son vis-à-vis dans l'autre camp, Xavier Bertrand, de **« valet sans morale »**, elle s'attaque à son maître : **« Le vrai modèle de Nicolas Sarkozy n'est pas Angela Merkel, mais un mélange de Silvio Berlusconi et de Vladimir Poutine, avec le vide idéologique de l'un et la brutalité des méthodes de l'autre[84]. »**

François Hollande lui-même, à propos du soutien que les dirigeants allemands et britanniques apportent au Président sortant, oublie toute retenue : **« C'est bien la première fois que je vois des conservateurs au chevet d'une personne en difficulté[85] ! »**

Fini le placide **« Potiron »**, le débonnaire **« Babar »** ou la délicate **« Fraise des bois »** : **« Ceux qui ont cru que j'étais trop gentil ont vécu une dernière période un peu difficile[86]. »**

Le 18 mars, lors du Salon du livre, invité par la presse à commenter son goût pour *Le Mythe de Sisyphe* d'Albert Camus, il saisit l'occasion de placer un couplet qui lui tient à cœur : **« Il n'y a rien de pire que l'autosatisfaction, le contentement de soi, le mépris des autres, que le sentiment qu'il n'y aurait que celui qui a été élu qui pourrait donner le sens de l'avenir[87]. »**

Il enfonce le clou un mois plus tard : **« La stature présidentielle, on l'acquiert en devenant Président. Alors que la sympathie, ce n'est pas sûr[88]. »**

C'est pourtant lui qui avait confié en petit comité, le 23 décembre 2011 : **« Sarkozy, il a beau se comporter comme un salopard, c'est le salopard sympa[89]. »**

Et Bernard Cazeneuve, député-maire de Cherbourg et porte-parole du candidat Hollande, profite du changement d'horaire à la fin de mois de mars pour un bon mot ironique : **« L'heure d'été aura surtout un avantage : c'est une heure de moins de Sarkozy ! »**

« Marrons, fourchettes et boîte à gifles[90] »

La campagne officielle débute le 19 mars 2012*, avec dix candidats en lice. L'on constate alors que petites phrases et bons mots ne sont pas l'apanage des « gros » candidats, qui servent évidemment de cibles pour les projectiles des petits et moyens calibres…

Seul Jean-Luc Mélenchon a décidé de poursuivre sa campagne malgré tout, et s'en justifie dans une déclaration le 20 mars 2012 : **« Poursuivre la campagne, c'est un acte de résistance morale, intellectuelle et affective. »**

Le chef du Front de gauche est le candidat qui monte, ses meetings connaissent un succès inattendu, et révèlent un tribun hors pair. Robert Hue, communiste rallié à François Hollande, l'accuse de faire objectivement le jeu du Président-candidat : **« Mélenchon me traite de porte-valises de François Hollande. Je préfère ça que d'être le baluchon de Nicolas Sarkozy[91]. »**

Le 18 mars, place de la Bastille, on lit sur des pancartes : **« Mélenchon, enfant des Lumières, le peuple est avec toi. »** L'orateur lance à la foule cette incantation communarde, inspirée par le journal éponyme de Jules Vallès : **« Nous sommes le cri du peuple ! »** Aux Marseillais qui viennent l'écouter le 24 avril sur la plage du Prado, il déclare : **« Vous êtes émouvants ! Comme vous êtes grands ! Comme vous êtes beaux ! »**

---

* Mais elle est suspendue en raison des assassinats perpétrés par Mohamed Merah, et reprend peu après sa mort, le 22 mars.

Son objectif et sa cible prioritaires sont définis depuis longtemps : **« Je mets en garde contre cette mode médiatique qui consiste à assigner le peuple à résidence politique chez Madame Le Pen[92]. »**

« Marine Le Pen a dit qu'il fallait craindre la résurrection du communisme avec son cortège de folie, d'anarchie et de violence ? Moi, je lui dis ici : le cauchemar, Madame Le Pen, ne fait pour vous que commencer ! »

Depuis un premier accrochage le 22 mai 2002 sur France 3, au lendemain des présidentielles*, **« Méluche »** et **« La Marine »** s'écharpent toujours avec une belle ardeur. Le 14 février 2011, la candidate du FN reprend les hostilités contre son adversaire :

« C'est le nouveau Bernard Tapie... le gros bourgeois qui joue au populaire[93]. »

« Vous êtes un peu la Yvette Horner de la politique : tous les combats que vous menez ont trente ans de retard[94]... »

« Il est révolutionnaire comme moi je suis danseuse au Crazy Horse[95] ! »

Sur France 2, l'invective le dispute au comique :

Marine Le Pen : **« Vous m'avez traitée de semi-démente ! »**

Jean-Luc Mélenchon : **« Ça vous laisse quand même une bonne moitié[96] ! »**

Jean-Marie Le Pen, qui garde un œil sur sa fille, vient alors à sa rescousse : **« Moi j'offre un débat à M. Mélenchon, et je vais lui retirer son caleçon[97] ! »** L'intéressé décline d'une pirouette, dont les premiers mots rappellent au patriarche qu'il a fait son temps : **« Trop tard : je suis déjà un sans-culotte[98] ! »**

Outsider des *outsiders*, Jacques Cheminade, qui fut déjà candidat en 1995, propose entre autres de coloniser la planète Mars, et annonce **« un monde sans la City ni Wall Street »**. Il ne brille pas par sa modestie lorsqu'il évoque ses adversaires dans

* Voir p. 173.

la course présidentielle : « **Je ne me situe pas par rapport à eux. J'essaie d'illuminer le bocal dans lequel ils nagent**[99]. »

Plus de lucidité chez Philippe Poutou, candidat surprise du Nouveau Parti anticapitaliste (NPA), et ersatz modeste du grand communicant Olivier Besancenot : « **Dans le regard des politiques, dans leur attitude, je vois bien qu'ils se demandent : "Qu'est-ce qu'il fout ici, ce guignol ?", ça me donne de l'énergie**[100]. »

« **J'ai pas rendez-vous avec le peuple, moi ! J'ai pas entendu des voix**[101]. »

Son programme, limpide, tient en peu de mots : « **On est pour bosser le moins possible et gagner le plus possible**[102]. »

« **Nous, ce qu'on a envie** [*sic*], **c'est que Sarkozy il soit giclé**[103]... »

Sur ce dernier point, il rejoint Marine Le Pen, qui se remémore ses années d'études et peut-être aussi ses méthodes de travail : « **Le Président sortant me fait penser à un cancre qui ne fait rien pendant toute l'année scolaire et qui, à quinze jours du conseil de classe, met tout en œuvre pour se faire bien voir par sa maîtresse**[104]. »

En revanche, la présidente du FN apprécie assez peu cette formule d'Olivier Besancenot, inspirée par celle de Robert Hue en 2007* : « **Sarkozy est un cocktail de Margaret Thatcher et de Marine Le Pen**[105]. »

Comme toujours, le centre peine à s'unir. Rallié à Nicolas Sarkozy, Jean-Louis Borloo continue de se lâcher contre François Bayrou, dont il avait pourtant animé la campagne en 2002 : « **Bayrou ne dit rien de convaincant sur le fond. Il s'aime trop, et ça se voit. Son programme tient à un slogan : "Avant moi le précipice, sans moi le chaos." N'est pas de Gaulle qui veut**[106]. »

* Voir p. 181.

Jean-Louis Bourlanges, ex-député européen de l'UDF, n'est pas plus indulgent sur son ex-ami Bayrou, ce **« berger qui a trop longtemps vécu avec les moutons[107] ».**

« Pour beaucoup de Français qui dénoncent le système mais ne veulent rien changer, il est le candidat idéal[108]. »

Maurice Leroy non plus, lui aussi un ex-compagnon de route du président du Modem : **« C'est la démocratie hall de gare. Il a conceptualisé le bordel. Comme ça, il garde le pouvoir. Et le candidat, c'est toujours lui[109]. »**

En revanche, les supporters de François Bayrou croient dur comme fer en l'homme providentiel, comme en témoignent leurs banderoles lors du meeting de leur héros à Paris : **« La France est à plat ! Mettez Bayrou de secours[110] ! »**

Philippe Douste-Blazy, redevenu partisan de François Bayrou après l'avoir abandonné en 2002, explique son ralliement en des termes mystiques et passablement tortueux : **« Nicolas Sarkozy est victime de la malédiction des Premiers ministres. Comme il a été le Premier ministre de son propre quinquennat, on voit bien son impossibilité à être réélu[111]. »**

François Bayrou, quant à lui, trouve le style de François Hollande **« technico-politico-blabla[112] »** et s'amuse de certains ralliements au candidat socialiste, notamment celui de Corinne Lepage, ex-députée du Modem au Parlement européen. Il raille cette **« course des gnous qui vont vers les points d'eau[113] »**... lui qui votera Hollande au second tour !

Pour l'heure, il dénonce surtout la **« "sarkhollandisation" du débat politique[114] » : « Le programme de Nicolas Sarkozy est très simple : il faut battre François Hollande. Le programme de François Hollande est très simple : il faut battre Nicolas Sarkozy[115]. »**

Le Point signale que dans les couloirs du Modem, on a fait imprimer des affiches de film inspirées de *The Artist*, grand succès du moment : cela donne **« The Centrist »** pour Bayrou, **« The Fumist »** pour Sarkozy et **« The Copist »** pour Hollande[116]...

« **The Centrist** » réclame un débat télévisé entre les dix candidats officiels, mais les poids lourds se dérobent, à sa grande fureur : « **La vérité, c'est qu'il y a une entente clandestine entre François Hollande et Nicolas Sarkozy [pour] ne pas débattre de ces sujets. [...] On n'a pas besoin d'un président de la République dérobeur. On a besoin d'un président de la République qui accepte de regarder les choses en face**[117]. »

Le débat aura finalement lieu le 16 avril, mais sans les « gros » candidats, qui ont délégué des porte-parole, y compris... François Bayrou !

À gauche, Hollande enregistre quelques ralliements, celui de Jean-Pierre Chevènement en particulier, qui avait annoncé sa candidature en novembre 2011 pour la retirer le 1er février 2012. Le député socialiste Jean-Christophe Cambadélis n'est pas tendre envers son ancien camarade de parti : « **Il y a toujours deux Chevènement. L'un intraitable sur les grands principes, et l'autre [...] négociant les conditions de son ralliement**[118]. »

Eva Joly, candidate EE-LV en *meeting* à Strasbourg, ironise elle aussi sur la conversion du président du Mouvement républicain et citoyen : « **Le rugissement du lion de Belfort ne pèse pas plus lourd que le miaulement d'un chat**[119]. »

Certains en rajoutent dans le hollandisme, tel Alain Rousset, président socialiste de la région Aquitaine, n'hésitant pas à comparer François Hollande à Victor Hugo, qui « **voulait mettre fin à la République des abus**[120] ».

D'autres sont plus réservés, à l'image de Laurent Fabius, interrogé sur les raisons de son soutien à François Hollande, qu'il a beaucoup raillé et critiqué avant la campagne : « **La politique, c'est comme la cuisine. On fait avec ce qu'on a**[121]. »

Dans la dernière ligne droite, on fait feu de tout bois. C'est ainsi qu'Alain Juppé livre un avis d'expert : « **Le problème,**

avec François Hollande, c'est qu'en matière de politique étrangère il court toujours après le train[122]. »

Laurent Wauquiez, autre ministre sarkozyste, brandit la *muleta* de Jean-Luc Mélenchon allié potentiel de Hollande, dans la grande tradition du « péril rouge » : **« "Hollanchon", c'est un repoussoir absolu, c'est le cauchemar des centristes[123]. »**

Certains regardent vers le passé, telle Nadine Morano comparant la campagne du candidat socialiste à celle de Ségolène Royal : **« Hollande fait campagne dans une telle improvisation qu'on se croirait revenu en 2007[124]. »**

Le député UMP des Alpes-Maritimes Lionnel Luca, en réunion publique le 24 avril à Saint-Laurent-du-Var, frappe en dessous de la ceinture : **« Hollande a trouvé une femme, Valérie Rottweiller. Et c'est pas sympa pour le chien, ça[125] ! »**

Comme en 2007, Claude Allègre, ami de Lionel Jospin, prend le parti de Nicolas Sarkozy contre le candidat socialiste et met toute sa science (naturelle) dans la balance : **« Si Hollande est élu, on aura Chirac II au pouvoir[126]. »**

« La stratégie de François Hollande est celle de la pibale, leptocéphale dont l'ambition est d'être une anguille[127]. »

D'autres, tel le député UMP Philippe Briand, misent sur l'action Sarkozy et y voient un placement sans risque : **« J'achetais du Sarko à 14 % en janvier 1995. Et il a gagné. Avec du Sarkozy à 25 % en début de campagne, c'est un placement de père de famille[128]. »**

Mais Nicolas Dupont-Aignan ne parie que sur lui-même : **« Ni Nicolas Sarkozy ni François Hollande ne seront au deuxième tour [...]. Je serai la surprise de cette élection présidentielle[129]. »**

Quant à Jean-Luc Mélenchon, il s'y voit déjà : **« Je serai le dernier président de la Ve République[130] ! »**

Prennent-ils leurs désirs pour des réalités ?

Résultats du premier tour (22 avril 2012)[131]

	Résultats bruts	% des inscrits	% des suffrages exprimés
Inscrits	46 028 542		
Abstention	9 444 143	20,52 %	
Votants	36 584 399	79,48 %	
Blancs ou nuls	701 190	1,52 %	1,92 %
Exprimés	35 883 209	77,96 %	98,08 %
Candidats			
François Hollande (PS-PRG)	10 272 705		28,63 %
Nicolas Sarkozy (UMP)	9 753 629		27,18 %
Marine Le Pen (FN)	6 421 426		17,9 %
Jean-Luc Mélenchon (FDG)	3 984 822		11,1 %
François Bayrou (Modem)	3 275 122		9,13 %
Eva Joly (EELV)	828 345		2,31 %
Nicolas Dupont-Aignan (DLP)	643 907		1,79 %
Philippe Poutou (NPA)	411 160		1,15 %
Nathalie Arthaud (LO)	202 548		0,56 %
Jacques Cheminade	89 545		0,25 %

Échec à « la méthode Sarkoué »

François Hollande arrive donc en tête du premier tour devant Nicolas Sarkozy : le duel annoncé aura bien lieu au second, mais le Président sortant sait qu'il aura bien du mal à refaire son handicap.

Secoué par le résultat, le Président n'en laisse rien paraître : il pratique la « **méthode Sarkoué**[132] », s'affirme sans désemparer « **regonflé d'optimisme** » et sûr de la victoire...

Tâche difficile, selon l'entourage de Marine Le Pen, ravie de ses 17,9 %, et bien décidée à occuper le terrain à droite. Son cher papa, président d'honneur du Front national, annonce déjà le résultat du second tour : « **Dès le 6 mai et la défaite de Sarko, l'UMP va s'effondrer. Demain, c'est nous qui incarnerons l'opposition**[133]. »

Divers candidats de gauche, dont Eva Joly et Philippe Poutou, appellent logiquement à battre Sarkozy. Jean-Luc Mélenchon s'y résout en jouant sur les nerfs de l'équipe Hollande dans une interminable déclaration qui laisse craindre le pire, quand il commence par rappeler le plagiat de son slogan par Hollande et renvoyer les deux finalistes dos à dos : « **Nous avons été bien seuls dans cette bataille. L'un imitait, l'autre ignorait**[134]... » Il finit par se rallier « **sans rien demander en échange** », au grand soulagement de l'équipe socialiste.

Quant à François Bayrou, arrivé cinquième avec 9,13 % des voix seulement, il décide de rompre avec la tradition centriste dans sa déclaration du 3 mai 2012 : « **Nicolas Sarkozy [...] s'est livré à une course-poursuite à l'extrême droite dans laquelle nous ne retrouvons pas nos valeurs... Je ne veux pas voter blanc. Ce serait de l'indécision... Reste le vote pour François Hollande : c'est le choix que je fais.** »

Avant même ce ralliement, ce dernier semble sûr de son fait et le dit le 1er mai à Nevers, sur le fief électoral du premier président de la Ve République socialiste : « **Je me suis donné un objectif : être le deuxième président de la Corrèze, et être enfin le successeur de François Mitterrand.** »

Laurent Wauquiez, sarkozyste aux dents longues, semble déjà résigné… à prendre la place de son mentor, si l'on en croit ses confessions aux journalistes : « **Sarkozy, pour qu'il gagne, il faudrait qu'il passe par un chas. S'il perd, il part. Pour lui, il vaut mieux qu'il parte**[135]**…** »

Alain Juppé lui non plus n'est pas débordant d'optimisme dans son bureau du Quai d'Orsay : « **Laurent Fabius est déjà installé dans mon bureau**[136] **!** »

Mais Nicolas Sarkozy est un combattant. Il y croit, encore et toujours : « **Je suis lucide, je vois l'extrême difficulté de la situation. Mais je finirai par gagner. Cette victoire, je vais aller la chercher avec les dents, mais je gagnerai**[137]**.** »

Tout feu, tout flamme, il exhorte son entourage à lâcher les coups : « **Hollande, je vais me le faire exploser, le défoncer. Je vais sortir la sulfateuse. Vous croyez qu'il se gêne avec moi ? Allez-y, n'ayez pas peur de salir votre joli costume ! Utilisez, vous aussi, la sulfateuse**[138] **!** » C'est que Patrick Buisson, son conseiller très spécial et si précieux depuis 2007, lui a remonté le moral : « **On peut encore gagner. Une chance existe si on en finit avec nos pudeurs de pucelles. Salissez-vous les mains, allez chercher les voix lepénistes, même si elles vous dégoûtent**[139] **!** »

Le Président-candidat montre l'exemple et vire donc à tribord toute, en direction des électeurs du Front national, quitte à plagier un discours de Jean-Marie Le Pen tenu dix ans plus tôt, le 21 avril 2002* : « **Je vais aggraver mon cas, je veux parler aux petits, aux sans-grade… Au fond, je veux m'adresser**

* Lequel s'inspirait de Jean Rostand : voir p. 171.

aux Français qui n'en peuvent plus... Quand on souffre, on a le droit de faire le choix que l'on veut[140]. »

Et quand son ministre de l'Intérieur Claude Guéant déclare qu'en cas de duel PS-FN aux législatives, il ne voterait pas pour le FN, Nicolas Sarkozy s'énerve : **« J'ai demandé à Guéant de faire le sale boulot, il l'a bien fait. Et voilà qu'aujourd'hui il est le plus con des cons[141] ! »**

Jugement dépité de Dominique de Villepin sur la compétition électorale : **« La campagne du premier tour a été indigente. Celle du second devient indigne[142]. »**

Tout se jouera-t-il le 2 mai 2012, lors du traditionnel débat télévisé d'entre-deux-tours ? François Hollande reste en tête des sondages, mais Nicolas Sarkozy a nettement remonté en fin de campagne, de sorte qu'une surprise reste possible. Même s'ils affectent la sérénité, le climat est tendu entre les deux hommes...

De chaque côté, l'usine à fiches tourne à plein régime en vue du débat. Les candidats s'entraînent avec des *sparring-partners* : Guillaume Bachelay, animateur de la cellule « Riposte », est ainsi chargé de donner la réplique à François Hollande en jouant le rôle de Nicolas Sarkozy. Il prend très à cœur la défense du personnage qu'il interprète, ce qui donne par exemple :

Guillaume Bachelay (*imitant Sarkozy*) : **« Kadhafi ? Je lui ai fait la guerre, pas les poches ! Vous n'aimez pas la droite *Fouquet's* ? Moi je n'aime pas la gauche *Carlton* ! Je note par ailleurs que M. Montebourg, qui vous sert de chevalier blanc, était assez disert sur les fédérations des Bouches-du-Rhône et du Pas-de-Calais : avant la campagne, c'était Zorro. Et depuis, c'est Bernardo*[143] ! »**

---

* Le *Fouquet's* a été le théâtre de la soirée électorale victorieuse de Nicolas Sarkozy, avec le gratin du monde des affaires. Le *Carlton* de Lille est alors soupçonné d'avoir abrité des parties fines avec DSK. Arnaud Montebourg, auteur d'un rapport parlementaire remarqué sur les chambres de commerce, était parti en guerre contre Jean-Noël Guérini et les fédé-

De fait, dans le vrai débat, Nicolas Sarkozy attaque sur le thème de la victimisation : **« Quand on m'a comparé à Franco, à Pétain, à Laval et pourquoi pas Hitler ? Vous n'avez pas dit un mot. »**

« Vous êtes un petit calomniateur. »

Mais, sans doute bien préparée, la contre-attaque de François Hollande est cinglante et lui donne l'avantage : **« Vous voulez passer pour une victime, mais je pense que les plus grandes victimes ont été les Français par rapport à votre politique. »**

Nicolas Sarkozy semble plus inspiré lorsqu'il porte le fer dans le flanc du courage politique de François Hollande, une qualité que beaucoup, même chez ses amis, lui dénient : **« Je vais vous dire simplement que, quand il a fallu avoir du courage pour interdire la burqa sur le territoire de la République française, vous étiez aux abonnés absents. »**

On retient cependant la partie finale du débat, avec les fameuses « anaphores » de François Hollande, que ses partisans trouveront lyriques et ses adversaires interminables (3 minutes et 20 secondes)… À la question qui lui est posée de savoir « quel Président il compte être », le socialiste utilise ce procédé stylistique pour dresser un inventaire de toutes les erreurs commises durant le quinquennat du Président-candidat, suivi de la ligne qu'il entend suivre, en ayant soin d'employer le futur et non le conditionnel, ravalant son adversaire au rang de *challenger* :

« Moi, président de la République, je ne serai pas le chef de la majorité, je ne recevrai pas les parlementaires de la majorité à l'Élysée.

Moi, président de la République, je ne traiterai pas mon Premier ministre de collaborateur.

Moi, président de la République, je ne participerai pas à des collectes de fonds pour mon propre parti, dans un hôtel parisien.

---

rations socialistes au fonctionnement pour le moins opaque. Bernardo est le valet muet de Zorro.

Moi, président de la République, je ferai fonctionner la justice de manière indépendante, je ne nommerai pas les membres du Parquet alors que l'avis du Conseil supérieur de la magistrature n'a pas été dans ce sens.

Moi, président de la République, je n'aurai pas la prétention de nommer les directeurs des chaînes de télévision publique, je laisserai ça à des instances indépendantes.

Moi, président de la République, je ferai en sorte que mon comportement soit en chaque instant exemplaire [...].

Moi, président de la République, j'essaierai d'avoir de la hauteur de vue, pour fixer les grandes orientations, les grandes impulsions, mais en même temps je ne m'occuperai pas de tout, et j'aurai toujours le souci de la proximité avec les Français. »

Sur le coup, Nicolas Sarkozy paraît sonné, sans voix ni réaction durant toute l'énumération. Cependant, il reprend l'offensive lorsque François Hollande réaffirme son souhait, martelé en campagne, d'une « présidence normale » : **« Monsieur Hollande, vous avez parlé – sans doute pour être désagréable à mon endroit – d'un Président normal. Je vais vous dire : la fonction d'un président de la République, ce n'est pas une fonction normale. Et la situation que nous connaissons, ce n'est pas une situation normale. Votre normalité, elle n'est pas à la hauteur des enjeux. Pour postuler à cette fonction, je ne pense pas que le général de Gaulle, François Mitterrand, Valéry Giscard d'Estaing, Jacques Chirac, Georges Pompidou, c'étaient à proprement parler des hommes normaux. »**

Il achève son propos par une nouvelle main tendue à ces électeurs du Front national qu'il a si bien su séduire cinq ans plus tôt : **« Je veux parler à ceux qui ont voté pour Marine Le Pen. Je n'ai pas pris une pince à linge pour me boucher le nez, Monsieur Hollande. Je n'ai pas fait de leçon de morale parce que je ne fais pas de leçons de morale**

à des gens qui vivent dans des quartiers où je ne vis pas, ou qui mettent leurs enfants dans des écoles où je ne vis pas. Pour moi, il n'y a pas des sous-citoyens. Ils ont le droit d'exprimer le choix qu'ils voulaient... et je veux leur parler en leur disant : vous avez exprimé un choix, ce n'est pas le mien, je vous respecte, je vous considère... »

L'appel du pied très appuyé aux électeurs frontistes, fonctionnera-t-il comme en 2007 ? François Hollande, victorieux du duel télévisé, sera-t-il le deuxième Président socialiste ?

Résultats du second tour (6 mai 2012)[144]

	Nombre	% Inscrits	% Votants
Inscrits	46 066 307		
Abstention	9 049 998	19,65 %	
Votants	37 016 309	80,35 %	
Blancs ou nuls	2 154 956	4,68 %	5,82 %
Exprimés	34 861 353	75,68 %	94,18 %
Candidats			
François Hollande	18 000 668		51,64 %
Nicolas Sarkozy	16 860 685		48,36 %

Place au « maître du temps[145] »

Dans le camp des vainqueurs, même si la droite perd l'Élysée qu'elle occupait depuis 1995, on a le triomphe plutôt modeste.

Dès qu'il en a confirmation par la télévision à Tulle, le vainqueur commente sa victoire à chaud : **« J'ai fait un résultat normal[146]. »**

Avant même que le gouvernement ne soit formé, Arnaud Montebourg redoute que l'écologiste Jean-Vincent Placé (le bien nommé) ne vienne lui souffler le portefeuille ministériel promis par François Hollande : **« Il ne va pas commencer à me chier dans les bottes, celui-là ! »**

D'autres sacrifient au lyrisme de l'alternance, tel Harlem Désir, qui avait pourtant soutenu Martine Aubry lors des primaires : **« Avec François Hollande, la République est de retour »**, et lui à la tête du PS au prix d'intrigues élyséennes que les anaphores hollandaises du débat ne laissaient nullement prévoir. Guillaume Bachelay se place sur un terrain philosophique assez inattendu : **« Pour quelqu'un de ma génération, c'est un sentiment inédit qui me submerge. Je suis en train de faire l'expérience de l'enthousiasme que décrit Kant[147]. »** Venant de deux ralliés de la dernière heure, cet enthousiasme débordant amuse François Hollande, qui n'est pas dupe : **« Il faut avoir de l'amnésie, sinon on finit seul. De l'amnésie, sans tomber dans Alzheimer non plus[148]. »**

Du côté des vaincus, Nicolas Sarkozy ébauche une déclaration à la manière de Jospin au soir du premier tour de 2002 : **« Je porte toute la responsabilité de cette défaite... Il me faut en tirer toutes les conséquences... ma place ne pourra plus être la même. »**

Dans l'immédiat, il se garde bien de prendre congé de la vie politique et se console malicieusement : **« Perdre, c'est toujours très difficile, mais se dire qu'on les laisse gérer ce merdier a quelque chose de délicieux[149]. »**

François Fillon, son ex-**« collaborateur »**, prend d'emblée ses distances et même ses aises vis-à-vis de l'**« hyperprésident »**, comme si celui-ci avait été « hyperbattu » : **« Il aurait dû prendre de la hauteur. Sa campagne de l'homme seul qui va bousculer le pays, il pouvait la faire comme challenger, pas comme Président-candidat[150]. »**

Seul Éric Besson, le néoconverti de 2007, veut voir plus loin que le résultat des urnes : **« Le temps revalorisera vite l'œuvre de Nicolas Sarkozy[151]. »**

Même pas mal ? Nicolas Sarkozy y revient pourtant quatre ans plus tard : **« J'ai été battu, mais de si peu qu'il n'y a même pas eu d'humiliation[152]. »**

La question reste ouverte ! Rendez-vous en 2017 !

2017

« On prend les mêmes et on recommence[1] ? »

Caractéristique majeure de la compétition qui s'annonce : la permanence des candidats déjà présents en 2012, de Marine Le Pen à Philippe Poutou, en passant par Nicolas Dupont-Aignan, Nathalie Arthaud et bien sûr Jean-Luc Mélenchon.

En revanche, en dehors des extrêmes, l'incertitude est grande chez les vainqueurs potentiels, c'est-à-dire au Parti socialiste et chez Les Républicains. Conformément à la tradition de la Vᵉ République, le Président sortant fait figure de candidat naturel à sa réélection… mais aucun de ses prédécesseurs n'a été si bas dans les sondages. C'est à peine mieux pour son éternel rival Nicolas Sarkozy, qui s'est remis sur orbite à la tête de son nouveau parti, Les Républicains (LR), déclarant à Marseille, le 5 mars 2015 : **« Je me sens de la famille des candidats. »**

Quelle famille ? On est plus près du champ de bataille que de *La Petite Maison dans la prairie*. C'est pourquoi tout est possible, même l'improbable. La campagne pour 2017 ressemble déjà à une foire d'empoigne… à grand renfort de formules cinglantes, bien entendu !

Sus au « Palais de l'Enlisé[2] » !

À gauche, l'hôte de l'Élysée est depuis le début de son mandat aux prises avec un « Hollande *bashing* » virulent, ce qui rend sa réélection plus que problématique.

La gamme des surnoms de François Hollande s'est vite étoffée après son investiture. L'écrivain Patrick Rambaud le dépeint en **« François II le Petit »**, Anne Roumanoff se moque de **« Normal Ier »** et le journaliste Joseph Macé-Scaron le ravale – tel Victor Hugo brocardant Napoléon III – au rang de **« Mitterrand-le-Petit »**.

Même ses propres collaborateurs l'ont affublé du sobriquet peu flatteur de **« Pépère »**. Quant à Martine Aubry, elle ne manque aucune occasion de tacler le gouvernement et le chef de l'État ni de compliquer calculs et projets hollandais de candidature : **« Chaque fois c'est pareil. Elle balance ses scuds, puis elle retourne se terrer dans son beffroi[3]. »**

Le dénigrement s'amplifie à mesure que la perspective d'une nouvelle candidature se précise, saupoudrage de « largesses » ciblées à l'appui. C'est ainsi que le plan de formation annoncé début 2016 pour 500 000 personnes suscite l'ironie des chroniqueurs : **« Hollande lance un grand plan pour la sauvegarde de son emploi[4]. »**

Pour corser encore les affaires présidentielles, la piteuse retraite sur la question de la déchéance de nationalité vaut au champion de la « triangulation* » d'être plutôt celui de la **« déchéance de présidentialité »** ou de la **« déchéance d'autorité »**[5].

---

* L'expression désigne des manœuvres tortueuses destinées à piéger l'opposition, art dans lequel François Mitterrand était passé maître (ex : le « référendum sur le référendum » en 1984 pour sortir à son avantage de la vaste protestation contre la loi Savary).

Hervé Gaymard fait parler sa culture historique pour résumer l'attitude de François Hollande dans cette affaire : **« François Hollande suit à la lettre cette phrase d'Edgar Faure : "Quand un problème est compliqué et que je suis en situation de difficulté, j'embrouille, j'embrouille, j'embrouille !"[6] . »**

Ardent défenseur de la mémoire de François Mitterrand, Jean-Luc Mélenchon tweete rageusement quand François Hollande vient en Charente se recueillir sur la tombe du premier Président socialiste, lors du vingtième anniversaire de sa disparition : **« Hollande : 1 jour à Jarnac, 5 ans à "j'arnaque"[7]. »**

Christiane Taubira, qui a quitté le gouvernement fin janvier 2016 sur la question de la déchéance, compare les « deux François », qu'elle a bien connus comme Présidents : **« Il [Hollande] s'est pris pour Mitterrand, mais il lui manque un étage[8]... »**

La démission de la garde des Sceaux avait inspiré cette formule à Mélenchon : **« Maintenant que les dégoûtés sont partis, il ne reste que les dégoûtants[9]... »**

Le chef du Front de gauche s'indigne que **« le roi des vicieux[10] »** se trouve à l'Élysée et compte bien l'en déloger en 2017. Sortant du palais présidentiel après un entretien avec Hollande, il confie : **« Je suis en repérage[11]. »** Mélenchon accable de ses sarcasmes celui qui est **« le nom de toutes nos misères et de toutes nos désillusions[12] ».**

« Nous pensions que pire que Sarkozy, ça n'existait pas. Maintenant, nous pouvons mettre un nom, ça s'appelle Hollande[13]... »

C'est pain bénit pour l'ancien président de la République : **« Ne vous préoccupez plus de François Hollande... Il n'y a plus une personne qui peut penser – pas une seule ! – que c'est rattrapable. Santini disait qu'à force de chuter dans les sondages, ils allaient finir par trouver du pétrole. Mais lui, François Hollande, il est au niveau du gaz de schiste[14] ! »**

Bilan du quinquennat selon François Fillon : « **Après trois années de pouvoir, on peut déjà affirmer que le quinquennat de François Hollande a été historiquement une catastrophe pour la France**[15]. »

Même diagnostic de Gérard Larcher, président du Sénat, au micro d'Europe 1 le 13 mars 2016 : « **Ce qui s'achève, c'est un quinquennat pour rien !** »

Même l'attitude du « **Docteur Flanby redevenu le général Flambard** » ne trouve pas grâce auprès du jeune Louis Sarkozy, qui tweete rageusement après les attentats du 13 novembre 2015, et en dépit des martiales postures du Président depuis les crises malienne et syrienne : « **La faiblesse et l'incompétence du président Holland** [*sic*] **devient** [*sic*] **un danger mortel pour la France**[16]. »

Bref, la droite, une fois n'est pas coutume, pense comme Rachida Dati : « **Franchement, si on perd en 2017, c'est qu'on est vraiment mauvais**[17] **!** »

Au début de l'année 2016, l'un des piliers du quinquennat confie son optimisme débordant : « **La défaite est quasi certaine, mais le candidat pour la porter assez inconnu**[18]. »

En guise d'explication, le frondeur Pascal Cherki précise sa pensée et les chances électorales de l'orateur du Bourget, au moment du passage en force de la loi El Khomri à l'Assemblée nationale : « **Aujourd'hui, le peuple de gauche est une assemblée de cocus à qui on demande de payer la chambre**[19]. »

Pour autant le Président, en perdition dans les sondages, ne perd pas son humour légendaire, et lance à son arrivée en Égypte, en avril 2016 : « **Vos prières sont les bienvenues**[20] **!** »

Julien Dray lui regonfle le moral, recyclant un conseil du Président cycliste Sarkozy : « **On est vent de face, tu mets la tête dans les épaules et tu pédales**[21] **!** »

Jugement désabusé de François Rebsamen, éphémère ministre du Travail retourné vers la mairie de Dijon, largement moins exposée : **« Il n'a pas d'affect. Ce type est un galet, je n'en ai jamais vu de comme ça[22]. »** Puis rétropédalage en catastrophe du même Rebsamen qui concède n'avoir dit, et encore en 2013, que : **« François Hollande est comme un galet : lisse à l'extérieur mais dur à l'intérieur[23]. »**

Il s'avère cependant que la concurrence pour 2017 viendrait plutôt du gouvernement lui-même – et plus précisément d'Emmanuel Macron, qui se verrait bien dans le rôle du « calife à la place du calife ». De fausses naïvetés en vraies provocations, le ministre de l'Économie, de l'Industrie et du Numérique cultive sa différence et marque son territoire, par exemple lorsqu'il régale les patrons du Medef en août 2015, à la veille de l'université d'été socialiste : **« La gauche a cru que la France pouvait aller mieux en travaillant moins, c'était des fausses idées. »**

Voilà qu'il lance en avril 2016 un mouvement labellisé **« ni de droite ni de gauche »** : **« En marche ! »** La formule serait inspirée d'un lointain précurseur : Jean Lecanuet, avec son mouvement « Une France en marche[24] » et sa volonté d'enterrer de Gaulle aux présidentielles de 1965… Dès lors, beaucoup le pensent, quelques-uns le disent : **« Macron, c'est le plus joli des croque-morts[25] ! »**

Croque-mort ou pas, le Premier ministre s'en lave les mains et morigène **« Emmanuel Microbe »** en ces termes : **« Il se comporte comme un gamin un peu fou, mais désormais, Macron, c'est le problème de Hollande, parce que c'est sa créature[26]. »**

Dans l'immédiat c'est lui, Manuel Valls, qui souffre de la concurrence avec son ministre, comme l'avait prédit Arnaud Montebourg en août 2014, au moment il était remplacé à Bercy par le petit prodige du hollandisme : **« Tu fais une connerie,**

il va te tuer. Il va te piquer ton positionnement sur la modernité, et il ne te restera rien[27]... »

Le ministre des Finances Michel Sapin est en phase avec le frondeur Jean-Marc Germain sur le cas Macron : « **On parle de son sourire, de son âge, jamais de son bilan[28]...** » Et Sapin de faire les gros yeux à son collègue de Bercy, qu'il surnomme affectueusement « **le taré du troisième étage[29]** » : « **Faire de la politique quand on est ministre, c'est bien mais il faut savoir d'abord faire son travail[30].** »

Jean-Luc Mélenchon s'étrangle presque quand il compare cette « **énième coqueluche produite par le système** » à celui qui fut son mentor : « **Rétrospectivement, Rocard a l'air d'un communiste exalté[31] !** »

Martine Aubry, exaspérée par ses déclarations qu'elle juge iconoclastes, finit par lâcher : « **Macron, comment dire ?... Ras-le-bol !** »

D'autres cherchent dans l'Antiquité romaine matière à comparaison – imitant en cela Bernadette Chirac et son fameux « **Néron** » lancé à la face de Villepin après 1997 : c'est le nom de « **Brutus** » qui revient le plus souvent pour désigner Macron. Quand il se fend d'un grand discours sur place au sujet de la Pucelle d'Orléans, il s'attire des sarcasmes sur son faible enracinement : « **Avec Jeanne d'Arc, Macron attend des voix[32] !** »

Quoi qu'il en soit, les initiatives et transgressions de cette « **fusée Macron** » venue de nulle part – un peu comme Jeanne au XVe siècle et la « **madone du Poitou** » en 2006 – ne sont pas pour déplaire à Ségolène Royal : « **Il subit les mêmes attaques que celles que j'ai subies... trop indépendant, trop libre, trop créatif, trop incontrôlable... il n'est pas dans le même moule que les autres, et ça me plaît[33].** »

Mais pour Jacques Attali, l'ancien conseiller de François Mitterrand – qui se vante d'avoir présenté Macron à Hollande –, son poulain a un talent fou mais « **il n'incarne que le vide, que cette gauche qui veut à la fois être au pouvoir et ne pas y**

être parce qu'elle déteste la gauche de gouvernement[34] ». François Bayrou y va de sa pique : **« Il se vend comme un baril de lessive, il finira comme une bulle de savon. »**

Quant à Nicolas Sarkozy, il invente le concept de **« l'androgyne politique »** à propos de ce jeune ministre de gauche plus populaire que lui auprès des électeurs de droite : **« Que voulez-vous que j'en pense ? Il est cynique. Un peu homme, un peu femme, c'est la mode du moment. Androgyne. Ce qui vous plaît chez Macron, c'est que vous aimez toujours ceux qui ne vous obligent pas à choisir**[35]**. »**

François Hollande, lui, voit plutôt l'occasion de refaire le « coup du culbuto », qui lui avait si bien réussi en 2012 : **« "En marche" ? Mais moi, je cours**[36] **! »**

Et de rappeler que le rôle de Macron avait été tenu à l'automne 1980 par Coluche contre un autre François, avec un résultat typique des candidats **« hors sol »**[37]. Le chef de l'État tente bien de mettre les choses au point vis-à-vis de cet ancien proche collaborateur qu'il a fait ministre : **« Il sait ce qu'il me doit, c'est une question de loyauté personnelle et politique. »**

La réplique de Macron prend **« Culbuto »** à son propre piège : **« Lorsqu'un Président nomme quelqu'un ministre, il le fait parce qu'il pense que c'est bon pour son pays, pas pour en faire son obligé**[38]**. »**

À un an de l'élection, celui que certains qualifient de **« danseur de claquettes »** ne serait-il pas aux yeux de l'opinion le meilleur candidat de la gauche ? Désormais, à l'Élysée, on rit jaune en pastichant l'envolée de François Hollande lors de son discours du Bourget en 2012* : **« Mon candidat a un nom, il a un visage, il n'a pas de parti, mais il présentera sa candidature. Et pourtant, il gouverne. Mon candidat, c'est le monde de la finance, mon candidat, c'est Emmanuel Macron**[39]**. »**

---

* Voir p. 221.

« Le caleçon avant le pantalon[40] »

La bataille pour l'investiture s'annonce donc fort délicate pour le Président socialiste sortant, si impopulaire et contesté que l'idée d'une primaire s'impose vite. Reste à en fixer les conditions, sur lesquelles personne n'est d'accord, comme pour le reste d'ailleurs.

Jean-Christophe Cambadélis révèle sa fibre (social)démocratique, en illustrant la dialectique de la fin et des moyens : **« Mon problème n'est pas la clarification [des règles de désignation], c'est la qualification[41] ! »**

La question des rapports entre le PCF et le PS est une fois de plus posée, et Mélenchon déplore qu'ils se résument à une formule bien rodée sur le plan local : **« Poing levé, main tendue[42] ! »**

Le socialiste Thierry Mandon ne voit rien d'insurmontable pour le PS : **« Je suis sûr que Cambadélis n'aurait aucun problème pour organiser une primaire en quinze jours. Il pourrait même vous donner le résultat que vous voulez[43]... »**

Pendant ce temps, l'intéressé dresse les grandes lignes de la primaire devant le Conseil national du PS, le 9 avril 2016 : **« La primaire, c'est simple. Mélenchon dit au PCF : "Il faut choisir entre Hollande et moi." Le PCF dit aux Verts : "Il faut choisir entre nous et Hollande." Les Verts disent à nos amis frondeurs : "Maintenant, il faut choisir entre nous et Hollande." Et nos amis frondeurs nous disent : "Aidez-nous à ne pas choisir !" »**

La victoire aux primaires passe pour les socialistes par la neutralisation d'une candidature d'Europe écologie-Les Verts (EE-LV) aux présidentielles, réclamée par Cécile Duflot. Lors des élections régionales de décembre 2015, les écologistes se sont plutôt rapprochés du Front de gauche. Mais Cambadélis table sur un retour des électeurs écologistes au bercail socialiste, adaptant le vieil adage utilisé à propos des radicaux-socialistes* : « **Leur stratégie de la pastèque** [*i.e.* : **vert à l'extérieur, rouge à l'intérieur**] **est un suicide électoral**[44]. »

C'est pourquoi François Hollande procède à un remaniement début 2016 – qualifié par certains de synthèse et par des observateurs avisés de « **prothèse** » – faisant entrer au gouvernement des écologistes en rupture de ban, tels Jean-Vincent Placé, Barbara Pompili et, plus surprenante, Emmanuelle Cosse. Ce qui fait dire à David Cormand, secrétaire national d'EE-LV, très remonté contre le cynisme du présidentiel disciple de Machiavel : « **Il devrait diriger la France, mais s'occupe d'un palais florentin**[45]. »

Nicolas Hulot, dit « **Peine-à-Ouïr**[46] », archi en tête dans les sondages de popularité au printemps 2016, confirme son surnom de « **commandant couche-tôt** » en renonçant à se présenter début juillet 2016. *Le Canard*, dans sa livraison du 13 juillet, dégomme ce « **Vert qui n'aimait pas la campagne** ».

Sans attendre de clarification de ce côté-là, Jean-Luc Mélenchon a décidé de se porter à nouveau candidat, court-circuitant tout son monde ! Il repart en croisade contre le « vote utile » réclamé par les socialistes en toutes circonstances, et s'en justifie par un jugement lapidaire sur le résultat des élections précédentes : « **Voilà ce qu'a donné le soi-disant "vote utile" : l'élection du plus futile**[47] ! »

Son calcul est simple et ses espoirs sérieux, qu'il confie aux caméras de France 5, le 13 mars 2016 : « **La dernière fois, j'ai commencé à 3 % et j'ai fini à 11 %. Là, je commence à 11 %. J'ai mes chances !** »

* « **Les radicaux, c'est comme les radis : rouges à l'extérieur, blancs à l'intérieur, et toujours proches de l'assiette au beurre !** », cité dans Br. Fuligni (dir.), *Petit dictionnaire des injures politiques*, *op. cit.*, p. 367.

À ce compte-là, Michel Sapin peut également croire dans celles de François Hollande, malgré l'impopularité abyssale de son champion : **« J'ai commencé à porter des chaussettes roses pendant la campagne électorale pour la présidentielle. Ça nous a porté bonheur, même lorsque François faisait 3 % dans les sondages. C'est vous dire combien, avec 17 % aujourd'hui dans les sondages, on a des perspectives[48]... »**

« Le chasseur François » ira-t-il ou n'ira-t-il pas ? Il semble s'inspirer de la stratégie d'attente mitterrandienne en 1988 ; c'est ainsi qu'après le « coup du chapeau » mitterrandien et le premier régime amaigrissant hollandais*, un bon connaisseur est en mesure de l'assurer : **« Le Président s'est visiblement mis au régime Dukan. Il n'a mangé que des protéines... Il sera candidat[49]. »**

Le fait est qu'un dispositif se déploie au printemps 2016, avec une réunion de ministres pour soutenir le bilan présidentiel fin avril autour du fidèle Stéphane Le Foll et derrière l'interpellation **« Eh, oh, la gauche ! »**, plus une **« Belle alliance populaire** ** **»** bricolée non sans cynisme par Cambadélis pour rafistoler la gauche autour d'une candidature socialiste.

« La page n'est pas tournée »...

Dès le début 2016, Nicolas Sarkozy s'est mis à sillonner le pays à raison d'un ou deux déplacements hebdomadaires, s'inspirant de l'exemple montré par Chirac en 1994-1995. Il

---

* Voir p. 207.

** Nom inspiré du célèbre film *La Belle Équipe* de Julien Duvivier qui faisait l'apologie du Front populaire, évoquant aussi celui du bar très durement touché par les attentats du 13 novembre 2015...

publie parallèlement *La France pour la vie*, espérant le même succès que son *Libre* en 2003. Mais la route promet d'être longue, très longue, pour l'ancien Président en reconquête...

Si Alain Minc, jamais pris en défaut de flatterie, le voit incarner une habile synthèse de **« libéral et [de] bonapartiste »**, en revanche, Pascal Bruckner estime que l'heure du **« caractériel timoré**[50] **»** est bel et bien passée.

L'ancien président du Conseil Silvio Berlusconi décrit dans *My Way* (Michel Lafon) avec une tendresse toute particulière ce **« caro Nicolas »** qu'il étreignait chaleureusement en 2008 : **« [Un] crétin [...] suffisant et agressif, [à] l'ego surdimensionné, d'une hostilité incroyable à mon égard, [parce qu'] il était obsédé par l'argent, enviait ceux qui étaient fortunés [...] jaloux parce que j'étais riche et lui non. »**

L'ex-collaborateur de Nicolas Sarkozy, François Fillon, féru de conduite sportive, y va de sa métaphore automobilistique : **« Les pilotes excités ou nerveux ne sont pas armés ni pour parvenir au haut niveau, ni pour s'y maintenir longtemps**[51]**... »** – avant d'administrer une petite leçon d'histoire à l'ex-hyperprésident, remettant au passage un peu de sel sur la plaie encore à vif de sa défaite aux présidentielles de 2012 : **« Sarkozy m'a appris que les Français étaient régicides. Une fois que vous avez coupé la tête du roi, c'est difficile de la remettre sur son cou**[52]**... »**

Henri Guaino, plume de Sarko en 2007 et 2012, s'est éloigné de la sarkosphère pour évoluer dans une autre dimension. De toute façon, **« celui qui contrôle Guaino est très fort, celui qui le comprend est encore plus fort**[53] **! »**.

Bien que promu par Sarkozy au sein de Les Républicains, Laurent Wauquiez se montre très réservé sur une troisième candidature de son mentor : **« Franchement, ça n'a plus rien à voir avec le Sarko 2012 ! Il n'a plus la queue d'une idée**[54]**... »** Il se rabat sur une autre célébrité gaulliste d'Auvergne, région conquise par lui en 2015 : **« Je suis très Pompidou. La moder-**

nité, ce n'est pas de faire péter tous les fondamentaux de la société[55]. »

Nadine Morano, l'ex-pasionaria du sarkozysme, évincée par son idole de la tête de liste LR en région Alsace-Champagne-Ardenne-Lorraine, n'a plus aucune indulgence : **« Sarko, il a perdu les pédales depuis longtemps... Si ça continue, les gens vont finir par lui dire : "Casse-toi, pauv'con !"[56]** »...

Même Frédéric Péchenard, pourtant l'un de ses fidèles, semble accablé après une bronca orchestrée en sous-main par Sarkozy contre ses rivaux Alain Juppé et François Fillon : **« Je me demanderai toujours comment un homme aussi brillant, aussi fort, peut se comporter de la sorte et se tirer bêtement une balle dans le pied[57]... »**

Nathalie Kosciusko-Morizet, un temps vice-présidente de LR, ne mâche pas ses mots : **« Il déconne complètement, il se comporte comme un dingue. Il fait n'importe quoi. Ne pas aller au Panthéon [...], c'était stupide. Prendre un jet privé pour aller au Havre, vu l'état des finances du parti, c'est lamentable. Faire huer ses adversaires [notamment Juppé et Fillon] quand on aspire au rassemblement, c'est débile... Comme homme politique, Sarko est formidable, mais comme homme tout court** [*sic*], **il est pathétique[58] ! »**

Évincée de la direction de LR au lendemain des régionales, NKM ne laisse décidément plus rien passer à Nicolas Sarkozy, qui le déplore à l'antenne de RTL, le 15 décembre 2015 : **« Elle a toujours été franche, mais là, elle est franche dans le genre brutal. »**

Sarkozy a tout lieu de se plaindre amèrement et abruptement de ses anciens lieutenants – victorieux aux régionales grâce à de bons reports à gauche pour éviter le FN – qu'il soupçonne à présent d'accommodements avec François Hollande, voire de prétentions à l'investiture LR : **« Bertrand et Estrosi, il va falloir qu'ils dessoûlent ! »**

Des sénateurs LR, qui n'ont pas apprécié que Sarkozy ait refusé la tête de liste en Auvergne-Rhône-Alpes à Michel Barnier au motif qu'il aurait mené **« un truc pépère, une campagne de sénateur »**, lui promettent un robuste soutien aux primaires : **« On va lui en faire, une campagne de sénateur, pour la primaire ! Il ne va pas l'oublier, celle-là[59] ! »**

Ces réserves alimentent diverses ambitions à droite, en marge des primaires qui s'organisent. Le Parti chrétien-démocrate de Christine Boutin compte ainsi présenter Frédéric Poisson, avec de sérieux espoirs de triomphe électoral : **« Au pire, je fais le score de Jean-Michel Baylet à la primaire de 2011 (0,64 %), j'obtiens comme lui un groupe à l'Assemblée nationale et trois ministres. Au mieux, je fais celui de Manuel Valls (5 %) et je deviens Premier ministre[60] ! »**

« Polytraumatisé du cloaque » depuis ses 2,23 % récoltés en 2007, Philippe de Villiers se tâte encore : **« Si la question c'est : "Est-ce que vous rentrez quand même chez vous, en Vendée, comme Cincinnatus ?", la réponse est : "non !"[61]. »**

On n'évoquera pas les habituelles réticences du centre – incarné par Bayrou – dont l'appel à voter Hollande au second tour de 2012 n'est pas tombé dans l'oreille d'un sourd : **« Pour désespérer de François Bayrou, encore faudrait-il que j'aie un jour placé de l'espoir en lui[62] ! »**

Et Sarkozy d'exploser quand le centriste parle de conditionner sa non-candidature en 2017 à la désignation de Juppé aux primaires de Les Républicains, manière d'annoncer qu'il se présentera si d'aventure l'ancien Président l'emportait : **« De toute façon, le bègue, je vais le crever[63] ! »**

On n'ose deviner sa réaction à l'annonce de la candidature de Rama Yade, sa créature en 2007, la **« Sénégauloise »** émancipée…

À droite, on refait le « trop-plein » !

Comme disait le général de Gaulle évoquant sa retraite politique en mai 1962, ce qui est à redouter à droite, **« ce n'est pas le vide politique, c'est plutôt le trop-plein ! »**. Les primaires qui s'annoncent sont aussi incertaines que fratricides…

C'est pourquoi Nicolas Sarkozy réserve ses meilleures flèches à ses plus dangereux rivaux : **« Juppé et Fillon, ces deux-là, je vais les bouffer comme des petits-fours[64] ! »**

« Fillon et Juppé ne m'ont pas soutenu [lors de la demande d'excuses à Nadine Morano] ? Tiens, c'est surprenant… Mon pauvre petit cœur va faire de la tachycardie[65] ! »

Pour qualifier Alain Juppé, il reprend le surnom d'**« asperge défraîchie »** décerné jadis par Pasqua[66], et rigole : **« Il est féroce Juppé, hein ? Il fait "Waouf !" et après, il se couche[67] ! »**

« Juppé, c'est Chirac. Il ne fera rien. Il est traumatisé par 1995. Il veut être aimé, Alain. Quand on veut être aimé, on ne fait pas de politique[68]. »

D'ailleurs, Juppé a contre lui Bernadette, qui ne mâche pas ses mots à son sujet, et son chouchou **« le petit Nicolas »**, s'en réjouit ouvertement : **« Merci, Bernadette ! C'est bien sûr lui [Juppé] qu'elle visait quand elle a dit à Hollande : "Vous, au moins, vous aimez les gens[69] !" »**

Bruno Le Maire, qui joue les *outsiders* dans la primaire, n'est pas mieux loti, surtout quand il pose à l'homme nouveau, par contraste avec Juppé et Sarkozy ; ce dernier n'a pas oublié que le jeune technocrate multidiplômé avait inventé le CPE il y a dix ans comme chef de cabinet de **« Galouzeau »** : **« Le renouveau *via* l'ENA, ce n'est pas sérieux[70] ! »**

Sur ce point, François Fillon partage son avis et renchérit : **« Bruno Le Maire est un vieux routier de la politique. Le "renouveau", c'est un slogan, pas un projet[71]. »**

Contre Jean-François Copé, revenu dans la course après ses déboires à la présidence de l'UMP puis dans l'affaire Bygmalion, Nicolas Sarkozy est vent debout : « **Moi vivant, jamais Copé ne sera candidat aux primaires. Lui et sa bande sont des raclures, prêts à tout pour sauver leur peau**[72]**.** »

Copé ne doute de rien au moment de son *come-back* – sur fond de rentrée éditoriale avec *Le Sursaut français*, un ouvrage dont le titre dénote surtout sa propre tentative politique : « **Il ne pouvait être écrit que par moi, par quelqu'un qui se construit dans une logique de décider et de commander**[73]**.** »

Mais, à l'instar d'Éric Woerth, qui les qualifie de « **ludions** », Sarkozy n'accorde guère de crédit à la candidature de Copé ou d'Hervé Mariton, le catholique ultralibéral : « **La primaire, c'est pas la course pour passer à la télé et faire un coucou à sa sœur**[74] **!** »

Cela dit, Mariton le lui rend bien, qui livre haut et fort ce pronostic : « **C'est quoi la meilleure chance pour François Hollande d'être réélu ? C'est d'avoir face à lui Nicolas Sarkozy**[75]**.** »

Grande mode de l'hiver 2015-2016 en matière de communication politique : le livre de conviction et de combat, de témoignage et de repentance, si possible tous ensemble. L'avalanche éditoriale est impressionnante en cet hiver pourtant très doux*.

* Qu'on en juge : Alain Juppé sort coup sur coup *Mes chemins de l'école* (Jean-Claude Lattès, 2015), puis *Pour un État fort* (Jean-Claude Lattès, 2016) ; François Fillon (cinq ans Premier ministre) entend désormais *Faire* (Albin Michel, 2015) ; Bruno Le Maire, injonctif avec *Ne vous résignez pas !* (Albin Michel, 2016) ; Nathalie-Kosciusko-Morizet annonce sa candidature lors de la journée de la femme et publie *Nous avons changé le monde* ; sans oublier *Le Sursaut français* (Stock, 2016) de Jean-François Copé, qui passe nécessairement par celui de son auteur ; et Nicolas Dupont-Aignan, nouveau Christ s'adressant à Lazare : *France, lève-toi et marche !* (Fayard, 2016). Et ce n'est pas fini !

Bernard Pivot, qui avait fait venir l'auteur de *La Paille et le Grain* sur le plateau d'*Apostrophes* dans les années 1970, mesure l'écart des auteurs-candidats actuels avec François Mitterrand : **« La librairie n'encombre pas le cerveau des hommes politiques, alors que le cerveau des hommes politiques encombre les librairies[76]... »**

Le chroniqueur Guy Konopnicki n'est pas davantage dupe que son confrère de la prose des candidats, mais ajoute malicieusement : **« La vérité étant qu'ils ne les écrivent pas, chaque livre est le premier mensonge de campagne[77]. »**

Lorsque Nicolas Sarkozy publie *La France pour la vie* chez Plon début 2016, son livre est plutôt bien accueilli par les lecteurs, nettement moins par celui qu'il avait aimablement surnommé **« Jean-Pierre Ne-Fait-Rien »** quinze ans plus tôt* : **« Sarkozy devrait aujourd'hui présenter un projet, au lieu de quoi il présente ses excuses. Le vrai titre du livre devrait être** *Pardon pour ce moment*[78] **! »**

La compétition tous azimuts et le naturel reviennent au grand galop, quand Sarkozy apprend que son rival Juppé a obtenu 12 % de droits d'auteurs avec *Pour un État fort* : **« Moi, c'est 20 % ! Je vais m'en faire, du fric[79] ! »**

Un partisan de Bruno Le Maire à propos de François Fillon, dont l'ouvrage fut l'un des *best-sellers* politiques de l'automne 2015, avec 80 000 exemplaires vendus : **« Fillon bouge encore, mais comme un poisson hors de l'eau[80]... »**

Après cette préparation d'artillerie éditoriale, les candidats prennent leurs quartiers. Le Maire se sent fin prêt à être celui du Palais (de l'Élysée), et l'annonce en des termes qui confortent son surnom d'**« Enflant de la patrie[81] »** : **« Je ne suis plus du tout le même homme qu'en 2012 ; j'ai gagné en gravité, en bienveillance et en sérénité[82]... »**

---

* Voir p. 172.

Sur ce point cependant, François Fillon entend lui en remontrer : **« Mon énergie entretient ma ténacité, me rend indifférent à l'écume des choses[83]. »**

« Je viens sérieusement casser la baraque pour la reconstruire autrement[84] ! »

Bernard Debré, partisan de Fillon, soigne le portrait d'Alain Juppé : **« Alain Juppé est un personnage hautain qui n'a qu'un seul objectif : devenir président de la République[85]. »** Bernard Poignant, proche conseiller de Hollande, attaque Juppé sous un autre angle en notant : **« Alain Juppé est le seul candidat, à droite comme à gauche, qui ait été ministre à l'époque de l'Union soviétique[86]. »**

De son côté, le vétéran des candidats aux primaires préfère évoquer cette sorte de « jeune Werther » qu'il fut en ses jeunes années : **« J'étais extrêmement romantique, à cette période-là. J'avais un bureau dans ma petite chambre, avec une opaline noire, un chandelier avec des bougies et la fenêtre ouverte sur la lune, et j'écrivais des lettres d'amour[87]... »** Et le **« candidat de la matière grise »** d'avancer une formule qu'aucun homme politique ne renie... mais oublie souvent une fois élu : **« Je suis plus intéressé par l'exercice du pouvoir que par sa conquête[88]. »** Hervé Gaymard, pierre angulaire de la candidature du maire de Bordeaux, justifie son soutien : **« L'avantage d'Alain Juppé, c'est qu'il a une colonne vertébrale ! »**

Quel contraste avec le benjamin des primaires, l'ex-Sarkozy *boy* Geoffroy Didier, qui débarque avec son brushing impeccable et un slogan dont il est si fier qu'il le sert partout : **« François Mitterrand voulait changer la vie. Moi, je veux la simplifier[89]. »**

La multiplicité des candidats aux primaires conduit paradoxalement Nicolas Sarkozy à croire que les tiraillements au sein de son parti et ses mauvais sondages ont une signification positive. C'est en expert qu'il délivre cette parole : **« Vous savez, dans**

un couple qui divorce, s'ils continuent à s'insulter, c'est qu'au fond ils s'aiment encore[90]... »

À son retour d'une visite auprès du pape François, et après un échange orienté avec lui : **« On a discuté de son élection... Lui non plus n'était pas favori[91]. »** Plus prosaïquement, il a sa recette : **« Quand on tient le parti, on ne peut pas perdre la primaire[92] ! »**

Sarkozy peut compter sur le soutien de François Baroin, qui justifie d'autant mieux son choix qu'il serait favori comme Premier ministre d'un Sarkozy réélu : **« J'ai envie d'un match retour parce que ça n'a jamais été fait, parce que Nicolas Sarkozy le mérite, parce qu'il n'a pas joué à armes égales en 2012 avec François Hollande[93]. »**

Quant à Jean-Marie Le Pen, il fait de l'ancien Président son favori pour la primaire de la droite, et s'en explique, en bon connaisseur de la compétition : **« L'animal politique est redoutable. Il est pire que le lapin Duracell. Lui, si on lui enlève les piles, il marche encore[94] ! »**

Mais c'est désormais en observateur plus qu'en acteur à part entière que le patriarche frontiste assiste, contraint et forcé, aux préliminaires de campagne.

« Un inquiétant bruit de votes[95] »

Du côté du Front national, on espère que le fracas des déchirements de la droite couvrira les dissensions de la famille Le Pen.

« La barbare blonde[96] », forte d'un excellent premier tour aux régionales de 2015, se tient donc en embuscade, et son père aussi... mais contre elle, qui l'a écarté de toute responsabilité au FN sur les conseils notamment de Florian Philippot : **« Pour être président de la République, il faut une certaine part d'humanité, il faut aimer les gens un peu, quand même. On ne peut pas élire quelqu'un qui traite son père de la sorte[97]. »**

Jean-Marie « le Réprouvé » flingue désormais tous azimuts : il n'appelle plus sa fille que **« Marine ex-Le Pen »**, et dépeint son principal conseiller en **« Don Quichotte de la Jacquetta »** avec sa dose d'homophobie coutumière. Il n'est pas non plus toujours tendre envers sa petite-fille, Marion Maréchal-Le Pen, jugée par lui **« brillante, oui... comme une sardine[98] ! »**. D'autres, que sa jeunesse, son inexpérience et sa trajectoire fulgurante au sein du FN sous les auspices du patriarche agacent, ont modifié son prénom en **« Marionnette »**... Ladite benjamine du clan, élue députée, a en tout cas de qui tenir quand elle déclare : **« Je ne suis pas comme Sarkozy. Je n'ai pas besoin d'un Buisson pour me droitiser[99]. »**

Face aux propositions de Marine Le Pen – que François Hollande appelle **« Madame Frexit[100] »** – les ténors de la droite libérale tirent à boulets rouges : **« Elle explose les limites de la démagogie, elle atomise celles de la mauvaise foi ! [...] Le PS se trompe, le FN délire[101] ! »**

Fillon ne croit guère à la conversion républicaine de la fille de Jean-Marie Le Pen : **« Elle n'existe dans la politique que parce qu'elle est l'héritière de son père et de tous ceux qui lui rappellent d'où elle vient [...]. Le destin de la France lui importe moins que la stabilisation de leur dynastie[102]. »**

Le cirque est installé, les gradins commencent à se remplir, les compétiteurs sont chauds bouillants... Bref : tout est prêt pour l'*Élysée Circus* 2017.

Ce sera sanglant !

Conclusion

Cet ouvrage aura permis, nous l'espérons, de revenir sur quelques idées trop facilement admises.

Il est ainsi de bon ton de constater – et donc de déplorer – la distance entre les Français et leur personnel politique, rendu responsable de cette situation. Or ces batailles de « bons mots » viennent nuancer, sinon démentir cette assertion. Les campagnes successives montrent que l'humour politique ressemble à celui que pratiquent et prisent les Français. La formule de Michel Debré à propos de la nouvelle candidature giscardienne (**« Un septennat : hélas ! Deux septennats ? Holà ! »**) n'anticipe-t-elle pas un slogan publicitaire qui fera date et s'en est peut-être inspiré : **« Un verre, ça va. Deux verres, bonjour les dégâts ! »** ? Restons dans le camp gaulliste, pour rappeler l'humour expressif de Jacques Chirac à l'hiver 1994, en pleine dérive dans les sondages ; lui, dont les troupes filent chez Balladur, s'exclame à chaque défection : **« Je m'en tape le coquillard avec une pate d'alligator femelle[1]. »** Sa faconde n'a rien à envier à celle des *Brèves de comptoir* restituées à l'époque par Jean-Marie Gourio… Nos compatriotes passent-ils pour les champions du système D ? Le candidat Mitterrand leur servira le bilan de VGE en **« 4 D : déclin, décadence, destruction, désarroi[2] »**, tandis que, trente ans plus tard, le candidat Hollande jouera aux devinettes vachardes contre Nicolas Sarkozy… L'humour politique des présidentiables vient nous rappeler à quel point ceux qui le manient puisent avec facilité dans le répertoire de leur époque. C'est ainsi qu'ils font passer leur message, loin des idiomes technocratiques et de la langue de bois qui leur sont si souvent reprochés.

Autre idée un peu trop vite acceptée : celle qui considère la mode des bons mots comme une forme d'appauvrissement de la vie politique, désertée par des acteurs de la trempe du général de Gaulle ou de François Mitterrand, et impuissante face aux nouveaux lieux de pouvoir que sont la technocratie de Bruxelles ou les états-majors des grandes sociétés multinationales. Ces conditions expliqueraient que, comme pour la société en général, les bons mots rencontrent un succès indéniable : dans les théâtres comme sur les plateaux télévisés, la blague ou la « vanne » – leur variante pauvre – soulignent le triomphe du comique. La sphère médiatico-politique est au diapason, qui se montre si friande de ces piques, vacheries, saillies et autres formules chocs plus brillantes que profondes. Les *talk-shows*, où le *buzz* politique se fait à grand renfort de clashs plus ou moins spontanés, offrent une remarquable caisse de résonance à l'heure actuelle. Comment nier que notre vie politique préfère souvent le trait comique aux sentences pleines de gravité qui jalonnèrent l'histoire de France ? Quel *spin doctor* n'aurait en réserve quelques formules assassines pour asseoir sa réputation ? Allons plus loin : quel homme public négligerait – quand le sujet s'y prête – de placer dans la moindre intervention sa « petite phrase » bien sentie, parfaitement ajustée au format des moyens de communication contemporains ? De la même manière, peu d'hommes politiques s'aventurent actuellement sans munition dans ce genre d'exhibition, sauf à se retrouver tel Michel Rocard bredouillant son embarras pour répondre à l'ardissonienne (et hardue ?) question : **« Sucer, c'est tromper ? »**...

Ces précipités de la pensée, faute d'avoir partout mauvaise presse, sont mal considérés : tour à tour en raccourcis faciles, simplifications abusives, formules à l'emporte-pièce... Les griefs sont nombreux et leur relief médiatique pourrait bien illustrer le primat des passions sur un débat raisonné jugé trop rasoir ou technique, de l'instantanéité sur la réflexion, du commentaire de l'action sur celle-ci, exposée constamment à la dérision. Leur importance de plus en plus considérable serait alors le symptôme du primat de la communication sur la parole politique, du couple séduction-persuasion sur la raison-conviction, d'un coupable relâchement des pratiques journalistiques autant que politiques, du combat remporté par les **« demi-habiles* »** sur les hommes d'action et de pensée (savants, théoriciens) politiques...

Bref, le bon mot serait le symptôme d'un espace public en voie de déréliction. L'opinion, manipulée par ces artifices, s'exposerait au risque d'une **« *trumpisation* »** comparable à celle qui menace outre-Atlantique le **« Parti à l'éléphant »**... Dans ce paysage désolé et désolant, de même qu'à grande échelle le comique à succès aborde avec fracas des thèmes scabreux ou sociétaux relativement inoffensifs, la généralisation des bons mots dans la vie politique consacrerait le triomphe d'une agressivité sur la forme combinée à une innocuité à peu près totale sur le fond. Tout ce comique, dans la société comme sur la scène politique, servirait de soupape et de sas de décompression pour les citoyens d'un pays amoindri, frappé par les crises, aux élites frelatées, en proie au besoin d'oublier

* Terme pascalien désignant ici les « éditorialo-essayistes » d'extraction variée qui livrent leur opinion à défaut d'une pensée cohérente et précisément étayée, et de ce fait ont un avis sur tout, et surtout un avis...

le marasme par une distraction émolliente qui éloigne, aliène, occulte…

Aux détracteurs du bon mot politique, on objectera que les formules et les petites phrases qui jalonnent les présidentielles sont pour la plupart des mots de combat qui poursuivent des finalités précises au-delà d'une vocation distractive immédiate. Alors, oui, leurs fonctions, évoquées plus haut, dépassent le simple divertissement. Oui, ils relèvent d'un registre de langage à part entière, et donc appellent un décryptage qui va au-delà de l'amusement produit. Nous nous sommes efforcés, en décortiquant quelques spécimens de mots cinglants, d'expliquer pourquoi ils font mouche et parfois mal. Cela devrait suffire à conjurer le soupçon d'insignifiance et dissocier ces bons mots des symptômes apparentés à *L'Ère du vide*[3]. À tout prendre, si l'on peut déplorer leur inflation, notamment en période présidentielle, on peut aussi l'expliquer par la dilatation considérable de leur sphère de circulation : l'usage répandu des *tweets* y invite, la vogue des *talk-shows* évoquée plus haut le confirme. Il faut se souvenir qu'au début de la Ve République, tel bon mot glissé en *off* par tel candidat avait toutes les chances de passer inaperçu jusqu'à la parution des mémoires du confident… C'est impossible aujourd'hui, quand toutes les attaques de campagne, à peine prononcées, sont relayées et portées à notre connaissance, ou du moins accessibles. C'est pourquoi il faut se garder du déclinisme ambiant qui tendrait à déplorer la déperdition qualitative de l'humour politique. Le niveau général n'était pas forcément meilleur à l'époque gaullienne. Simplement, on en parlait moins !

« Nous avons eu une collection de Présidents de la République… Il y a de quoi mourir de rire[4] », lançait – à la fin de sa vie et non sans amertume – Clemenceau, qui en avait vu disparaître quelques-uns, y compris de manière pittoresque. Nos candidats aux présidentielles de la Ve République nous ont eux aussi fait beaucoup rire, mais ce grand *Élysée Circus* se veut d'abord et avant tout le témoignage coloré et baroque de notre vivante démocratie.

Notes

Introduction, p. 9

1. Le 18 mars 2012, cité dans Laurent Binet, *Rien ne se passe comme prévu*, Grasset, 2013, p. 205. Sa compagne d'alors, Valérie Trierweiler, renchérit le 21 avril, décrivant l'état d'esprit du challenger de Nicolas Sarkozy : « Il ne veut pas seulement le battre. Il veut l'écraser » (*ibid.*, p. 255).

2. Valéry Giscard d'Estaing, *Le Pouvoir et la Vie*, t. 3 : *Choisir*, Compagnie, 2006, p. 525.

3. Cité dans L. Binet, *Rien ne se passe comme prévu*, *op. cit.*, p. 128.

4. Alfred Sauvy, *Humour et politique*, Paris, Calmann-Lévy, 1979, p. 33.

5. Cité dans L. Binet, *Rien ne se passe comme prévu*, *op. cit.*, p. 272.

6. L. Binet, *Rien ne se passe comme prévu*, *op. cit.*, p. 96.

7. Michèle Cotta, *Le Monde selon Mitterrand*, Paris, Tallandier, 2015, p. 92.

8. Cité dans L. Binet, *Rien ne se passe comme prévu*, *op. cit.*, p. 133.

9. Cité dans Jean Garrigues, *Le Monde selon Clemenceau*, Paris, Tallandier, 2014, p. 95.

1965. « Aux urnes pour un Président ! », p. 19

1. L'expression reprend le titre d'un article de Jacques Derogy et Jean-François Kahn pour *Historia*, 1966.

2. Marcel Jullian, *De Gaulle. Traits d'esprit*, Paris, Le Cherche midi, 2000, p. 61.
3. Conférence de presse du 9 septembre 1965.
4. Édouard Balladur cité dans Sylvie Pierre-Brossolette, *Paroles de Présidents. Carnets secrets*, Paris, Plon, p. 300.
5. M. Jullian, *De Gaulle*, *op. cit.*, p. 128.
6. Réunion de presse du 14 octobre 1964.
7. Cité dans Jacques Foccart, *Journal de l'Élysée*, Paris, Fayard, 2001, t. 1, p. 226.
8. Entretien à l'ORTF du 19 novembre 1965.
9. *Combat*, 20 novembre 1965.
10. Meeting de Lyon, 4 novembre 1965.
11. Allocution du 20 novembre 1965.
12. Meeting de La Rochelle, 14 novembre 1965.
13. Communiqué à la presse du 19 octobre 1965.
14. Allocution télévisée du 20 novembre 1965.
15. *Ibid.*
16. 3 décembre 1965.
17. 20 novembre 1965.
18. 30 novembre 1965.
19. Allocution télévisée du 23 novembre 1965.
20. Allocution télévisée du 29 novembre 1965.
21. Allocution télévisée du 3 décembre 1965.
22. Interview du 23 novembre 1965.
23. 19 novembre 1965.
24. Allocution télévisée du 3 décembre 1965.
25. *L'Année politique 1965*, Paris, Puf, 1966, p. 102.
26. Ministère de l'Intérieur, dans *L'Année politique 1965*, *op. cit.*, p. 105.
27. Rapporté par Alain Peyreffitte, *Quand la rose se fanera*, Paris, Plon, 1983, p. 9.
28. *L'Humanité*, 6 décembre 1965.
29. Jacques Derogy et Jean-François Kahn, « *Aux urnes pour un Président !* », *Historia*, 1966, p. 191.
30. *Ibid.*, p. 183.
31. M. Jullian, *De Gaulle*, *op. cit.*, p. 70.
32. Entretien radiotélévisé du 15 décembre 1965.
33. A. Peyrefitte, *C'était de Gaulle*, Paris, de Fallois/Fayard, 1994, 1997, 2000.
34. Rapporté par Joseph Poli, cité dans M. Jullian, *De Gaulle*, *op. cit.*, p. 196.

35. *Le Point*, novembre 1994.

36. Roger Gouze, *François Mitterrand par François Mitterrand*, Paris, Le Cherche midi, 1994, p. 152.

37. Allocution du 15 décembre 1965.

38. Cité dans Paul Sabourin, *L'Humour dans la politique*, Paris, Economica, 1983, p. 120.

39. M. Jullian, *De Gaulle*, *op. cit.*, p. 133.

40. Allocution du 17 décembre 1965.

41. Allocution du 15 décembre 1965.

42. Ministère de l'Intérieur, dans *L'Année politique 1965*, *op. cit.*, p. 114.

43. Cité dans Hélène Duccini, *Historia*, avril 2007, p. 57.

44. Rapporté par Louis Mermaz, qui militait alors dans son équipe de campagne, dans *1965, la première campagne*, France 3, 14 janvier 2016.

1969.
Du « temps de la grandeur » au « temps de la rondeur », p. 41

1. Cité dans *L'Année politique 1969*, Paris, Puf, 1970, p. 44.

2. *Rouge*, 6 mai 1969.

3. *Le Canard enchaîné* [*CE*], 30 avril 1969.

4. Alain Frèrejean, *C'était Georges Pompidou*, Paris, Fayard, 2011, p. 295.

5. Cité *ibid.*, p. 296.

6. G. Pompidou, *Lettres, notes et portraits (1928-1974)*, Paris, Robert Laffont, 2012, p. 402-403.

7. Interview à la Radio Suisse, le 13 février 1969.

8. *CE*, 7 mai 1969.

9. Louis Muron cité dans Jean Lacouture, *Paroles de présidents*, Paris, Dalloz, 2007, p. 40.

10. G. Pompidou, « Poésie et politique », 28 avril 1969.

11. *L'Année politique 1969*, *op. cit.*, p. 44.

12. *CE*, 7 mai 1969.

13. Michel Jobert, *Mémoires d'avenir*, Paris, Grasset, 1971, p. 81.

14. De Gaulle cité dans François-Xavier Testu, *Le Bouquin des méchancetés et autres traits d'esprit*, Paris, Robert Laffont, 2015, p. 424.

15. *CE*, 14 mai 1969.

16. *CE*, 4 juin 1969.

17. *L'Année politique 1969*, *op. cit.*, p. 49.

18. *CE*, 4 juin 1969.
19. *L'Année politique 1969*, *op. cit.*, p. 50.
20. *CE*, 4 juin 1969.
21. Déclaration du 22 mai 1969.
22. *L'Année politique 1969*, *op. cit.*, p. 52.
23. *L'Humanité*, 16 juin 1969.
24. Analyses livrées dans *L'Année politique 1969*, *op. cit.*, p. 53-55.

1974.
« Giscard à la barre », p. 53

1. Cette citation et les précédentes figurent dans G. Pompidou, *Lettres, notes et portraits*, *op. cit.*, p. 68 *sq.*
2. *CE*, 3 avril 1974.
3. Cité dans « Comment on devient Président. Tous les dessous de l'élection », *Le Crapouillot*, juin 1974, n° 30, p. 16, 12, 32 et 34.
4. *Ibid.*
5. *Ibid.*
6. *Ibid.*
7. Rapporté par Jean-François Probst, *Chirac et dépendances*, Ramsay, 2002, p. 19.
8. *CE*, 20 mars 1974.
9. *CE*, 10 avril 1974.
10. *Le Crapouillot*, *op. cit.*, p. 20.
11. *CE*, 17 avril 1974.
12. *France-Soir*, 5 avril 1974.
13. *Le Crapouillot*, *op. cit.*, p. 12.
14. *CE*, 2 avril 74.
15. *Ibid.*
16. *Le Crapouillot*, *op. cit.*, p. 40-41.
17. *CE*, 17 avril 1974.
18. Meeting de Montpellier, le 23 avril 1974.
19. Allocution du 5 mai 1974.
20. *CE*, 24 avril 1974.
21. Déjeuner de *La Revue des deux mondes*, 5 mars 1974.
22. France Inter, 11 avril 1974.
23. *CE*, 14 avril 1974.
24. *La Nation*, 10 avril 1974.
25. Alain Peyrefitte, *Quand la rose se fanera*, *op. cit.*, p. 18.

26. *CE*, 15 mai 1974.
27. *Ibid.*
28. *Ibid.*
29. *Ibid.*
30. *CE*, 17 avril 1974.
31. Déclaration du 29 avril 1974.
32. *CE*, 24 avril 1974.
33. Rapporté par Jacques Chaban-Delmas, *Mémoires pour demain*, Paris, Flammarion, 1997, p. 467.
34. Meeting de Metz, 18 avril 1974.
35. Congrès extraordinaire du PS, 8 avril 1974.
36. R. Gouze, *François Mitterrand...*, *op. cit.*, p. 79.
37. *CE*, 2 mai 1974.
38. Déclaration à Sarrebourg, 20 avril 1974.
39. *Le Crapouillot*, *op. cit.*, p. 86.
40. *CE*, 24 avril 1974.
41. *L'Express*, 24 avril 1974.
42. *CE*, 26 avril 1974.
43. Patrice Duhamel et Jacques Santamaria, *Les Flingueurs. Anthologie des cruautés politiques*, Paris, Plon, 2014, p. 103.
44. Déclaration du 21 avril 1974.
45. *Le Crapouillot*, *op. cit.*, p. 20.
46. *CE*, 13 avril 1974.
47. Europe 1, 17 avril 1974.
48. *CE*, 24 avril 1974.
49. *L'Année politique 1974*, Paris, Puf, 1975, p. 49.
50. J. Chaban-Delmas, *Mémoires pour demain*, *op. cit.*, p. 467.
51. *Ibid.*, p. 465.
52. *Ibid.*, p. 472.
53. *CE*, 15 mai 1974.
54. Patrick et Philippe Chastenet, *Chaban*, Paris, Seuil, 1991, p. 471.
55. *CE*, 15 mai 1974.
56. *Ibid.*
57. *CE*, 8 mai 1974.
58. *Ibid.*
59. *Le Figaro*, 10 avril 1974.
60. *CE*, 18 avril 1974.
61. *Le Crapouillot*, *op. cit.*, p. 90.
62. Cité dans Jérôme Duhamel, *Le Grand Méchant bêtiser*, Paris, Livre de Poche, 1991, p. 181.

63. Interview, 15 mai 1974.
64. Meeting du Parc des expositions, 16 mai 1974.
65. *L'Année politique 1974, op. cit.*, p. 53.
66. *Le Figaro*, 22 mai 1974.
67. *CE*, 12 juin 1974.
68. R. Gouze, *François Mitterrand…, op. cit.*, p. 45.

1981.
La revanche de « l'homme du passé », p. 75

1. Propos de François Mitterrand rapporté à VGE, « Sans rancune et sans retenue », Frédéric Mitterrand, LCP, 23 novembre 2015.
2. *Grand débat*, TF1, 17 février 1981.
3. *France-Soir*, 16 avril 1981.
4. *CE*, 18 mars 1981.
5. Réunion du Parti républicain, janvier 1981.
6. *CE*, 28 janvier 1981.
7. *CE*, 22 avril 1981.
8. *Cartes sur table*, Antenne 2, 9 mars 1981.
9. *CE*, 22 avril 1981.
10. *CE*, 21 janvier 1981.
11. *CE*, 24 octobre 1979.
12. *Le Grand Débat*, TF1, 10 mars 1981.
13. *CE*, 14 janvier 1981.
14. *CE*, 29 octobre 1980.
15. Cité dans P. Duhamel et J. Santamaria, *Les Flingueurs*, *op. cit.*, p. 151.
16. *Ibid.*, p. 151.
17. Cité dans *François Mitterrand, le pouvoir et la séduction*, hors série *Le Monde*, 2016, p. 119.
18. Fr.-X. Testu, *Le Bouquin des méchancetés*, *op. cit.*, p. 676.
19. *CE*, 15 février 1995.
20. *François Mitterrand. Je ne vous quitterai pas*, *Charles*, n° 16, janvier 2015, p. 101.
21. David Genzel, *Les Mots du Président. Mitterrand le cynique*, Paris, Bourin, 2005, p. 66.
22. *CE*, 18 mars 1981.
23. *Le Grand Débat*, TF1, 3 février 1981.

24. Chr. Jelen et Th. Wolton, *Petit Guide de la farce tranquille*, *op. cit.*, p. 92.
25. Conférence de presse du 6 avril 1981.
26. Fr.-X. Testu, *Le Bouquin des méchancetés*, *op. cit.*, p. 675.
27. Entretien avec Franz-Olivier Giesbert, 25 avril 1976.
28. R. Gouze, *François Mitterrand...*, *op. cit.*, p. 141.
29. *France-Soir*, 21 février 1980.
30. Meeting de Beauvais, 7 mars 1981.
31. *Le Monde*, 28 mars 1981.
32. *Club de la presse*, Europe 1, 5 avril 1981.
33. Meeting de Metz, 6 avril 1981.
34. Meeting de Caen, 7 avril 1981.
35. Meeting de Metz, 6 avril 1981.
36. Congrès socialiste de Créteil, 24 janvier 1981.
37. *Le Point*, 2 mai 1981.
38. Michel Charasse (dir.), *François Mitterrand. Pensées, répliques et anecdotes*, *op. cit.*, p. 248.
39. *L'Année politique 1981*, Le Moniteur, 1982, p. 54.
40. *CE*, 29 avril 1981.
41. *Ibid.*
42. *CE*, 6 mai 1981.
43. *L'Année politique 1981*, *op. cit.*, p. 54.
44. Motion du comité central du RPR, 29 avril 1981.
45. J.-M. Le Pen cité dans *Marianne*, 4-10 mars 2016, p. 31.
46. Discours de Pantin, 3 mai 1981.
47. Cité dans R. Gouze, *François Mitterrand...*, *op. cit.*, p. 110.
48. 7 mai 1981.
49. *L'Année politique 1981*, *op. cit.*, p. 10.
50. *Charlie Hebdo*, 6 mai 1981.
51. *Le Matin de Paris*, 27 mai 1981.
52. *Paris Match*, 28 mai 1981.
53. Discours à l'Assemblée nationale, 17 novembre 1981.
54. *Le Monde*, 12 mai 1981.
55. Alain Peyrefitte, *Quand la rose se fanera*, *op. cit.*, introduction.
56. *Ibid.*, p. 26.
57. *L'Année politique 1981*, *op. cit.*, p. 59.
58. Cité par *Le Point*, juin 1981.
59. D. Genzel, *Les Mots du Président*, *op. cit*, p. 67.
60. M. Charasse (dir.), *François Mitterrand*, *op. cit.*, p. 98.
61. 29 mai 1981.

1988.
« Tonton » au sommet de son art, p. 95

1. D. Genzel, *Les Mots du Président*, *op. cit*, p. 73.

2. Jacques Attali, *Verbatim*, t. 2, *1986-1988*, Paris, Fayard, 1993, 29 octobre 1986.

3. Europe 1, 9 décembre 1986.

4. *CE*, 19 novembre 1986.

5. *CE*, 25 septembre 1987.

6. *CE*, 9 septembre 1987.

7. *CE*, 2 décembre 1987.

8. *L'Unité*, 7 janvier 1977 et Convention nationale du PS, 5 novembre 1977.

9. *CE*, 14 janvier 1987.

10. Entretien du 28 décembre 1987 avec S. Pierre-Brossolette, *Paroles de Présidents*, *op. cit.*, p. 106.

11. *CE*, 18 novembre 1987.

12. S. Pierre-Brossolette, *Paroles de Présidents*, *op. cit.*, p. 103.

13. *CE*, 28 février 1979.

14. Meeting du Zénith, 17 avril 1988.

15. 13 avril 1988.

16. 11 avril 1988.

17. Forum FR3, 20 mars 1988.

18. Meeting de Marseille, 17 avril 1988.

19. *CE*, 13 janvier 1988.

20. J. Attali, *Verbatim*, t. 2, *op. cit.*, 10 août 1987.

21. 18 décembre 1987 à S. Pierre-Brossolette, *Paroles de Présidents*, *op. cit.*, p. 106.

22. D. Genzel, *Les Mots du Président*, *op. cit.*, p. 73.

23. *CE*, 13 janvier 1988.

24. *CE*, 3 février 1988.

25. D. Genzel, *Les Mots du Président*, *op. cit.*, p. 73-74.

26. *CE*, 16 mars 1988.

27. S. Pierre-Brossolette, *Paroles de Présidents*, *op. cit.*, p. 105.

28. Meeting de Saint-Étienne, 15 janvier 1986.

29. *CE*, 16 décembre 1987.

30. TF1, le 21 janvier 1987.

31. André Santini, *CE*, 30 septembre 1987, p. 172.

32. Réunion de presse, septembre 1987, cité dans M. Charasse (dir.), *François Mitterrand*, *op. cit.*, p. 117.

33. 9 mars 1988.
34. *CE*, 6 avril 1988.
35. *CE*, 7 octobre 1987.
36. Déclaration du 14 juin 1986, citée dans M. Charasse (dir.), *François Mitterrand*, *op. cit.*, p. 179.
37. Juillet 1987, cité dans S. Pierre-Brossolette, *Paroles de Présidents*, *op. cit.*, p. 101.
38. TF1, 17 septembre 1987.
39. RTL, 16 novembre 1987.
40. *CE*, 16 décembre 1987.
41. *Dossiers du Canard*, 107, avril 2008, p. 78.
42. Cité dans M. Charasse (dir.), *François Mitterrand*, *op. cit.*, p. 179.
43. *Ibid.*, p. 181.
44. *CE*, 13 janvier 1988.
45. Cité dans J. Attali, *Verbatim*, t. 2, *op. cit.*, 21 mars 1987.
46. Georges Marchais, cité dans *L'Année politique 1988*, Le Moniteur, 1989, p. 39.
47. Jacques Chirac, discours de Vincennes, 20 mars 1988.
48. *CE*, 16 décembre 1987.
49. *Ibid.*
50. *Ibid.*
51. *Le Parisien*, 22 décembre 1987.
52. *Le Quotidien de Paris*, 11 décembre 1987.
53. *CE*, 27 janvier 1988.
54. *CE*, 6 janvier 1988.
55. *Le Point*, 24 mars 1986.
56. TF1, 21 janvier 1987.
57. À un journaliste économique, *CE*, 28 octobre 1987.
58. Cité dans Philippe Alexandre, *Paysages de campagne*, Paris, Grasset, 1988.
59. *L'Express*, 19 octobre 1984.
60. *Questions à domicile*, TF1, 21 janvier 1988.
61. *CE*, 30 septembre 1987.
62. S. Pierre-Brossolette, *Paroles de Présidents*, *op. cit.*, p. 96.
63. *CE*, 2 décembre 1985.
64. *CE*, 10 février 1988.
65. *Politis*, 10 mars 1988.
66. S. Pierre-Brossolette, *Paroles de Présidents*, *op. cit.*, p. 104.
67. Antenne 2, 22 mars 1988.
68. *Ibid.*

69. Europe 1, 25 mars 1988.
70. Meeting de Lyon, 13 avril 1988.
71. *CE*, 13 avril 1988.
72. *CE*, 2 mars 1988.
73. 19 mars 1988.
74. André Santini, *Bestiaire politique. Le carnaval des animaux*, Paris, Plon, 2002, p. 61.
75. *Le Point*, 30 mars 1987.
76. Ph. Alexandre, *Paysages de campagne*, *op. cit.*
77. *CE*, 2 mars 1988.
78. *CE*, 30 septembre 1987.
79. *CE*, 11 novembre 1987.
80. *CE*, 3 février 1988.
81. *CE*, 30 mars 1988.
82. *CE*, 13 avril 1988.
83. *Le Monde*, 23 mars 1988.
84. *CE*, 13 avril 1988.
85. *CE*, 24 février 1988.
86. *CE*, 13 avril 1988.
87. À François Bujon de L'Estang en juin 1986, cité dans Jean Lacouture, *Paroles de Président*, *op. cit.*, p. 90.
88. *CE*, 2 mars 1988.
89. *CE*, 9 mars 1988.
90. *L'Année politique 1988*, *op. cit.*, p. 182.
91. M. Charasse (dir.), *François Mitterrand*, *op. cit.*, p. 106.
92. *Ibid.*, p. 105.
93. *CE*, 6 avril 1988.
94. P. Duhamel et J. Santamaria, *Les Flingueurs*, *op. cit.*, p. 24.
95. *CE*, 4 mai 1988.
96. *Valeurs actuelles*, 2 mai 1988.
97. *CE*, 4 mai 1988.
98. Confidence faite à Jean-Marie Rouart, citée dans D. Genzel, *Les Mots du Président*, *op. cit.*, p. 74.
99. J. Lacouture, *Paroles de Présidents*, *op. cit.*, p. 18.
100. Édouard Balladur, cité dans Franz-Olivier, *La Tragédie du Président*, *op. cit.*, p. 103.
101. *CE*, 6 janvier 1988.
102. M. Charasse (dir.), *François Mitterrand*, *op. cit.*, p. 105.
103. J.-Fr. Probst, *Chirac et dépendances*, *op. cit.*, p. 31.
104. *L'Année politique 1988*, *op. cit.*, p. 184.

105. Meeting de Brest cité dans *CE*, 8 juin 1988.

106. P. Duhamel et J. Santamaria, *Les Flingueurs*, *op. cit.*, p. 50.

107. *CE*, 11 mai 1988.

108. J. Attali, *Verbatim*, t. 3, *1988-1991*, Paris, Fayard, 1995, p. 242-243.

109. D. Genzel, *Les Mots du Président*, *op. cit.*, p. 74.

110. Michèle Cotta, *Le Monde selon Mitterrand*, *op. cit.*, p. 164.

111. J. Attali, *Verbatim*, t. 3, *op. cit.*, p. 18.

112. *Ibid.*

113. Fr.-X. Testu, *Le Bouquin des méchancetés*, *op. cit.*, p. 676.

1995.
Un Président élu contre les « prédisants », p. 117

1. *Le Figaro*, 20 mars 1993.

2. J. Attali, *Verbatim*, t. 3, *op. cit.*, p. 401.

3. Philippe Alexandre, *Plaidoyer impossible. Pour un vieux président abandonné par les siens*, Paris, Albin Michel, 1994, p. 146.

4. D. Genzel, *Les Mots du Président*, *op. cit.*, p. 59.

5. M. Charasse (dir.), *François Mitterrand*, *op. cit.*, p. 187.

6. *Ibid.*, p. 186.

7. France 2, 12 septembre 1994.

8. Sur TF1 et France 2, le 10 mai 1994.

9. Jean-Pierre Raffarin, le 8 juin 1993, cité dans S. Pierre-Brossolette, *Paroles de Présidents*, *op. cit.*, p. 228.

10. Prix de l'humour politique 1990.

11. Le 9 juin 1994, cité dans S. Pierre-Brossolette, *Paroles de Présidents*, *op. cit.*, p. 265.

12. *Ibid.*, p. 279.

13. *Ibid.*

14. André Santini, *Mieux vaut en rire. Petite défense et illustration de l'humour en politique*, Paris, Albin Michel, 1995, p. 31.

15. *CE*, 25 janvier 1995.

16. *VSD*, 26 janvier 1995.

17. *CE*, 1er février 1995.

18. François Mitterrand, cité dans M. Charasse (dir.), *François Mitterrand*, *op. cit.*, p. 187.

19. *L'Express*, 11 mars 1993.

20. Guy Baret, *Chirac entre perles et culture*, éd. du Moment, 2015, p. 59.
21. *Le Nouvel Observateur*, 4 août 1994.
22. Denis Jeambar, *Portraits crachés*, Flammarion, 2011, p. 33.
23. J-Fr. Probst, *Chirac et dépendances*, *op. cit.*, p. 40.
24. S. Pierre-Brossolette, *Paroles de Présidents*, *op. cit.*, p. 241.
25. *Ibid.*, p. 293.
26. Le 13 octobre 1993, rapporté par S. Pierre-Brossolette, *Paroles de Présidents*, *op. cit.*, p. 236.
27. Le 23 février 1994, cité dans Fr.-O. Giesbert, *La Tragédie du Président*, *op. cit.*, p. 106.
28. D. Genzel, *Les Mots du Président*, *op. cit.*, p. 81.
29. M. Charasse (dir.), *François Mitterrand*, *op. cit.*, p. 108.
30. Voir J.-Fr. Probst, *Chirac et dépendances*, *op. cit.*, p. 104.
31. *Ibid.*, p. 109.
32. Claude Angeli et Stéphanie Mesnier, *Le Nid de serpents. Bataille pour l'Élysée, 1993-1995*, Paris, Grasset, 1995.
33. M. Charasse (dir.), *François Mitterrand*, *op. cit.*, p. 108.
34. *Ibid.*
35. Entretien du 17 octobre 1994 avec Fr.-Ol. Giesbert, dans *La Tragédie du Président*, *op. cit.*, p. 122.
36. *L'Express*, 12 janvier 1995.
37. G. Baret, *Chirac entre perles et culture*, *op. cit.*, p. 20.
38. J.-Fr. Probst, *Chirac et dépendances*, *op. cit.*, p. 143.
39. Entretien du 23 juin 1994 avec Fr.-Ol. Giesbert, dans *La Tragédie du Président*, *op. cit.*, p. 105.
40. 18 janvier 1994, cité dans S. Pierre-Brossolette, *Paroles de Présidents*, *op. cit.*, p. 249.
41. 16 février 1994, cité *ibid.*, p. 254.
42. D. Genzel, *Les Mots du Président*, *op. cit.*, p. 81.
43. *Ibid.*, p. 98.
44. Fr.-O. Giesbert, *La Tragédie du Président*, *op. cit.*, p. 128.
45. *L'Express*, mi-juin 1994.
46. Déclaration du 17 février 1995.
47. Antenne 2, cité dans *CE*, 29 juin 1994.
48. 18 mars 1994, cité dans S. Pierre-Brossolette, *Paroles de Présidents*, *op. cit.*, p. 256.
49. *Ibid.*, p. 198.
50. 26 mars 1993, cité *ibid.*, p. 221.
51. 17 septembre 1993, cité *ibid.*, p. 235.

52. *Dossiers du Canard*, 89, octobre 2003, p. 25.
53. *Le Point*, 29 janvier 1995.
54. *Le Monde*, 22 mars 1995.
55. *CE*, 20 juillet 1994.
56. J.-Fr. Probst, *Chirac et dépendances*, *op. cit.*, p. 195.
57. *CE*, 15 février 1995.
58. J.-Fr. Probst, *Chirac, mon ami de trente ans*, Paris, Denoël, 2007, p. 97.
59. Le 25 novembre 1993, cité dans S. Pierre-Brossolette, *Paroles de Présidents*, *op. cit.*, p. 239.
60. *Ibid.*
61. G. Baret, *Chirac entre perles et culture*, *op. cit.*, p. 113.
62. *CE*, 19 octobre 1994.
63. *CE*, 26 octobre 1994.
64. *CE*, 9 novembre 1994.
65. Le 15 novembre 1994, voir S. Pierre-Brossolette, *Paroles de Présidents*, *op. cit.*, p. 284.
66. Le 1er décembre 1994, voir *ibid.*, p. 288.
67. *Ibid.*, p. 177.
68. *Ibid.*, p. 236.
69. Fr.-O. Giesbert, *La Tragédie du Président*, *op. cit.*, p. 106.
70. Entretien du 29 novembre 1993, *ibid.*, p. 103.
71. *CE*, 11 janvier 1995.
72. Cité dans Fr.-O. Giesbert, *La Tragédie du Président*, *op. cit.*, p. 102.
73. Le 18 janvier 1995, S. Pierre-Brossolette, *Paroles de Présidents*, *op. cit.*, p. 294.
74. Et précédente, les 10 et 16 décembre 1993, dans S. Pierre-Brossolette, *Paroles de Présidents*, *op. cit.*, p. 242.
75. *Ibid.*, p. 104-105.
76. Le 22 juillet 1993, *ibid.*, p. 232-233.
77. Le 7 décembre 1993, *ibid.*, p. 240.
78. *Le Figaro magazine*, 8 avril 1995.
79. J.-Fr. Probst, *Chirac, mon ami de trente ans*, *op. cit.*, p. 95.
80. *CE*, 4 janvier 1995.
81. *CE*, 18 janvier 1995.
82. Jérôme Jaffré, « Pour l'opinion, l'élection présidentielle est jouée », *Le Monde*, 12 janvier 1995.
83. J.-Fr. Probst, *Chirac et dépendances*, *op. cit.*, p. 143.

84. Cité dans P. Duhamel et J. Santamaria, *Les Flingueurs*, *op. cit.*, p. 280.
85. *CE*, 25 janvier 1995.
86. *CE*, 15 février 1995.
87. *CE*, 9 mars 1994.
88. *CE*, 15 février 1995.
89. *CE*, 22 février 1995.
90. Le 15 mars 1992, cité dans S. Pierre-Brossolette, *Paroles de Présidents*, *op. cit.*, p. 172.
91. Cité dans M. Cotta, *Le Monde selon Mitterrand*, *op. cit.*, p. 158.
92. *Ibid.*, p. 160.
93. S. Pierre-Brossolette, *Paroles de Présidents*, *op. cit.*, p. 267.
94. *Ibid.*, p. 280.
95. *Libération*, 23 novembre 1994.
96. *CE*, 7 novembre 1994.
97. M. Charasse, *François Mitterrand. Pensées...*, *op. cit.*, p. 125.
98. M. Cotta, *Le Monde selon Mitterrand*, *op. cit.*, p. 159.
99. *Ibid.*, p. 160.
100. *CE*, 8 février 1995.
101. *CE*, 3 mai 1995.
102. *Le Figaro*, 12 mars 1995.
103. *CE*, 15 février 1995.
104. *CE*, 8 février 1995.
105. *Le Figaro*, 17 février 1995.
106. Déclaration du 18 mars 1995.
107. *CE*, 15 février 1995.
108. *CE*, 5 avril 1995.
109. *CE*, 8 mars 1995.
110. *CE*, 15 mars 1995.
111. *CE*, 26 avril 1995.
112. Le 26 mai 1994, cité dans S. Pierre-Brossolette, *Paroles de Présidents*, *op. cit.*, p. 262.
113. Meeting de Saint-Ouen, 2 avril 1995.
114. *Journal de 13 heures* de TF1, 13 mars 1978.
115. *Libération*, 17 février 1995.
116. *CE*, 30 novembre 1994.
117. Cité dans Fr.-O. Giesbert, *Chirac : la bio*, France 2, 14 décembre 2015.
118. Déclaration du 23 février 1995.

119. *7 sur 7*, TF1, 12 mars 1995.
120. *CE*, 15 mars 1995.
121. Extrait d'*Une nouvelle France. Réflexions 1*, 1994.
122. Interview dans *Le Nouvel Observateur*, 12 janvier 1995.
123. 8 février 1995, cité dans S. Pierre-Brossolette, *Paroles de Présidents*, *op. cit.*, p. 295.
124. Discours du 17 février 1995 à la porte de Versailles.
125. France 2, 6 avril 1995.
126. Ghislaine Ottenheimer, *Les Deux Nicolas. La machine Balladur*, Paris, Plon, 1994, p. 155.
127. M. Cotta, *Le Monde selon Mitterrand*, *op. cit.*, p. 177.
128. G. Baret, *Chirac entre perles et culture*, *op. cit.*, p. 21.
129. *Libération*, 6 mars 1995.
130. J.-Fr. Probst, *Chirac, mon ami de trente ans*, *op. cit.*, p. 99.
131. *CE*, 22 mars 1995.
132. *CE*, 12 avril 1995.
133. *CE*, 5 avril 1995.
134. 9 mars 1995, S. Pierre-Brossolette, *Paroles de Présidents*, *op. cit.*, p. 298.
135. *CE*, 4 mars 1995.
136. *Dossiers du Canard*, 89, p. 17.
137. *CE*, 22 mars 1995.
138. *Dossiers du Canard*, n° 89, octobre 2003, p. 16.
139. S. Pierre-Brossolette, *Paroles de Présidents*, *op. cit.*, p. 299.
140. M. Charasse, *François Mitterrand. Pensées...*, *op. cit.*, p. 105.
141. Fr.-O. Giesbert, *La Tragédie du Président*, *op. cit.*, p. 124.
142. Cité dans G. Baret, *Chirac entre perles et culture*, *op. cit.*, p. 117.
143. *Le Point*, 29 janvier 2015.
144. *CE*, 24 mai 1995.
145. J.-Fr. Probst, *Chirac et dépendances*, *op. cit.*, p. 20.
146. *Le Point*, 29 janvier 2015.
147. *CE*, 22 mars 1995.
148. Cité dans G. Baret, *Chirac entre perles et culture*, *op. cit.*, p. 92.
149. G. Baret, *Chirac entre perles et culture*, *op. cit.*, p. 114.
150. *Ibid.*, p. 37.
151. *Édition spéciale*, France 2, 9 janvier 1995.
152. *L'Hebdo*, Canal +, 21 janvier 1995.
153. Dialogue daté du 5 novembre 1993, dans S. Pierre-Brossolette, *Paroles de Présidents*, *op. cit.*, p. 238.
154. *CE*, 29 mars 1995.

155. *CE*, 19 avril 1995.
156. *CE*, 21 septembre 1994.
157. *CE*, 5 octobre 1994.
158. J.-Fr. Probst, *Chirac. Mon ami de trente ans*, *op. cit.*, p. 99 *sq.*
159. *CE*, 22 mars 1995.
160. Ministère de l'Intérieur cité dans *L'Année politique 1995*, Événements et Tendances, 1996, p. 179.
161. *CE*, 26 avril 1995.
162. *CE*, 22 avril 1995.
163. G. Baret, *Chirac entre perles et culture*, *op. cit.*, p. 20.
164. *CE*, 26 avril 1995.
165. S. Pierre-Brossolette, *Paroles de Présidents*, *op. cit.*, p. 306.
166. *Dossiers du Canard*, 91, avril 2004, p. 75.
167. *CE*, 3 mai 1995.
168. *CE*, 5 avril 1995.
169. *CE*, 3 mai 1995.
170. *CE*, 26 avril 1995.
171. Déclaration de Jean-Marie Le Pen, 14 avril 1995.
172. *L'Année politique 1995*, *op. cit.*, p. 63.
173. M. Charasse, *François Mitterrand. Pensées...*, *op. cit.*, p. 188.
174. Déclaration du 3 mai 1995.
175. *CE*, 17 mai 1995.
176. Ministère de l'Intérieur cité dans *L'Année politique 1995*, *op. cit.*, p. 179.
177. Paul Guilbert, *Le Figaro*, 8 mai 1995.
178. *CE*, 10 mai 1995.
179. J.-Fr. Probst, *Chirac et dépendances*, *op. cit.*, p. 143.
180. Le 13 septembre 1995, cité dans S. Pierre-Brossolette, *Paroles de Présidents*, *op. cit.*, p. 324.
181. Fr.-O. Giesbert, *La Tragédie du Président*, *op. cit.*, p. 147.
182. M. Charasse, *op. cit.*, p. 106.
183. *Le Point*, 24 mars 1986.
184. Déclaration de 1995, citée dans *L'Express*, 27 avril 1996.

2002.
« Peur sur les urnes », p. 151

1. Prix de l'humour politique 1998, cité dans Br. Fuligni (dir.), *Petit dictionnaire des injures politiques*, Paris, L'Éditeur, 2011, p. 115.

2. G. Baret, *Chirac entre perles et culture*, *op. cit.*, p. 40.

3. Cité dans Raphaëlle Bacqué, *Chirac ou le démon du pouvoir*, Paris, Albin Michel, 2002, p. 234.

4. *CE*, 7 janvier 1998.

5. *CE*, 8 juillet 1998.

6. Cité dans R. Bacqué, *Chirac ou le démon du pouvoir*, *op. cit.*, p. 237.

7. *Ibid.*, p. 244.

8. *Ibid.*, p. 252.

9. *CE*, 25 octobre 2000.

10. Br. Fuligni (dir.), *Petit dictionnaire des injures politiques*, *op. cit.*, p. 115.

11. Meeting de Créteil, 9 février 2002.

12. *Dossiers du Canard*, 83.

13. *La Dépêche*, 12 avril 2002.

14. *Libération*, 3 septembre 2001.

15. *Le Parisien dimanche*, 28 janvier 2001.

16. A. Santini, *Bestiaire politique*, *op. cit.*, p. 54.

17. *La Dépêche*, 1er mars 2002.

18. *Le Figaro*, 16 avril 2002.

19. Br. Fuligni (dir.), *Petit dictionnaire des injures politiques*, *op. cit.*, p. 276.

20. Déclaration du 10 janvier 2002.

21. *Le Parisien*, 10 février 2002.

22. A. Santini, *Bestiaire politique*, *op. cit.*, p. 145.

23. Campagne officielle, 8 avril 2002.

24. A. Santini, *Bestiaire politique*, *op. cit.*, p. 84.

25. Discours du 28 octobre 2001.

26. *Libération*, 7 février 2002.

27. *Le Parisien*, 12 mars 2002.

28. Rapporté par A. Santini, *Bestiaire politique*, *op. cit.*, p. 205.

29. Fr.-X. Testu, *Le Bouquin des méchancetés*, *op. cit.*, p. 234.

30. A. Santini, *Bestiaire politique*, *op. cit.*, p. 57.

31. Campagne officielle, 8 avril 2002.

32. *Le Parisien*, 10 février 2002.

33. Congrès du PS, 24 février 2002.

34. J.-Fr. Probst, *Chirac et dépendances*, *op. cit.*, p. 161.
35. France 2, 11 mars 2002.
36. France 3, 19 mars 2002.
37. Campagne officielle, 8 avril 2002.
38. France 2, 20 février, 2002.
39. Cité dans *L'Année politique 2002*, Événements et Tendances, 2003, p. 39.
40. Pierre Pélissier, cité dans Br. Fuligni (dir.), *Petit dictionnaire des injures politiques*, *op. cit.*, p. 306.
41. Fr.-O. Giesbert, *La Tragédie du Président*, *op. cit.*, p. 284.
42. Discours au Zénith, 18 avril 2002.
43. Campagne officielle, avril 2002.
44. LCI, 17 avril 2002.
45. Ministère de l'Intérieur, cité dans *L'Année politique 2002*, *op. cit.*, p. 57.
46. *CE*, 24 avril 2002.
47. Fr.-O. Giesbert, *La Tragédie du Président*, *op. cit.*, p. 171.
48. G. Baret, *Chirac entre perles et culture*, *op. cit.*, p. 24.
49. Cité sur RMC, 10 janvier 2012.
50. J.-Fr. Probst, *Chirac, mon ami de trente ans*, *op. cit.*, p. 163.
51. Le 21 avril à Roselyne Bachelot, cité dans Fr.-O. Giesbert, *La Tragédie du Président*, *op. cit.*, p. 292.
52. Discours de Rennes, 23 avril 2002.
53. *Le Figaro*, 23 avril 2002.
54. Discours de Rennes, 23 avril 2002.
55. *L'Année politique 2002*, *op. cit.*, p. 61.
56. *Le Nouvel Observateur*, 27 avril 2002.
57. Déclaration du 3 mai 2002.
58. Meeting de Villepinte, 2 mai 2002.
59. Ministère de l'Intérieur, cité dans *L'Année politique 2002*, *op. cit.*, p. 403.
60. L'expression est empruntée à Franz-Olivier Giesbert, *La Tragédie du Président*, *op. cit.*
61. Déclaration du 5 mai 2002.
62. Selon le secrétaire d'État aux transports Dominique Bussereau.
63. *CE*, 1er décembre 2004.
64. Déclaration de politique générale, 3 juillet 2002.
65. France 3, 22 mai 2002.

2007.
Bonaparte face à Jeanne d'Arc, p. 175

1. Discours de Valmy, 20 septembre 2006.
2. Prix Press Club « Humour et politique » 2007.
3. Br. Fuligni (dir.), *Petit dictionnaire des injures politiques*, *op. cit.*, p. 437.
4. Prix Press Club « Humour et politique » 2007.
5. France 2, 27 mars 2007.
6. *L'Express*, 8 février 2007.
7. Lauréat du prix Press Club « Humour et politique » 2005.
8. RFI, 24 janvier 2007.
9. Prix Press Club « Humour et politique » 2006.
10. Cité par Bruno Fuligni (dir.), *Petit Dictionnaire des injures politiques*, *op. cit.*, p. 275.
11. France 2, 2 avril 2007.
12. Prix Press Club « Humour et politique » 2003.
13. Prix Press Club « Humour et politique » 2005.
14. *Dossiers du Canard*, 89, p. 18.
15. Prix Press Club « Humour et politique » 2004.
16. P. Duhamel et J. Santamaria, *Les Flingueurs*, *op. cit.*, p. 65.
17. *Ibid.*, p. 63.
18. Prix Press Club « Humour et politique » 2006.
19. *CE*, 31 janvier 2007.
20. Denis Jeambar, *Portraits crachés*, *op. cit.*, p. 28.
21. *CE*, 18 juillet 2007.
22. *Dossiers du Canard*, 107, p 67.
23. AFP, 4 septembre 2006.
24. *Dossiers du Canard*, 103, avril 2007, p. 49.
25. *Ibid.*, p. 53.
26. *Dossiers du Canard*, 102, décembre 2006, p. 10.
27. TF1, 29 juin 2006.
28. Prix Press Club « Humour et politique » 2005.
29. *Dossiers du Canard*, 103, p. 22.
30. *Ibid.*, p. 10.
31. *CE*, 21 mars 2007.
32. *L'Express*, 24 août 2006.
33. www.segolenades.com, 2 septembre 2006.
34. Prix Press Club « Humour et politique » 2006.
35. Forum de la presse régionale, 20 mars 2007.

36. Cité dans Ph. Alexandre, *Les Éléphants…*, *op. cit.*, p. 63.
37. *Le Grand Journal*, Canal +, avril 2006.
38. *Le Nouvel Observateur*, 8 février 2007.
39. *Dossiers du Canard*, 103, p. 21.
40. *Le Figaro*, 20 janvier 2007.
41. *CE*, 10 janvier 2007.
42. *Le Figaro*, 7 janvier 2007.
43. Prix Press Club « Humour et politique » 2006.
44. Cité dans Ph. Alexandre, *Les Animaux…*, *op. cit.*, p. 69.
45. *Le Nouvel Observateur*, 7 février 2007.
46. « Lettre apocryphe de Michel Rocard à Jacques Chirac », *Les Échos*, 23 août 1995.
47. *CE*, 26 mai 2004.
48. *CE*, 7 février 2007.
49. Cité dans *L'Année politique 2007*, Événements et Tendances, 2008, p. 40.
50. Titre d'un pamphlet de Marie-Ève Malouines et Carl Meeus, paru chez Fayard en 2006.
51. *Libération*, 29 décembre 2006.
52. Canal +, 17 janvier 2007.
53. Discours de Villepinte, 11 février 2007.
54. *CE*, 21 février 2007.
55. Extraits cités dans Br. Fuligni (dir.), *Petit dictionnaire des injures politiques*, *op. cit.*, p. 383-384.
56. Alexandra Da Rocha, *« Salope ! » Insultes et autres perfidies sur les femmes politiques*, Paris, Le Cherche midi, 2007.
57. *La Dépêche du Midi*, 28 février 2007.
58. *Le Figaro*, 1er septembre 2006.
59. *Dossiers du Canard*, n° 103, p. 49.
60. FR3-Rhône-Alpes, 2 avril 2007.
61. *Dossiers du Canard*, 103, p. 69.
62. *CE*, 21 mars 2007.
63. *CE*, 28 mars 2007.
64. *CE*, 11 avril 2007.
65. *CE*, 21 mars 2007.
66. *Le Parisien*, 10 avril 2007.
67. *CE*, 28 février 2007.
68. Déclaration du 8 mars 2007.
69. *Charles*, n° 17, printemps 2016, p. 120.
70. *Dossiers du Canard*, n° 103, p. 66.

71. *Charles*, n° 17, p. 105.
72. *Ibid.*, p. 103.
73. *Le Journal du dimanche* [*JDD*], 11 février 2007.
74. Déclaration du 27 février 2007.
75. Déclaration du 2 avril 2007.
76. Discours du Zénith, 18 mars 2007.
77. *Le Monde*, 12 avril 2007.
78. *Libération*, 4 mai 2007.
79. Europe 1, 8 avril 2007.
80. Meeting du 15 avril 2007.
81. Vincent Geisser, 29 avril 2007.
82. Déclarations des 13 et 31 mars 2007.
83. *L'Année politique 2007, op. cit.*, p. 60.
84. Prix Press Club « Humour et politique » 2008.
85. Épisode raconté dans Ségolène Royal, *Ma plus belle histoire, c'est vous*, Paris, Grasset, 2007.
86. Cité dans *L'Année politique 2007*, *op. cit.*, p. 62.
87. Meeting de Villepinte, 11 février 2007.
88. Meeting de Metz, 11 avril 2007.
89. *Dossiers du Canard*, n° 103, p. 18.
90. *CE*, 4 avril 2007.
91. *CE*, 18 avril 2007.
92. P. Duhamel et J. Santamaria, *Les Flingueurs*, *op. cit.*, p. 177.
93. Déclaration du 2 mai 2007.
94. Jean-Pierre Raffarin, *La Dernière Marche. Lettre à Nicolas Sarkozy*, Paris, Grasset, 2007.
95. *CE*, 6 décembre 2006.
96. *L'Année politique 2007*, *op. cit.*, p. 65.
97. Déclaration du 2 mai 2007.
98. France 2, 6 mai 2007.
99. R. Dely et H. Vernet, *Tous les coups sont permis ! De Mitterrand à Sarkozy. La violence en politique*, Paris, Calmann-Levy, 2011, p. 111.
100. France 3, 10 juin 2007.
101. *CE*, 9 mai 2007.
102. Lionel Jospin, *L'Impasse*, Paris, Flammarion, 2007, p. 71.
103. L. Binet, *Rien ne se passe comme prévu*, *op. cit.*, p. 58.
104. *Ibid.*, p. 92.
105. *Le Parisien*, 7 mai 2007.
106. Prix Press club « Humour et politique » 2008.

107. Entretien avec Françoise Degois, cité dans Br. Fuligni (dir.), *Petit dictionnaire des injures politiques*, *op. cit.*, p. 394.

2012.
« Moi, Président... », p. 203

1. On pense notamment au *Roman vrai de Dominique Strauss-Kahn*, par Michel Taubmann (Le Moment, 2011).
2. *Libération*, 6 septembre 2011.
3. Cité dans *Charles*, n° 17, p. 120.
4. *Ibid.*, p. 122.
5. Le 4 juillet 2011, cité dans R. Dely et H. Vernet, *Tous les coups...*, *op. cit.*
6. *CE*, 27 juillet 2011.
7. *Marianne*, 26 mars 2011.
8. *Causette*, mai 2010.
9. *Marianne*, 8 octobre 2011.
10. *L'Express*, 26 octobre 2011.
11. *VSD*, 26 janvier 2012.
12. *CE*, 4 janvier 2012.
13. *Le Monde*, 24 février 2012.
14. *Le Parisien*, 12 janvier 2012.
15. *CE*, 24 novembre 2010.
16. *CE*, 10 février 2016.
17. Prix Press Club « Humour et politique » 2012.
18. *Libération*, 11 février 2012.
19. *Le Figaro*, 23 février 2012.
20. *Des paroles et des actes*, France 2, 11 avril 2012.
21. Le 4 décembre 2011, cité dans L. Binet, *Rien ne se passe comme prévu*, *op. cit.*, p. 79.
22. Le 16 novembre 2011, *ibid.*, p. 56.
23. *CE*, 11 juillet 2007.
24. *Libération*, 12 janvier 2011.
25. Le 28 février 2012, cité dans L. Binet, *Rien ne se passe comme prévu*, *op. cit.*, p. 179.
26. Canal +, 4 octobre 2011.
27. *Le Monde*, 10 février 2011.
28. Le 5 octobre 2011, cité dans L. Binet, *Rien ne se passe comme prévu*, *op. cit.*, p. 28.

29. *Le Figaro*, 8 septembre 2011.
30. *Dossiers du Canard*, n° 123, avril 2012, p. 83.
31. *JDD*, 30 avril 2011.
32. Voir L. Binet, *Rien ne se passe comme prévu*, *op. cit.*, p. 281.
33. Prix d'encouragement du Prix Press Club « Humour et politique » 2009.
34. L. Binet, *Rien ne se passe comme prévu*, *op. cit.*, p. 239.
35. Europe 1, 9 décembre 2011.
36. R. Dely et H. Vernet, *Tous les coups...*, *op. cit.*, p. 29.
37. Le 15 février 2012, cité dans L. Binet, *Rien ne se passe comme prévu*, *op. cit.*, p. 165.
38. RTL, 13 octobre 2011.
39. L. Binet, *Rien ne se passe comme prévu*, *op. cit.*, p. 281.
40. Discours aux mandataires socialistes, 20 décembre 2011.
41. Meeting de Rouen, 15 février 2012.
42. P. Duhamel et J. Santamaria, *Les Flingueurs*, *op. cit.*, p. 176-177.
43. L. Binet, *Rien ne se passe comme prévu*, *op. cit.*, p. 212.
44. Hèlene Fontanaud, *Les Meilleurs Ennemis. Histoire secrète de la primaire socialiste*, Paris, Fayard, 2011.
45. L. Binet, *Rien ne se passe comme prévu*, *op. cit.*, p. 57.
46. Causeur.fr, 6 décembre 2010.
47. *JDD*, 12 novembre 2011.
48. Meeting de Vincennes, 15 avril 2012.
49. Expression chère au regretté Michel Audiard.
50. *CE*, 11 janvier 2012.
51. *Le Figaro*, 26 décembre 2011.
52. *Le Monde*, 20 avril 2012.
53. Meeting de Villepinte, 11 mars 2012.
54. *Le Point*, 10 novembre 2011.
55. *CE*, 6 janvier 2012.
56. *VSD*, 29 décembre 2011.
57. *Libération*, septembre 2011.
58. *Le Figaro*, 3 mars 2012.
59. *CE*, 4 janvier 2012.
60. *CE*, 2 mai 2012.
61. *VSD*, 22 décembre 2011.
62. Point presse de l'UMP, 3 janvier 2012.
63. *CE*, 4 janvier 2012.
64. *Le Parisien*, 5 janvier 2012.
65. *Le Figaro*, 3 février 2012.

66. *Paris Match*, 15 mars 2012.
67. Réunion publique à Saint-Laurent-du-Var, 24 avril 2012.
68. L. Binet, *Rien ne se passe comme prévu*, *op. cit.*, p. 181.
69. *JDD*, 11 avril 2012.
70. *Le Parisien*, 4 janvier 2012.
71. Cité dans L. Binet, *Rien ne se passe comme prévu*, *op. cit.*, p. 96.
72. *CE*, 11 janvier 2012.
73. LCI, 15 janvier 2012.
74. Lemonde.fr, 4 janvier 2012.
75. L. Binet, *Rien ne se passe comme prévu*, *op. cit.*, p. 142.
76. *Ibid.*, p. 142.
77. Meeting de Toulon, 24 janvier 2012.
78. *Le Monde*, 16 février 2012.
79. *Des paroles et des actes*, France 2, 26 janvier 2012.
80. *Le Monde*, 16 février 2012.
81. Meeting de Rouen, 15 février 2012.
82. *Des Paroles et des actes*, 7 mars 2012.
83. *Le Figaro*, 24 mars 2012.
84. Communiqué de presse, 26 février 2002.
85. Meeting de Reims, 8 mars 2012.
86. France 2, 26 janvier 2012.
87. L. Binet, *Rien ne se passe comme prévu*, *op. cit.*, p. 205.
88. *Des Paroles et des actes*, France 2, 11 avril 2012.
89. L. Binet, *Rien ne se passe comme prévu*, *op. cit.*, p. 101.
90. Expression empruntée au *CE* du 17 février 2016.
91. *Le Figaro*, 2 décembre 2011.
92. *Libération*, 7 janvier 2012.
93. P. Duhamel et J. Santamaria, *Les Flingueurs*, *op. cit.*, p. 38.
94. BFM TV, 14 février 2011.
95. *Libération*, 20 avril 2012.
96. *Des paroles et des actes*, France 2, 23 février 2012.
97. France Info, 26 février 2012.
98. *Twitter*, 29 février 2012.
99. *Libération*, 6 avril 2012.
100. *Le Parisien*, 9 mars 2012.
101. France 2, 11 avril 2012.
102. RTL, 11 avril 2012.
103. Europe 1, 26 juillet 2011.
104. *Le Figaro*, 9 avril 2002.
105. *Le Parisien*, 12 février 2012.

106. *CE*, 4 janvier 2012.
107. *Le Monde*, 7 décembre 2009.
108. *Paris Match*, 5 janvier 2012.
109. *Le Figaro magazine*, 25 février 2012.
110. *Aujourd'hui*, 26 mars 2012.
111. *Le Figaro*, 8 mars 2012.
112. *Le Parisien*, 4 janvier 2012.
113. *Le Figaro*, 20 avril 2012.
114. *Le Parisien*, 17 février 2012.
115. RTL, 26 février 2012.
116. *Le Point*, 5 avril 2012.
117. Canal +, 2 avril 2012.
118. *Libération*, 2 février 2012.
119. *Le Figaro*, 15 mars 2012.
120. *Sud-Ouest*, 5 janvier 2012.
121. *Le Point*, 16 février 2012.
122. BFM TV, 20 avril 2012.
123. *Libération*, 20 avril 2012.
124. Radio classique, 20 janvier 2012.
125. Cité dans Br. Fuligni (dir.), *Petit dictionnaire des injures politiques*, *op. cit.*, p. 239.
126. *JDD*, 19 février 2012.
127. *Twitter*, 18 mars 2012.
128. *Le Figaro*, 9 février 2012.
129. *Libération*, 11 janvier 2012.
130. *Le Parisien*, 10 mars 2012.
131. *L'Année politique 2012*, *op. cit.*
132. *CE*, 26 avril 2012.
133. *Ibid.*
134. TF1, 22 avril 2012.
135. *CE*, 26 avril 2012.
136. *Le Figaro magazine*, 27 avril 2012.
137. *CE*, 2 mai 2012.
138. *CE*, 26 avril 2012.
139. *Ibid.*
140. Discours de Saint-Cyr-sur-Loire, 23 avril 2012.
141. *CE*, 2 mai 2012.
142. *Le Monde*, 28 avril 2012.
143. L. Binet, *Rien ne se passe comme prévu*, *op. cit.*, p. 278.
144. *L'Année politique 2012*, *op. cit.*

145. Expression empruntée à L. Binet, *Rien ne se passe comme prévu*, *op. cit.*, p. 9.

146. *Ibid.*, p. 297.

147. Lemonde.fr, 6 mai 2012.

148. *L'Express*, 9 mai 2012.

149. *CE*, 6 mai 2012.

150. *Ibid.*

151. *Twitter*, 6 mai 2012.

152. TF1, 24 janvier 2016.

2017.
« On prend les mêmes et on recommence ? », p. 239

1. Titre emprunté au *Monde*, 25 mars 2016.

2. L'expression est tirée du *Point*, 2 février 2016.

3. *CE*, 6 avril 2016.

4. France Inter, 19 décembre 2015.

5. J. Macé-Scaron, *Marianne*, 1-7 avril 2016.

6. *Paris Match*, 7 janvier 2016.

7. Tweet du 8 janvier 2016.

8. *CE*, 4 février 2016.

9. *JDD*, 31 janvier 2016.

10. *CE*, 2 décembre 2015.

11. *Le Parisien*, 25 juin 2016.

12. *JDD*, 31 janvier 2016.

13. *Libération*, 25 janvier 2016.

14. Meeting LR de Paris du 10 octobre 2015.

15. Cité dans *JDD*, 11 octobre 2015.

16. *CE*, 18 novembre 2015.

17. *Le Parisien*, 14 mars 2016.

18. *JDD*, 14 février 2016.

19. BFM TV, 10 mai 2016.

20. *CE*, 20 avril 2016.

21. *Le Point*, 7 avril 2016.

22. Entretien avec Renaud Dely le 19 août 2015.

23. *Libération*, 23 octobre 2015.

24. Parallélisme qui n'a pas échappé à Anne-Sophie Mercier, voir *CE*, 27 avril 2016.

25. *JDD*, 10 avril 2016.

26. *CE*, 20 avril 2016.
27. Cité dans François-Xavier Bourmaud, *Emmanuel Macron, le banquier qui voulait être roi*, Paris, L'Archipel, 2016.
28. *Le Figaro*, 22 avril 2016.
29. *CE*, 11 mai 2016.
30. *La Croix*, 21 avril 2016
31. *L'Obs*, 28 avril 2016.
32. *Libération*, 9 mai 2016.
33. *CE*, 13 avril 2016.
34. Club Paris, 13 mai 2016.
35. *Huffington Post*, 12 mai 2016.
36. *CE*, 13 avril 2016.
37. *CE*, 27 avril 2016.
38. *Le Dauphiné libéré*, 22 avril 2016.
39. *JDD*, 10 avril 2016.
40. *CE*, 11 novembre 2015.
41. *CE*, 24 février 2016.
42. *CE*, 11 novembre 2015.
43. *CE*, 23 mars 2016.
44. *CE*, 7 octobre 2015.
45. *JDD*, 14 février 2016.
46. *CE*, 10 février 2016.
47. *Les Inrocks*, 27 août 2014.
48. France 5, 3 avril 2016.
49. *L'Obs*, 31 mars 2016.
50. *L'Obs*, 17 septembre 2015.
51. *Le Figaro magazine*, 18 septembre 2015.
52. *L'Obs*, 31 mars 2016.
53. *CE*, 4 novembre 2015.
54. *CE*, 4 mars 2015.
55. *JDD*, 11 octobre 2015.
56. *CE*, 7 octobre 2015.
57. *CE*, 3 juin 2015.
58. *Ibid.*
59. *CE*, 30 mars 2016.
60. *CE*, 30 septembre 2015.
61. *CE*, 18 novembre 2015.
62. Grand prix du Press Club « Humour et politique » 2015.
63. *CE*, 3 juin 2015.
64. *CE*, 23 mars 2016.

65. *CE*, 14 octobre 2015.
66. *CE*, 10 mai 2015.
67. *CE*, 1er juillet 2015.
68. *Huffington Post*, 12 mai 2016.
69. *CE*, 23 mars 2016.
70. *L'Obs*, 31 mars 2016.
71. *Le Monde*, 10-11 avril 2016.
72. *CE*, 21 octobre 2015.
73. *Valeurs actuelles*, 14 janvier 2016.
74. *CE*, 23 mars 2016.
75. *Huffington Post*, 19 mars 2016.
76. Tweet cité dans *JDD*, 14 février 2016.
77. *Marianne*, 29 janvier-6 février 2016.
78. *CE*, 27 janvier 2016.
79. *CE*, 24 février 2016.
80. *Le Monde*, 20 janvier 2016.
81. *CE*, 2 mars 2016.
82. *Le Figaro*, 9 février 2016.
83. *Le Figaro magazine*, 18 septembre 2015.
84. *CE*, 6 avril 2016.
85. *Paris Match*, 12-18 novembre 2015.
86. *L'Express*, 4 mai 2016.
87. *Society*, 8 janvier 2016.
88. *Le Monde*, 3-4 mai 2015.
89. *Le Figaro*, 9 avril et *I Télé*, 11 avril 2016.
90. *JDD*, 24 janvier 2016.
91. *Le Point*, 28 avril 2016.
92. *Le Point*, 21 avril 2016.
93. *Paris Match*, 8-14 octobre 2015.
94. *JDD*, 10 avril 2016.
95. *CE*, 9 décembre 2015.
96. L'expression est de Martin Schulz (SPD) : voir *CE*, 4 novembre 2015.
97. *L'Obs*, 13 octobre 2015.
98. *CE*, 9 décembre 2015.
99. *Le Monde*, 13-14 décembre 2015.
100. Ce, 6 juillet 2016.
101. *Le Figaro magazine*, 18 septembre 2015.
102. *Ibid.*

Conclusion, p. 259

1. G. Baret, *Chirac entre perles et culture*, *op. cit.*, p. 51.
2. Discours de Caen, 7 avril 1981.
3. Gilles Lipovestky, *L'Ère du vide. Essais sur l'individualisme contemporain*, Paris, Gallimard, « Folio essais », 1983 (rééd. 1989).
4. J. Garrigues, *Le Monde selon Clemenceau*, *op. cit.*, p. 99.

Candidats officiels et campagnes présidentielles depuis 1965*

* Le vainqueur est en rouge, le finaliste en gras.

Campagnes	Extrême-gauche	Gauche radicale et républicaine	Parti Communiste Français	Écologistes (*droite ou gauche*)	Gauche uni Socialiste
1965					**François Mitterran (Gauche un**
1969	Alain Krivine (LC) Michel Rocard (PSU)		Jacques Duclos		Gaston Deffe (SFIO)
1974	Huguette Bouchardeau (PSU) Arlette Laguiller (LO) A. Krivine (FCR)			René Dumont	**F. Mitterra (Union gauche)**
1981	A. Laguiller (LO)		Georges Marchais	Brice Lalonde (Amis de la Terre)	**F. Mitterra (PS)**
1988	Pierre Boussel (MPTT) A. Laguiller (LO)	Pierre Juquin (comm. rénovateur)	André Lajoinie	Antoine Waechter	**F. Mitterra (PS)**
1995	A. Laguiller (LO)		Robert Hue	Dominique Voynet (Les Verts)	**Lionel Jospin (PS**
2002	Alain Besancenot (LCR) Daniel Gluckstein (PdT) A. Laguiller (LO)	Jean-Pierre Chevènement (MdC)	R. Hue	Noël Mamère (Les Verts) Corinne Lepage (Cap 21)	L. Jospin (P
2007	A. Besancenot (LCR) Gérard Schivardi (trotsk.) A. Laguiller (LO)		Marie-Georges Buffet	José Bové D. Voynet (Les Verts)	**Ségolène Royal (PS)**
2012	Nathalie Arthaud (LO) Philippe Poutou (NPA)	Jean-Luc Mélenchon (Fr. d Gche)		Eva Joly (EE-LV)	**François Hollande (PS)**

Centre – gauche (radicaux)	**Centre-droit**	**Droite**	**Extrême-droite**	**Divers**
	Jean Lecanuet (MRP) Pierre Marcilhacy (CNL)	**Charles de Gaulle (UNR-UDT)**	Jean-Louis Tixier-Vignancour	Marcel Barbu
	Alain Poher	**Georges Pompidou (UDR)**		Louis-Ferdinand Ducatel (div. droite)
Michel Crépeau (rad.g.)	**Valéry Giscard d'Estaing (RI)** Émile Muller (MDS)	Jacques Chaban-Delmas (UDR) Jean Royer	Jean-Marie Le Pen (FN) Bertrand Renouvin (Renouveau Royaliste)	Jean-Claude Sebag Gérard Héraud
	V. Giscard d'Estaing (UDF)	Jacques Chirac (RPR) Michel Debré (gaull. diss) Marie-France Garaud (gaull. diss)		
	Raymond Barre (UDF)	**J. Chirac (RPR)**	J.-M. Le Pen (FN)	
		J. Chirac (RPR) Éd. Balladur Philippe de Villiers (MPF)	J.-M. Le Pen (FN)	Jacques Cheminade (FNS)
Christiane Taubira (PRG)	François Bayrou (UDF)	**J. Chirac (RPR)** Alain Madelin (DL) Christine Boutin (FRS)	**J.-M. Le Pen (FN)** Bruno Mégret (MNR)	Jean Saint-Josse (CNPT)
	F. Bayrou (Modem)	**Nicolas Sarkozy (UMP)** P. de Villiers (MPF)	J.-M. Le Pen (FN)	Frédéric Nihous (CNPT)
	F. Bayrou (Modem)	**N. Sarkozy (UMP)** Nicolas Dupont-Aignan (Debout la France)	Marine Le Pen (FN)	J. Cheminade (FNS)

Bibliographie

Les auteurs tiennent à remercier tout particulièrement Monsieur Gérard Parthenay (1927-2012) et sa famille, qui nous ont transmis une série complète du *Canard enchaîné* depuis 1965, nous permettant de faire fonds sur les nombreuses pépites déposées ici ou là par le volatile... Pour chaque élection, la consultation de *L'Année politique, économique et sociale de la France** s'est imposée, en raison de la richesse et de la rigueur des informations collectées.

La bibliographie non exhaustive ci-dessous mêle les ouvrages de candidats (confidences des entourages comprises) et de journalistes, les seconds citant souvent les premiers, et nous les seconds, donc par ricochet les premiers...

Ont donc été lus, parcourus, survolés ou au contraire pillés les titres suivants** :

1. Essais sur la violence et l'humour politiques, anthologies, mémoires transversaux et réserves de « boules puantes »

BAECQUE Antoine DE, *Les Duels politiques. De Danton-Robespierre à Royal-Sarkozy*, Grasset, 2002 ; rééd. Hachette, 2007.

---

* Parues successivement aux Puf, puis aux éditions du Grand Siècle, du Moniteur, et enfin chez Événements et Tendances.

** Si le lieu d'édition n'est pas indiqué, il s'agit de Paris.

BERTOLUS Jean-Jérôme, BREDIN Frédérique, *Tir à vue. La Folle histoire des élections présidentielles*, Fayard, 2011.

BOUCHET Thomas, *Noms d'oiseaux. L'insulte en politique de la Restauration à nos jours*, Stock, 2010.

COTTA Michèle, *Carnets secrets de la Ve République*, t. 1 à 4 (1965-2007), Fayard, 2007-2011.

DA ROCHA Alexandra, *« Salope ! » Insultes et autres perfidies sur les femmes politiques*, Le Cherche midi, 2007.

DELOIRE Christophe, DUBOIS Christophe, *Sexus politicus*, Albin Michel, 2006.

DELY Renaud et VERNET Henri, *Tous les coups sont permis ! De Mitterrand à Sarkozy. La violence en politique*, Calmann-Levy, 2011.

DUHAMEL Patrice, SANTAMARIA Jacques, *Les Flingueurs. Anthologie des cruautés politiques*, Pocket, 2015.

–, *L'Élysée, coulisses et secrets d'un palais*, Plon, 2012.

FEUERBAHN Nelly (dir.), « Humour et politique », *Humoresques*, 5, Saint-Denis, Presses universitaires de Vincennes, 1994.

FULIGNI Bruno (dir.), *Petit dictionnaire des injures politiques*, L'Éditeur, 2011.

– (prés.), *Humour et politique. Prix Press Club des phrases les plus drôles*, Horay, 2011.

GARRIGUES Jean, *Les Scandales de la République. De Panama à l'affaire Cahuzac*, Nouveau Monde, 2013.

JEAMBAR Denis, *Portraits crachés*, Flammarion, 2011.

LACOUTURE Jean, *Paroles de Présidents*, Dalloz, 2006.

MALOUX Maurice, *L'Esprit dans l'histoire*, Albin Michel, 1977.

PIERRE-BROSSOLETTE Sylvie, *Paroles de Présidents. Carnets secrets*, Plon, 1996.

RIVOIRE Jean, *Vacheries. Petit dictionnaire des insolences*, Le Cherche midi, 1990.

SABOURIN Paul, *L'Humour dans la politique*, Economica, 1983.

SANTINI André, *Mieux vaut en rire : petite défense et illustration de l'humour en politique*, Albin Michel, 1995.

–, *Bestiaire politique. Le carnaval des animaux*, Plon, 2002.

SAUVY Alfred, *Humour et politique*, Calmann-Levy, 1979.

TESTU François-Xavier, *Le Bouquin des méchancetés et autres traits d'esprit*, Robert Laffont, 2015.

Violence en politique, *Charles*, n° 2, été 2012.

2. Bons mots et élection présidentielle de 1965

ARON Raymond, *Mémoires*, Julliard, 1983.

BILLOTTE Pierre, *Trente Ans d'humour avec de Gaulle*, Mengès, 1978.

DEBRÉ Michel, *Entretiens avec le général de Gaulle (1961-1969)*, Albin Michel, 1993.

–, *Trois Républiques pour une France*, t. 3 : *Gouverner. 1958-1962* ; t. 4 : *Gouverner autrement. 1962-1970*, Albin Michel, 1988 et 1993.

DULONG Claude, *La Vie quotidienne à l'Élysée au temps de Charles de Gaulle*, Hachette, 1974.

FIGUERAS André, *Zoologie du Palais-Bourbon*, Libres Propos, 1956 ; rééd. 1964.

FOCCART Jacques, *Journal de l'Élysée*, t. 1 : *1965-1967* ; t. 2 : *1968-1969*, Fayard, 1997 et 1998.

FOUCHET Christian, *Mémoires d'hier et de demain*, t. 1 : *Au service du général de Gaulle*, Plon, 1971.

GUICHARD Olivier, *Mon Général*, Grasset, 1980.

GUY Claude, *En écoutant de Gaulle. Journal (1946-1949)*, Grasset, 1996.

JULLIAN Marcel, *De Gaulle. Traits d'esprit*, Le Cherche midi, 2000.

MALRAUX André, *Ces chênes qu'on abat*, Gallimard, 1971.

MARTIN D'ESCRIENNE Jean, *Le Général m'a dit (1966-1970)*, Plon, 1973.

–, *De Gaulle, de loin et de près*, Plon, 1978.

MITTERRAND François, *Le Coup d'État permanent*, Plon, 1964.

PEYREFITTE Alain, *C'était de Gaulle*, t. 1 à 3, de Fallois/Fayard, 1994-2000.

TERRENOIRE Louis, *De Gaulle vivant*, Plon, 1971.

TOURBE Cédric, *1965, la première campagne*, documentaire, France 3, 14 janvier 2016.

3. Bons mots et élection présidentielle de 1969

BALLADUR Édouard, *La Tragédie du pouvoir*, Fayard, 2013.
CHABAN-DELMAS Jacques, *Mémoires pour demain*, Flammarion, 1997.
CHIRAC Jacques, *Mémoires*, t. 1 : *Chaque pas doit être un but*, Nil éditions, 2009.
DEBRÉ Michel, *Trois Républiques pour une France*, t. 5 : *Combattre toujours (1969-1993)*, Albin Michel, 1994.
–, *Entretiens avec Georges Pompidou. 1971-1974*, Albin Michel, 1996.
FOCCART Jacques, *Journal de l'Élysée*, t. 3 : *1969-1971* ; t. 4 : *1971-1972* et t. 5 : *1973-1974*, Fayard, 1999-2001.
FOUCHET Christian, *Mémoires d'hier et de demain*, t. 2 : *Les Lauriers sont coupés*, Plon, 1973.
FRÈREJEAN Alain, *C'était Georges Pompidou*, Fayard, 2011.
JOBERT Michel, *Mémoires d'avenir*, Grasset, 1971.
MITTERRAND François, *La Paille et le Grain*, Flammarion, 1975.
POMPIDOU Georges, *Pour rétablir une vérité*, Flammarion, 1982.
– , *Lettres, notes et portraits (1928-1974)*, Robert Laffont, 2012.
ROUANET Pierre, *Pompidou*, Grasset, 1969.
ROUSSEL Éric, *Georges Pompidou*, Jean-Claude Lattès, 1994.

4. Bons mots et présidentielles de 1974 et 1981

BOTHOREL Jean, *Histoire du septennat giscardien*, 2 t., Grasset, 1983.
DEPARDON Raymond, *Une partie de campagne*, reportage, 1974.
DUHAMEL Alain, *La République giscardienne*, Grasset, 1980.
–, *La République de monsieur Mitterrand*, Gallimard, 1982.
FOCCART Jacques, *Foccart parle*, t. 2 : *1969-1997*, Fayard, 1997.
GISCARD D'ESTAING Valéry, *Le Pouvoir et la Vie*, Compagnie 12, 1988.
HALLIER Jean-Edern, *Lettre ouverte au colin froid*, Albin Michel, 1979.
JELEN Christian, WOLTON Thierry, *Le Petit Guide de la farce tranquille*, Albin Michel, 1982.
MITTERRAND François, *L'Abeille et l'Architecte*, Flammarion, 1980.
NAY Catherine, *La Double Méprise*, Grasset, 1980.

4. Bons mots et présidentielles de 1988 et 1995

ALEXANDRE Philippe, *Plaidoyer impossible pour un Président abandonné par les siens*, Albin Michel, 1994.

ASKOLOVITCH Claude, *Lionel*, Grasset, 2001.

ATTALI Jacques, *Verbatim*, t. 1 : *1981-1986* ; t. 2 : *1986-1988* ; et t. 3 : *1988-1991*, Fayard, 1993, 1995 et 1996.

BALLADUR Édouard, *Le Pouvoir ne se partage pas. Conversations avec François Mitterrand*, Fayard, 2009.

BORDENAVE Sébastien (dir.), *Les Plus Belles vacheries de François Mitterrand*, Albin Michel, 2001.

CHARASSE Michel, *Mitterrand. Pensées, répliques et anecdotes*, Le Cherche midi, nouvelle édition augmentée, 2006.

CHIRAC Jacques, *Mémoires*, t. 1 : *Chaque pas doit être un but*, Nil éditions, 2009.

COTTA Michèle, *Le Monde selon Mitterrand*, Tallandier, 2015.

DUHAMEL Alain, *Les Prétendants*, Folio, 1985.

FAVIER Pierre, MARTIN-ROLAND Michel, *La Décennie Mitterrand*, t. 1 : *1981-1984* ; t. 2 : *1984-1991*, Seuil, 1990 et 1991.

François Mitterrand. Je ne vous quitterai pas, numéro spécial *Charles*, 16, janvier 2015.

GENZEL David, *Les Mots du Président. Mitterrand le cynique*, Bourin, 2005.

GIESBERT Franz-Olivier, *Le Vieil Homme et la Mort*, Gallimard, 1996.

GOUZE Roger, *François Mitterrand par François Mitterrand*, Le Cherche midi, 1994.

HALLIER Jean-Edern, *L'Honneur perdu de François Mitterrand*, Les Belles Lettres, 1992.

KAREL William, *François Mitterrand. Que reste-t-il de nos amours ?*, Arte, 15 décembre 2015.

MERITENS Patrice DE, *Il a dit… Petits mots et grandes phrases de François Mitterrand*, Michel Lafon, 2006.

NAY Catherine, *Le Noir et le Rouge ou l'histoire d'une ambition*, Grasset, 1984.

–, *Les Sept Mitterrand*, Grasset, 1987.

PEYREFITTE Alain, *Quand la rose se fanera*, Plon, 1983.

5. Bons mots et présidentielles de 1995 et 2002

ALEXANDRE Philippe, *Les Éléphants malades de la peste*, Albin Michel, 2006.

BACQUÉ Raphaëlle, *Chirac ou le démon du pouvoir*, Albin Michel, 2002.

BARET Guy, *Chirac entre perles et culture*, Moment, 2015.

CHIRAC Jacques, *Mémoires*, t. 2 : *Le Temps présidentiel*, Nil éditions, 2011.

CLÉMENT Catherine, *Jacques Chirac. Vie publique archives privées*, Hugo image, 2015.

DEBRÉ Jean-Louis, *Le Monde selon Jacques Chirac*, Tallandier, 2015.

GIESBERT Franz-Olivier, *La Tragédie du Président. Scènes de la vie politique (1986-2006)*, J'ai Lu, 2006.

–, *Chirac : la bio*, documentaire, France 2, 14 décembre 2015.

Jacques Chirac. Cinquante ans de vie politique, *Charles*, 12, hiver 2015.

PÉAN Pierre, *L'Inconnu de l'Élysée*, Fayard, 2007.

PROBST Jean-François, *Chirac, mon ami de trente ans*, Denoël, 2007.

–, *Chirac et dépendances*, Ramsay, 2002.

SANTINI André, *Ces imbéciles qui nous gouvernent. Manuel lucide et autocritique*, Éditions 1, 1998.

VILLIERS Philippe DE, *Le Moment est venu de dire ce que j'ai vu*, Albin Michel, 2015.

6. Bons mots et présidentielles de 2007 et 2012

ATTIAS Cécilia, *Une envie de vérité*, Flammarion, 2013.

BACQUÉ Raphaëlle, CHEMIN Ariane, *La Femme fatale*, Albin Michel, 2007.

BAROIN François, *Journal de crise*, Jean-Claude Lattès, 2011.

BAYROU François, *Abus de pouvoir*, Plon, 2009.

BESSON Éric, *Qui connaît Madame Royal ? Entretien avec Claude Askolovitch*, Grasset, 2007.

DURRINGER Xavier, *La Conquête*, long métrage inspiré de la campagne de N. Sarkozy en 2007, 2011.

GERSCHEL Frédéric et SCHNUCK Nathalie, *« Ça reste entre nous, hein ? » Deux ans de confidences de Nicolas Sarkozy*, Flammarion, 1994.
GIESBERT Franz-Olivier, *M. le Président. Scènes de la vie politique, 2005-2011*, Flammarion, 2011.
LE MAIRE Bruno, *Jours de pouvoir*, Gallimard, 2013.
LÉOTARD François, *Ça va mal finir*, Grasset, 2008.
PASCAL Camille, *Scènes de la vie quotidienne à l'Élysée. Chroniques*, Seuil, 2013.
REZA Yasmina, *L'Aube, le Soir ou la Nuit*, Flammarion, 2007.
VILLEPIN Dominique DE, *De l'esprit de cour*, Perrin, 2010.
YADE Rama, *Carnets du pouvoir (2006-2013)*, Éditions du Moment, 2013.

7. Bons mots et présidentielles depuis 2012

BINET Laurent, *Rien ne se passe comme prévu*, Grasset, 2013.
Les Centristes sont-ils tristes ?, *Charles*, 17, avril 2016.
Comprendre François Hollande, *Charles*, 8, janvier 2014.
COPPÉ François, *Le Sursaut français*, Stock, 2016.
FILLON François, *Faire*, Albin Michel, 2015.
FONTANAUD Hélène, LANDRIN Sophie, *Les Meilleurs Ennemis. Histoire secrète de la primaire socialiste*, Fayard, 2011.
JOUAN Hélène, *Le Petit Hollande illustré par l'exemple*, Nouveau Monde Éditions, 2012.
JUPPÉ Alain, *Pour un État fort*, Jean-Claude Lattès, 2016.
LE MAIRE Bruno, *Ne vous résignez pas !*, Albin Michel, 2016.
SARKOZY Nicolas, *La France pour la vie*, Plon, 2016.
STORA Bernard, *La Dernière Campagne*, amusante fiction mettant en scène J. Chirac, N. Sarkozy et Fr. Hollande lors de la victoire de ce dernier aux présidentielles de 2012, France 2, 17 avril 2013.
TAUBIRA Christiane, *Murmures à l'oreille de la jeunesse*, Philippe Rey, 2016.
TRIERWEILLER Valérie, *Merci pour ce moment*, Les Arènes, 2014.

Index des personnes citées*

* Les renvois aux citations sont donnés en gras.

Table

Réalisation : Nord Compo à Villeneuve-d'Ascq

Achevé d'imprimer en août 2016
par Normandie Roto Impression s.a.s.
61250 Lonrai
N° d'imprimeur : 1603596
Dépôt légal : août 2016
ISBN : 979-10-210-1468-8
Numéro d'édition : 3918
Imprimé en France